人生100年時代の年金戦略

日本経済新聞社編集委員
ファイナンシャルプランナー（CFP®）　田村正之

日本経済新聞出版社

目次

2 誤解だらけの年金財政……63

第Ⅲ章 運用で堅実に増やす——個人型・企業型ＤＣ徹底活用

「年金をいくらもらえるか」は自分の選択次第

年金不安をあおる営業が増加

「突然ですけど……、もう年金って出なくなるって知ってますかぁ?」

少し前、見知らぬ若い女性の声で電話がかかってきました。(何かの営業だな)とは思いましたが、職業柄、こうした電話はバカバカしいと思いながらもすぐに切らず、しばらく聞くようにしています。

驚いて「え? そんなことはないと思いますが」と問い返すと、今度は相手の女性がどうも真剣に驚いたようでした。

「知らないんですか? 週刊誌とかでもすっごく書かれていますよ?」

結局それは「年金が出なくなるからこそ自助努力で」という流れで、賃貸マンション経営を勧誘する会社でした。比較的よくあるタイプの営業ではあるのですが、エスカレート気味だなと思うのは「年金が出なくなる」という表現です。年金が減るという話はよく聞かされますが、さらに進んで「出なくなる」と言うのです。

口調から判断すると、その女性は営業のためというより、どうも彼女自身、本当に年金そのものがいずれなくなると思い込んでいる様子でした。おそらくは社内でそう教えられているのでしょう。「自分できちんと老後のために備えておかないといけないんです！」と電話口で何度も懸命に言いました。

その会社のホームページをみると、本社は東京都内の一等地で、営業員全員の顔写真と自己紹介がアップされています。さきほどの女性の欄もありました。驚いたことに「ファイナンシャルプランニング（ＦＰ）技能士３級」と紹介されていて、トホホ感が強まりました（ＦＰ技能士というのはお金のアドバイスをするファイナンシャルプランナーという国家資格です）。

人生100年時代の最大の支えは「終身」でもらえる公的年金

この話を（まともな）ＦＰや社会保険労務士の人たちにすると、「年金がだめだっていうイメージはものすごく広がっているよ。とくに若い人に」と心配する反応が返ってきます。確かに、知り合いであるフリーランスのＩＴ技術者やライターさんのなかでも「年金はあてにならないから」と言って保険料を払っていない人が何人もいます。日本生命保険の調査でも30代の11％が将来の年金額について「もらえない（０円）」と答えています。暗澹とした気持ちになります。

長寿化のなかで大きなリスクは、自分が何歳まで生きるかわからないことです。国立社会保障・人口問題研究所の予測では、２０５０年には2人に1人が生き残っている年齢は、男性で87歳、

図表1 「人生100年時代」はもう目前

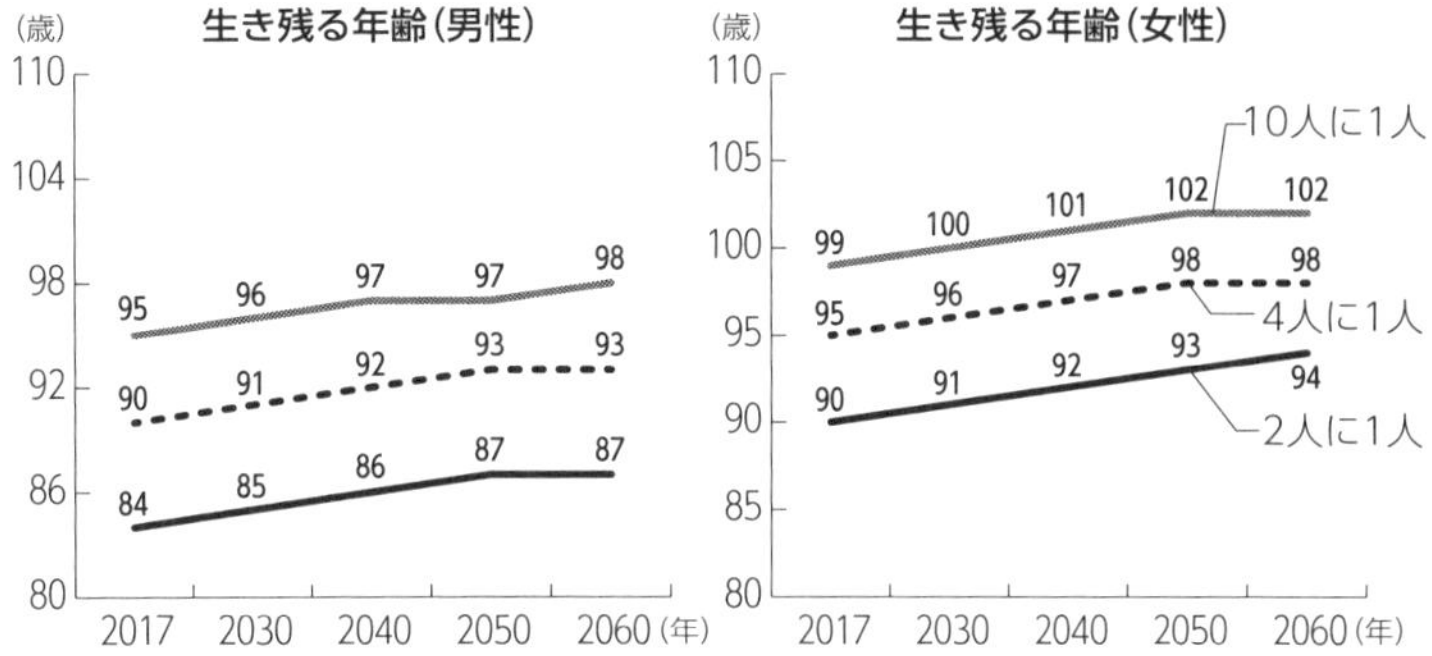

出所：国立社会保障・人口問題研究所

女性は93歳に伸びます。

しかし２人に１人の年齢までしか老後資金を用意していないと、残りの半分に入ったときに困ります。例えば10人に１人が生き残る年齢までと考えると、２０５０年に男性97歳、女性は１０２歳です。配偶者のことまで考えると、まさに「人生１００年時代」です。

少子高齢化でもつぶれない仕組み

公的年金は終身でもらえ、しかも物価が上がればある程度受給額も上げてくれます。こうした仕組みは民間の保険商品では作りようがありません。ケガや病気になったときの障害年金や死亡時に遺族に支給される遺族年金も備えた「人生のリスクに対するフルパック保険」であり、これこそが長寿化に備える最も強力な手段です。

　ではその公的年金は、冒頭の電話勧誘の女性が言うように、なくなってしまうのでしょうか。

現在の年金は、自分が積み立てたお金を将来の自分がもらう「積み立て方式」ではなく、今の現役世代が払った保険料が今の受給世代の年金として支給される「仕送り方式（正式には賦課《ふか》方式と言います）」です。親子間の「仕送り」を社会全体でやっているイメージです。

確かに仕送り方式のもとでは、少子高齢化により受給世代がどんどん増え、現役世代がどんどん減り続けると、いずれは制度が破綻するように思えます。しかしそんなことは起きません。受給世代は永遠に増え続けるわけではなく、２０４０年前後にピークに達した後は減少に転じます。人数の多い団塊世代が亡くなっていくからです。その結果２０６０年頃からは受給世代に対する現役世代の比率は、低下した水準のままあまり変わらなくなります。永遠に比率が悪化し続けるわけではないのです。

こうした変化は「前からわかっていたこと」であり「仕送りの支え手」が減っても大丈夫なように様々な準備がされています。例えば財政の健全化のために２００４年度以降２０１７年度まで毎年、国民年金は金額で計23％、厚生年金は収入に占める比率で計31％、保険料を上げてきました。上げ過ぎると現役世代の負担が重くなるのですでに２０１７年度で上限を固定し、今後は長期的にみた様々な収入の範囲内で給付を行います。

現役世代の全員が加入する国民（基礎）年金の給付のうち税金で賄う比率も、以前は３分の１でしたが２分の１に高めていますし、現役世代の減り方や平均寿命の伸びに合わせて年金の給付額を物価上昇率に比べて自動的に抑制する、「マクロ経済スライド」（詳しくは第Ⅰ章第２節）という仕組みも導入済みです。

マクロ経済スライドはデフレ下では効きづらい性質があり、過去は前年に消費増税による物価上昇があった2015年度しか発動されていませんでした。しかし最近の物価・賃金の緩やかな上昇や現役世代の加入者が予想を上回るなどの経済構造の変化を背景に、2019年度は消費増税の要因抜きで初めてフル適用される可能性が高まっています（2018年10月現在）。ただ、今後もより確実に実施できるよう、さらに機能強化が進められていきます。

積立金も制度を支えます。団塊の世代が年金生活を過ごす時期に給付額が膨れ上がることはわかっていたので、団塊世代が働き盛りのうちに少し多めの保険料をもらって積立金も大きく増やしています。積立金は2017年度末で約160兆円と巨額で、これを現役世代らの保険料では足りない分を賄う財源の一部として使っていきます。

しかし様々な予測は完全ではなく対策も政治的な理由で遅れがちになるので、5年ごとに〝年金版人間ドック〟ともいえる財政検証を行って、問題があれば修正していく方式になっています。

受給額は実質減、特に自営業者と短時間労働者、専業主婦は要注意

もちろん破綻しなければいいというものではなく、受給額が実質的に減少する覚悟は必要です。2014年の〝年金版人間ドック〟によると、年金の受給開始初年度の額が現役世代の手取りの何％にあたるかを示す「所得代替率」は、女性や高齢者の労働参加が進む経済再生ケースでも、

現在の6割強から将来は50％程度に約2割低下します。経済が再生せず低い成長が続く場合には、何らかの制度の見直しを行わない限り、所得代替率は最悪ケースで4割前後まで下がります。

公的年金は現役時代に全員加入する国民年金（受給時には基礎年金と名前を変えます）と、会社員などを対象にした上乗せ部分である厚生年金の2階建てです。要注意なのは、経済の不振が続いた場合、基礎年金の所得代替率の低下が厚生年金より大きくなることです。自営業者や短時間労働者、専業主婦など、基礎年金しかない人は、そうなる可能性も頭に入れて、とりわけきちんと対策を考えることが大事です（第Ⅱ章第7節参照）。

ただし過度な悲観も逆によくありません。実はどの経済前提のケースでも、今後の物価上昇を織り込んで現在の金額に直した実際の年金額は、所得代替率の低下ほどには大きく減りません。つまり年金のモノを買う力（購買力）は多くの人のイメージほど大きくは低下せず、老後の生活をある程度きちんと支え続けてくれます。このことは少しわかりづらいですしあまり知られていないので第Ⅰ章2節で説明します。

公的年金が実質的に細るなか、個人が節税しながら資産形成をする仕組みを国は続々と強化しています。個人型確定拠出年金（ｉＤｅＣｏ＝イデコ）や少額投資非課税制度（ＮＩＳＡ）などです。これらの公的な仕組みをなるべく早いうちから活用し、自助努力で長生きリスクに備えなくてはなりません。

こうした状況を知ったうえでさらに大切なことがあります。実はそれぞれの人の公的年金の受給額は、その人の選択しだいでかなり変わるということです。この本の最大のメッセージは、「いくら公的年金をもらえるかは自分の選択で決まる。なるべく多くもらえる仕組みを頭に入れ、実行しよう」ということです。

静かに始まった「年金フル活用」の動き

「年金はもうダメ」という人たちが多い一方で、まだ一部ではありますが、年金をなるべく多くもらうフル活用の大切さに気付き、長寿化に備える動きが静かに始まっています。

①金額を増やせる繰り下げ受給者の増加、②定年後男性の厚生年金加入率の上昇、③パート主婦の厚生年金積極加入の動き、④上乗せ年金である個人型確定拠出年金（イデコ）の加入者増――などです。それぞれ第Ⅱ章で詳しく解説しますが、ここでざっと眺めておきましょう。

まず繰り下げ受給。年金は原則65歳から受給できますが、70歳まで遅らせれば年金額が42％増えます。5年分もらえないのは損ですが、70歳以降約12年、つまり81歳まで生きれば、毎年42％増える額で取り戻すことができます。その後も増額された年金が一生続くので、老後の安心感は格段に増します。

金額増やせる「繰り下げ」がじわり増加

さきほどの国立社会保障・人口問題研究所のグラフ（図表1）をみると、2050年には男性

図表２　繰り上げ比率は低下し、繰り下げ比率は上昇傾向
（基礎年金で新規に受給権を得た人）

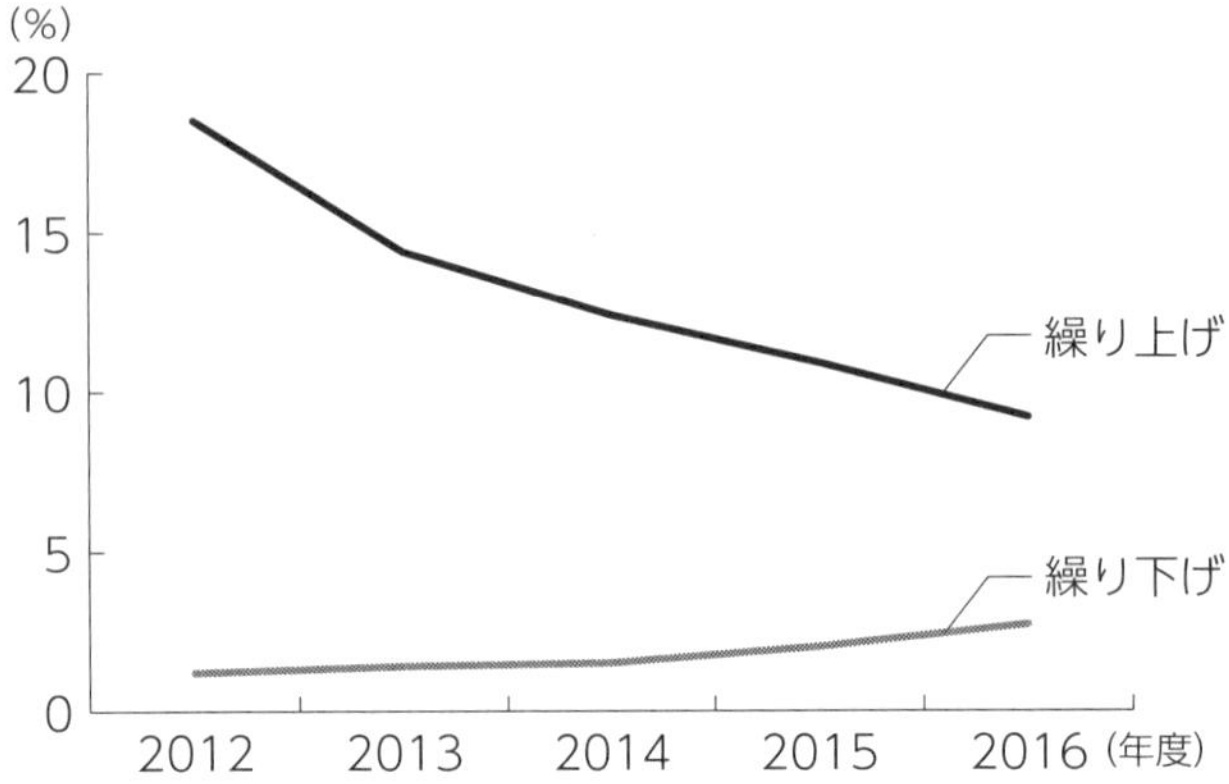

出所：厚生労働省

の半分は87歳、女性の半分は93歳まで生きるようになります。多くの人が繰り下げによって受給総額を増やせるわけです。

日先の受給を重視する人は依然多いのですが、２０１６年度に新たに基礎年金の受給権を得た人の２・７％が繰り下げを選択しました。その４年前はわずか１・２％でしたから、まだ低水準ではありますが変化率は大きなものがあります。ただし繰り下げは税金などを引いた手取りベースでは額面ほどは増えなかったり、繰り下げの仕方によっては年金版の〝配偶者手当〟である加給年金がもらえなくなったりすることがあります。やみくもな繰り下げではなく、その人の状況や考え方しだいで賢く実施することが大事で、これは第Ⅱ章第１節で説明します。

年金には逆に繰り上げの仕組みもあり、60歳

図表3　60〜69歳に各年収で10年間厚生年金加入で働いた場合の70歳以降の年金（年、万円）は？

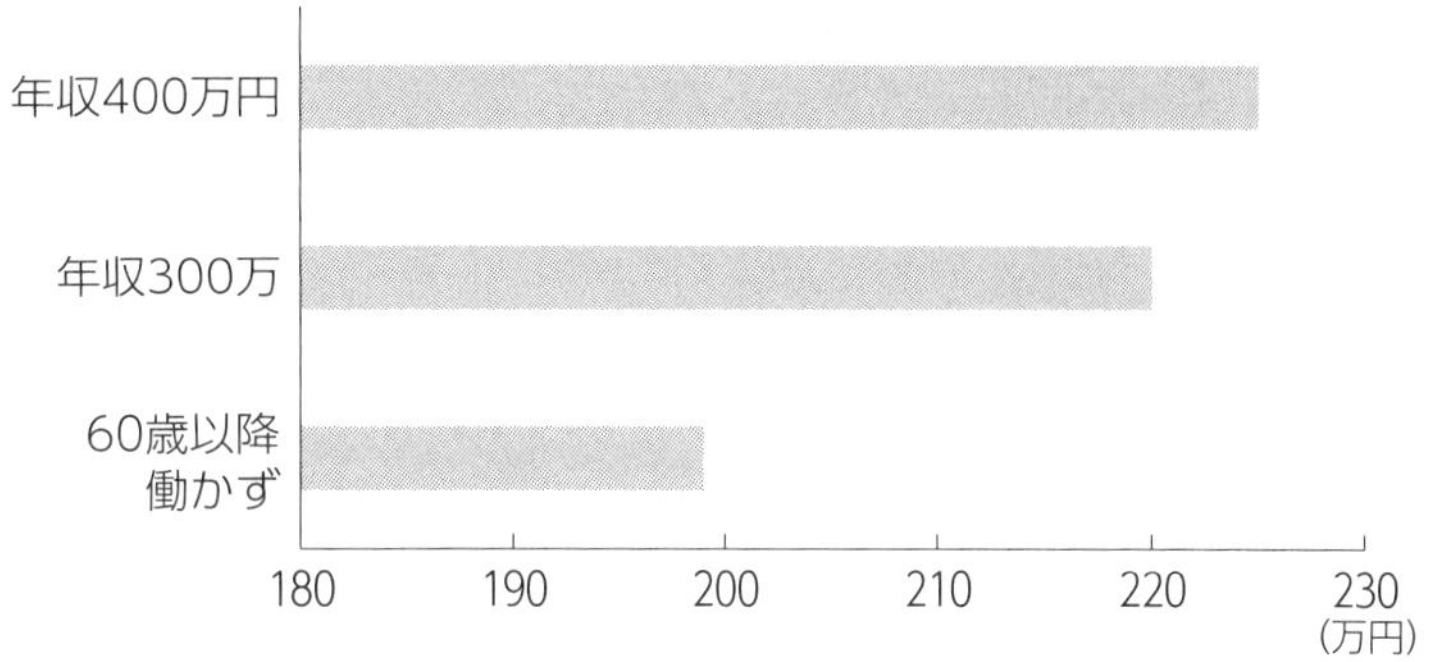

＊1年の年金額（基礎年金と厚生年金の合計、現役時代は38年間で平均年収が600万円だった場合）
出所：社会保険労務士の小野猛氏試算

まで繰り上げると毎年の金額は30％減ってしまいます。減額以外にも障害・遺族年金がもらいづらくなるなど繰り上げのデメリットは多く、基本的におすすめできません（やはり第Ⅱ章第1節参照）。長生きのもとでの繰り上げが損になりやすいことに気付いたのか、繰り上げの選択は減少傾向です。

60歳代以降の男性の行動にも変化がみえます。厚生年金の加入率が高まっているのです。厚生年金というのは会社員などを対象に、国民共通の定額の基礎年金に上積みされる年金です。厚生年金に長く、そしてたくさんの収入で入るほど、老後の受給額は大きくなります。

労働力調査などで分析すると、60歳代前半の男性就業者に占める厚生年金の加入率は、2012年度の51％から2016年度は67％に上昇しました。60歳代後半も同35％から41％に

図表4　厚生年金制度改正で働き方を変えた人の内訳

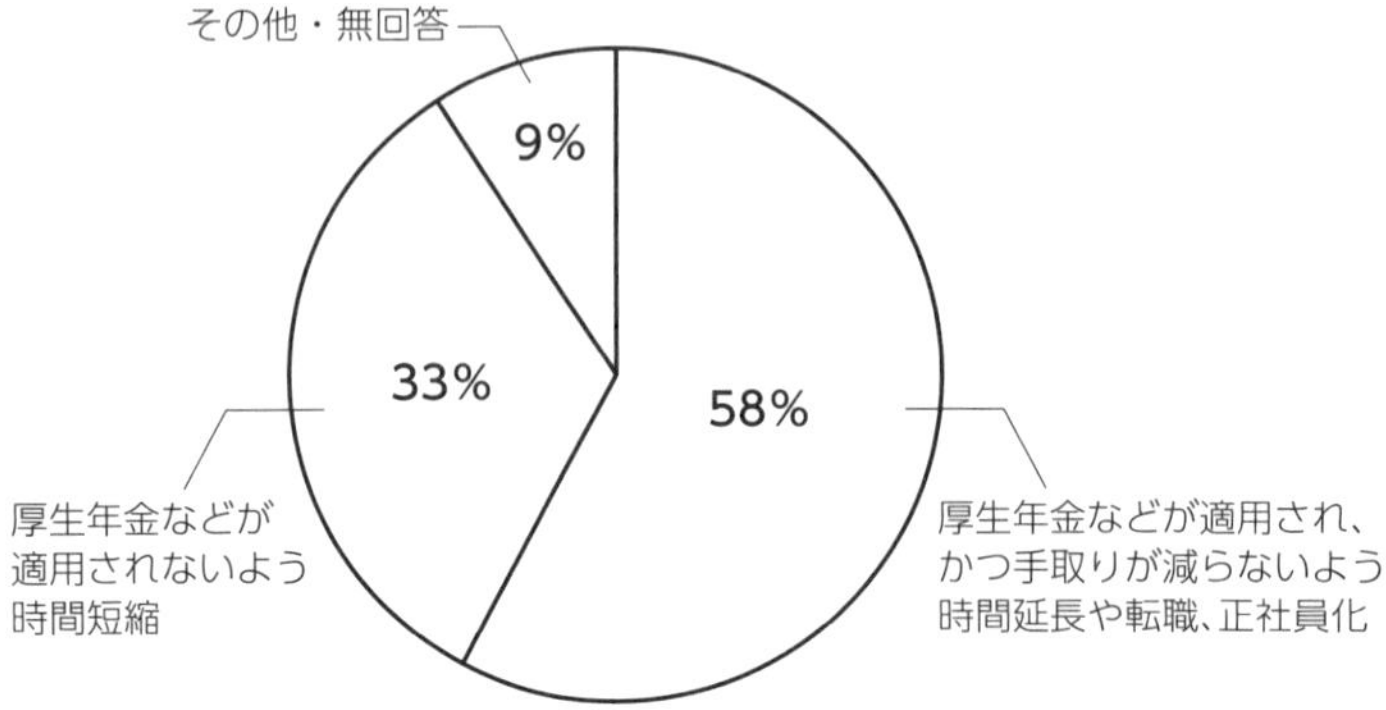

出所：労働政策研究・研修機構調査（2018年2月発表）

なっています。

再雇用制度などを使って定年後も仕事を続けるシニアの数は年々増えていますが、単に働くのではなく、「年金を増やせる働き方」へとシフトしていることがわかります。例えば、現役時代の平均年収600万円の人が60歳以降、年収300万円で厚生年金に加入して10年働くと、70歳以降の年金を年21万円上積みできます。

予想外に多かったパートの厚年加入

予想25万人に対し、実際は1・5倍の37万人――。

2018年の4月、社会保障審議会（厚生労働相の諮問機関）の年金部会などで開示されたこの数字に、委員が驚きの声をあげました。厚生年金の加入対象者の基準を広げる2016年秋の制度改正を受け、厚生年金に加入することを選んだパート主婦など短時間労働者の2017年末時点の人数です。

厚生年金は通常は週30時間以上の勤務が加入の条件ですが、2016年改正で501人以上の企業では週20時間以上勤務などの条件に変わりました。加入すれば収入に応じて将来の年金が増える一方、保険料負担も生じます。保険料負担を嫌って勤務時間を短くする就労調整派が多数になるとの見方も多かったのですが、実際は違ったのです。

労働政策研究・研修機構の調査でも、制度改正で働き方を変えた人の58%が、手取りを減らさないよう時間延長したうえで厚生年金への加入を選んだことがわかりました。「将来の年金を増やしたい」との理由が上位です。

冒頭にみた繰り下げ受給のために年金なしで60代後半を乗り切るには、長く働くとともに、それまでに資産を増やしておくことも必要です。

イデコ加入も急拡大、100万人突破

長期の資産形成に向く公的制度のひとつが、個人型確定拠出年金（イデコ）という仕組みです。掛け金を預貯金や投資信託などで運用し、運用成績によって将来の年金額を増やすことができます。掛け金全額を所得から差し引けるので節税になるうえ、運用益も非課税です。

2001年からあった制度ですが、ほとんど使われないままになっていました。2017年から専業主婦や公務員などにも対象者が広がったことで、「節税しながら老後資金をつくれる」と

図表5　イデコ加入者は急拡大

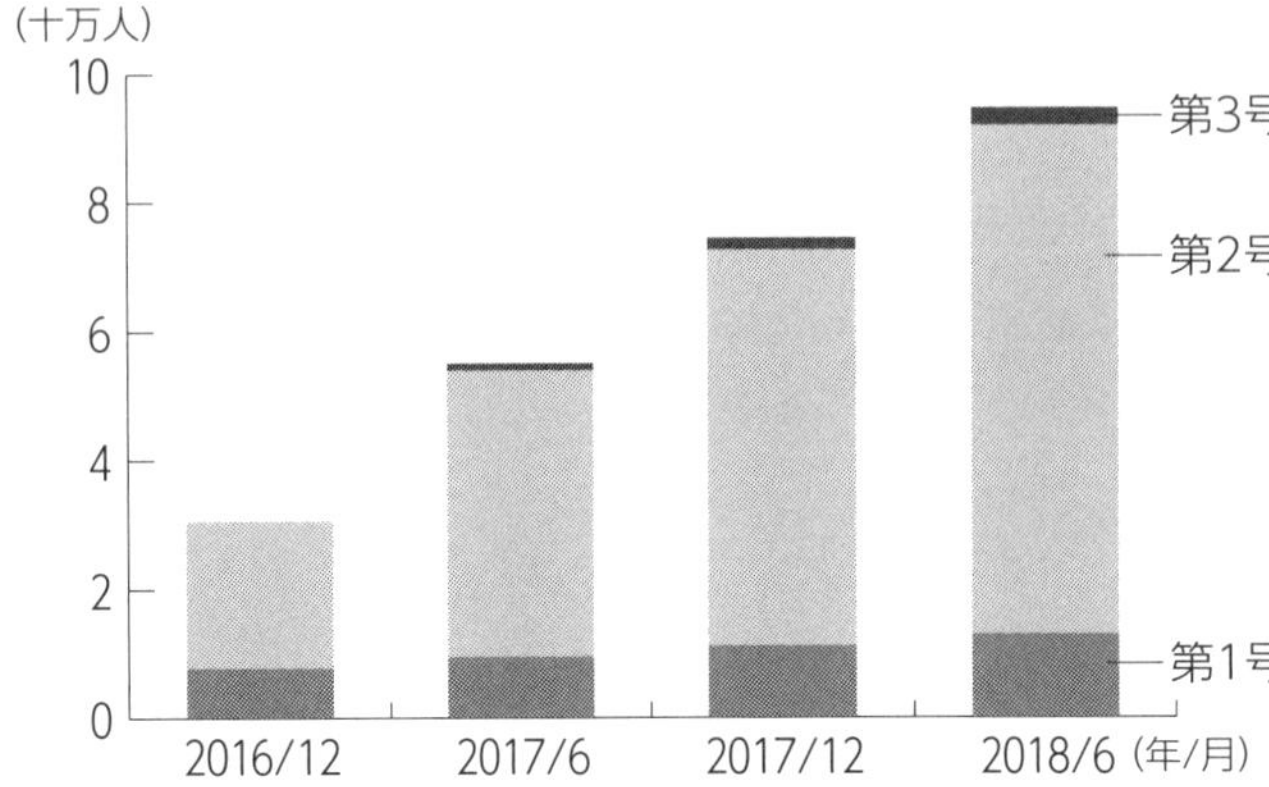

出所：厚生労働省

いう仕組みの有利さがだんだん知られ始め、２０１８年８月末の加入者は２０１６年末の３倍強に急拡大して１００万人を突破しました。

欠点補う制度改革も重要

しかし、公的年金やイデコのような自助年金の大切さを知ってフルに使おうとし始めている人たちはまだ少数です。全体としては、公的年金がどんなものか十分わからず、ただ不安を抱えているだけの人が多いようにみえます。

現在の公的年金の仕組みは完全ではなく、欠点や脆弱さも抱えています。様々な改善策がきちんと実行されていくよう、国民全員が声を上げていかなくてはなりません。

ただし制度改革には時間もかかります。いたずらに不安がり、代わりに変な金融商品を買ってしまうような余裕は、もはや多くの人には残っていません。公的年金の利点と、それを活用するどんな選択肢が自分にあるかをよく理解し、実践することが大事です。この本は公的年金制度の在り方や改革案を考えるためのものではありません。多くの人が少しでも豊かな老後を送れるよう、現行の公的年金制度を前提にその賢い使い方を探ることを目的としています。なお、様々な考え方や活用法などはすべて筆者の個人的な見解です。

第Ⅰ章

年金は人生のリスクに備えるお得な総合保険

1　30分でわかる公的年金

本質は「保険」であることをまず理解

そもそも年金とは何なのか。それを考えるには、法律の条文をみることが早道かもしれません。厚生年金保険法の第1条にはこう書かれています。

「この法律は、労働者の老齢、障害又は死亡について保険給付を行い、労働者及びその遺族の生活の安定と福祉の向上に寄与することを目的とする」

要するに、「老齢のリスク＝長生きで老後資金が途絶えてしまうこと」「障害のリスク＝病気やケガで働けなくなること」「死亡のリスク＝一家の大黒柱が亡くなったときに遺族の生活を守ること」という人生の3大リスクから生活を守るための仕組みだということです。

そして、この法律の名前は明確に「保険」となっています。世の中では年金のことをあたかも

図表Ⅰ-1　公的年金は人生のリスクを総合的に保障する仕組み

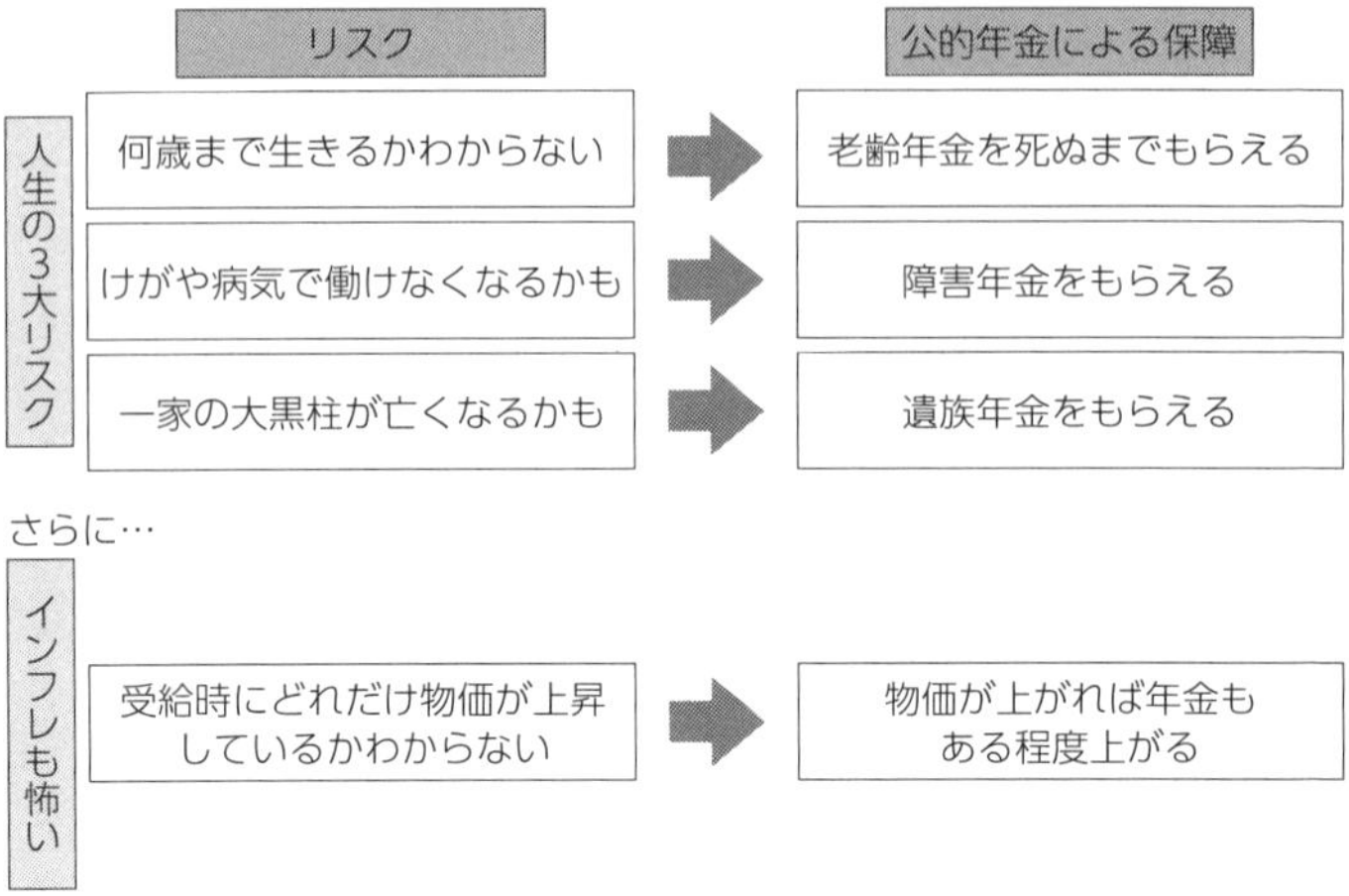

金融商品のように取り扱い、払った金額に対して得か損か、という切り口でみる傾向があります。

この本でも折に触れ、そうした切り口でも考えていきます。年金保険料を払うことが後にきちんと報われるかどうかは、多くの人にとってリアルな関心事であると思うからです。

それでも少なくとも現状の制度において、年金の本質は「保険」であることを、やはり忘れてはいけないと思います。実際に、私たちが払っているのは国民年金「保険料」であり、厚生年金「保険料」という名前のお金ですよね。

保険とは、大きなリスクに襲われたときに、互いに助け合う扶助の仕組みです。例えば自動車保険で死亡事故を起こした時に払われる1億円超もの保険金は、他のたくさんの人の保険料でまかなわれています。自分が最後まで事故を起こさず保険料が無駄になる側になったとしても、文句を言う人はいないはずです。

公的年金も、誰かが人生のリスクに陥った時のためにみんなが助け合う「保険」であるわけです。公的年金への様々な不満の多くは、これが相互扶助の保険であることを忘れているところからきているようにみえます。

生きることで遭遇しうる「リスク」に備える

保険では、「事故」が起きたときに保険金が払われます。年金における事故の1番目は「長生き」です。長生きが事故というのも変な話ですが、老後資金が枯渇しかねないという意味では事故といえます。

最近、「人生100年時代」という言葉がよく聞かれるようになりました。長寿化は本来喜ばしいことですが、「何歳まで生きるかわからない」ことは、老後資金を考えるうえではリスクでもあります。老後資金を考えるうえで、例えば80歳までと100歳までとは大きな差があり、自分がどうなるかはいくら考えても正確に予測できるものではありません。ここで一番頼りになるのは、なんといっても公的年金です。終身でもらえるのですから、いつ途絶えるかを心配しないですみます。長生きする「事故」に備えられるわけです。

年金が対象とする2つ目の「事故」、それは突然病気やケガに襲われることです。これは文字通り事故っぽいですね。そうしたときに公的年金加入者は、障害年金をもらうことができます。障害年金はその障害の重さによって1~3級に分かれていますが、会社員時代に初診日があったときに受給できる障害厚生年金の2級なら、平均で年に約140万円にもなります。そして、障害の程度が変わらない限りずっと給付が続きます。

3つ目の「事故」は、一家の大黒柱が亡くなること。そんなとき、家族には遺族年金が出ます。子どもがいる会社員の妻では、遺族年金の生涯の受給総額が4000万円強に達することもあります。障害年金にしても遺族年金にしても、あるとないではどれほど大きな差になるでしょう。

インフレリスクにもある程度対応

最後に、法律には書かれてはいないけれど重要な4つ目のリスクがあります。インフレリスクです。

「日銀がこれほど金融緩和してもあまり変わらない。インフレなど起きない」と思うのは少し危険です。生産年齢人口の低下でサービス業などは賃金を上げざるを得なくなっていて、これはインフレ要因です。また財政の健全度が下がるなかで日本円への信認が下がって円安になれば、輸入品を中心にモノの値段が上がることになります。必ずそうなるとはいえませんが、老後までの数十年という長期間になるのですから、リスクを考えておくべきです。インフレで生活に必要なものが買えなくなるとすれば、これも「事故」といえますね。

公的年金の金額は、基本的に受給開始初年度の水準は現役世代の賃金の変動に連動し、既にもらい始めた後は物価の変動に連動する仕組みです。つまり、もらい始めた後は物価が上がっても年金のモノを買う力（購買力）が維持されるようになっています。

現役世代の被保険者の減少度合などに応じて給付を抑制するマクロ経済スライド（詳細は64ページ）という仕組みが導入されたため、物価上昇率よりも年金増加率が小さくなるようになりました。それでも基本的には、物価が上がればある程度年金額も上昇します。こうした物価連動の仕組みは、民間の死亡保険では原則的に無理です。

公的年金にそれが可能なのは「仕送り＝賦課方式」だからです。インフレが起きている状態では、現役世代の賃金も通常は上がっています。そのぶん現役世代からの保険料収入も大きくなり、給付額を増やせる仕組みです。実はアメリカ、フランス、ドイツなど諸外国の年金も、最初は積み立て方式で始まりましたが、高インフレになかなか対応できなかった経験などから、賦課方式を基本とする運営に変わった経緯があります。

これまででわかるように、公的年金は「長生き」「病気やけが」「大黒柱の死亡」という人生の3大リスクにおける事故発生に備えるだけでなく、「インフレリスク」における事故発生にもある程度対応する総合的な保険です。

保険であることが理解されれば、「払った分だけもらえないことがある」ことに対して文句を言う人は減るかもしれません。

ちなみに、時折り「生活保護より基礎年金が安い」などと問題視されます。基礎年金の水準を上げることはとても大切ですが、一律の比較は適切ではないと思います。生活保護は保険ではなく、資産のすべてを使ってもなお困窮する人の最低の生活水準を保障する最後の砦《とりで》であり、保険料を出さずに一方的に給付を受けられます。しかしその見返りに、所得だけでなく資産も厳密に調査されます。自動車や高額の住居などの資産があれば原則的には処分することを求められ、貯蓄も数10万円程度を上限に厳しく制限されます。そうした縛りがなく、現役時代に蓄積した資産と併せて老後の生活水準を向上させる公的年金とは役割が異なっています。

老齢年金はいくらもらえる？

ここで年金の制度について知っておきましょう。まず公的年金は2階立てです。1階部分は国民年金といって、原則20歳から60歳になるまで全員加入します。

この国民年金加入者は3つに分かれています。自営業者や無職、学生、フリーランスの人たちは第1号被保険者（2017年度末で1505万人）、会社員や公務員などは第2号被保険者（同4356万人）、第2号の妻の専業主婦などは第3号被保険者（同870万人）です。

国民年金で支払う保険料は2018年度で月に1万6340円。一方で受給のときは「基礎年金」と名前を変え、40年フルに保険料を支払った場合で2018年度に年77万9300円（月約6万5000円）を受給できます。

図表Ⅰ-2　公的年金制度

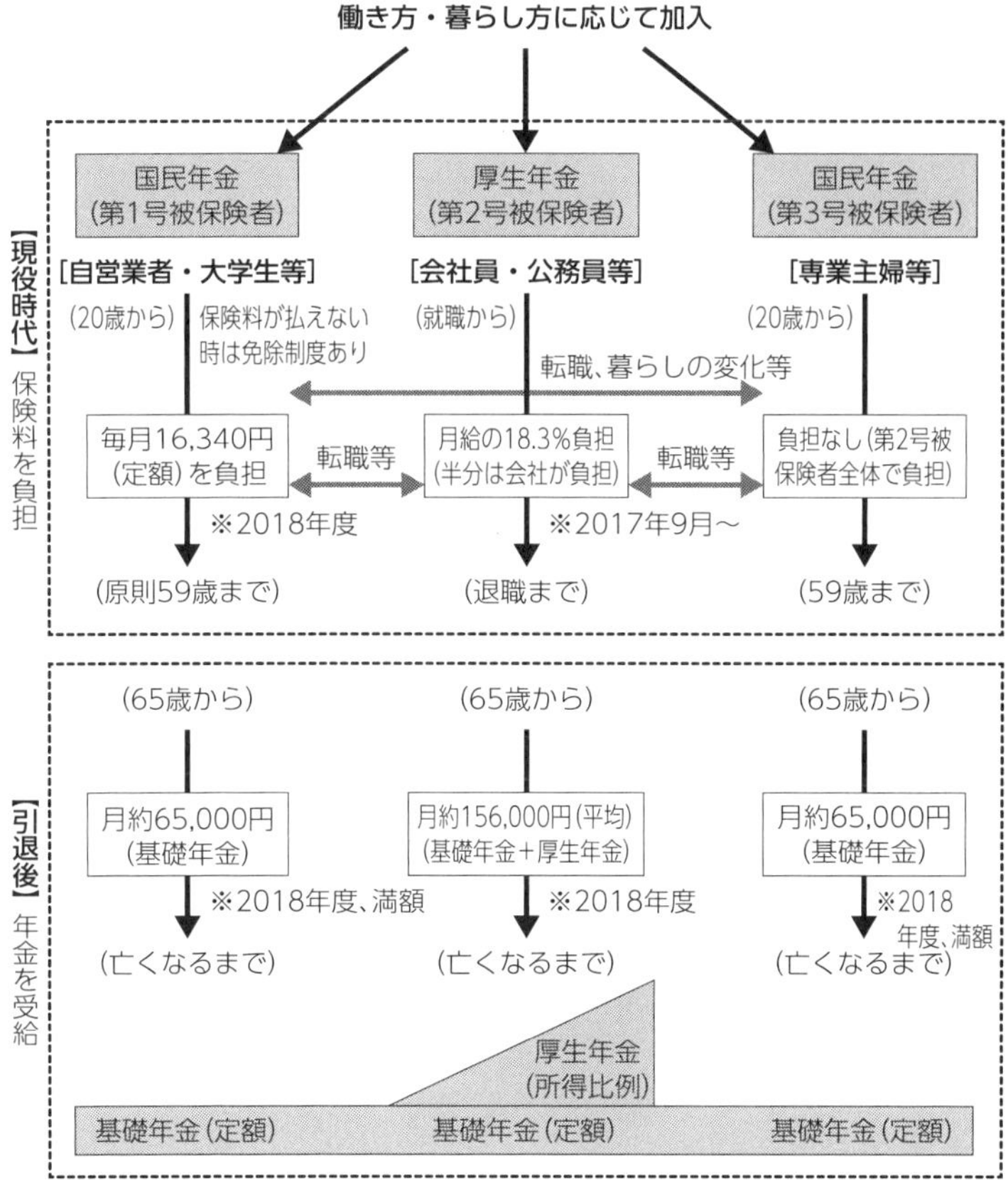

出所：厚生労働省の資料をもとに作成

図表Ⅰ-3　モデル世帯の老齢年金は？

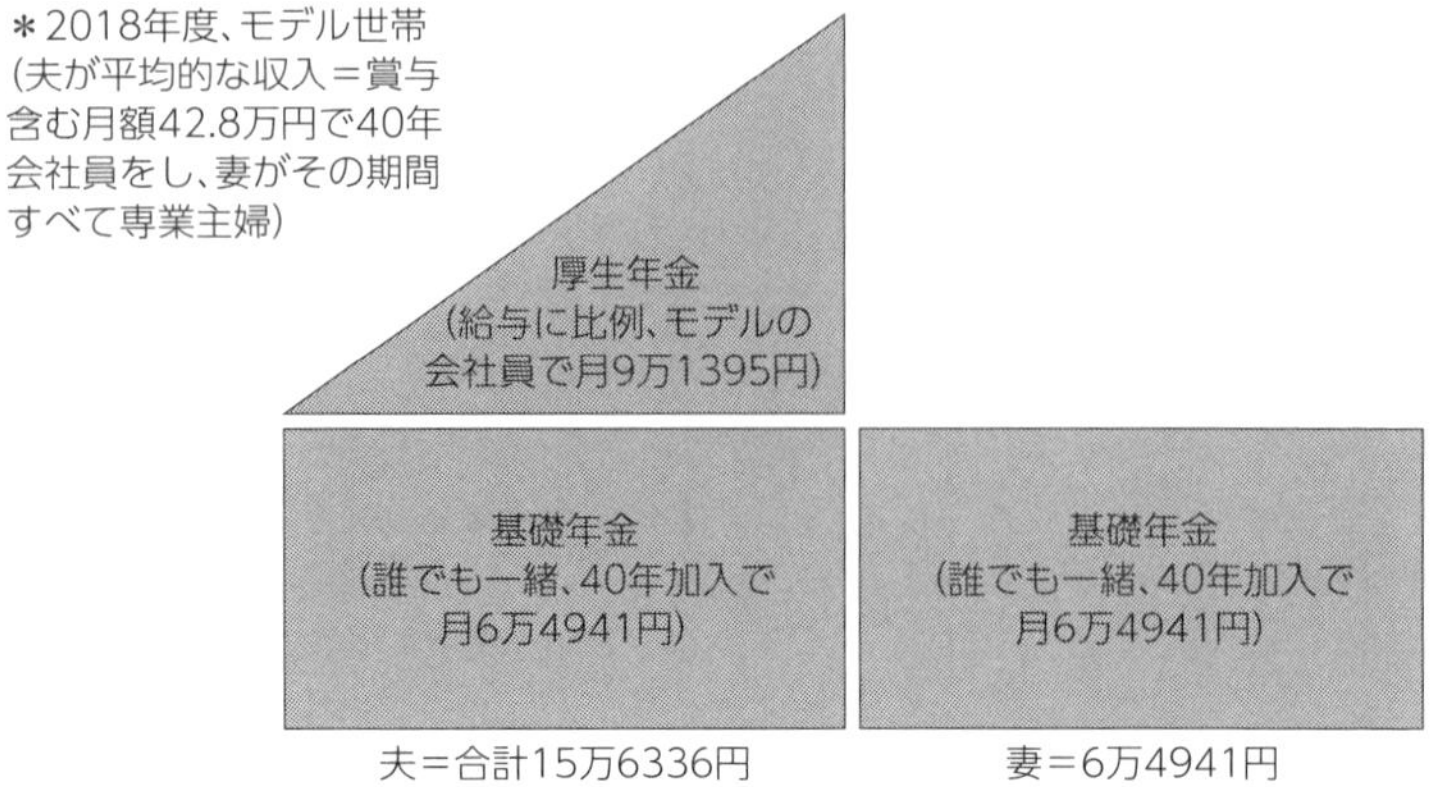

＊2018年度、モデル世帯（夫が平均的な収入＝賞与含む月額42.8万円で40年会社員をし、妻がその期間すべて専業主婦）

国民共通の1階部分に2階部分が上乗せされるのが、第2号被保険者です。収入に応じて保険料が変わる厚生年金にも加入することで、同時に1階部分の国民年金の保険料も払っています。厚生年金保険料は収入の18・3％（国民年金の保険料を含む）ですが、事業主との折半なので実質的には収入の9・15％です。

厚生労働省が使ういわゆる「モデル世帯」の例で、老齢年金の受給額を考えてみます。40年間、平均的な収入（賞与含む月額換算で42万8000円）で会社員として働いた場合、2階の厚生年金部分が月約9万1000円。国民年金と合わせると約15万6000円（2018年度）です。

その配偶者が40年間専業主婦（夫）だった場合、配偶者の国民年金約6万5000円を合わせた世帯の年金収入は月約22万1000円となります。

自分の受給額は「ねんきん定期便」で簡単にわかる

とはいえ、これはあくまでもモデル世帯。自分はいくらもらえるかをまず知りたいところです。だいたいの年間の受給額は、毎年誕生月に日本年金機構から送られてくる「ねんきん定期便」をみればわかります。

50歳以上の人は、そのまま今と同じ条件で60歳になるまで働いた場合の年金見込み額が記されています。

ちょっと難しいのが50歳未満の人。これまでの納付実績に応じた年金額が載っているだけです。つまり、今の時点で働くのをやめたらこれだけもらえる、という金額です。「少ないな」と驚く人が多いのですが、実際はこの先も働いて保険料を納め続けるので、もらえる年金額は増えていきます。

では、どれくらいになるのか。図表Ｉ－４の47歳の人を例に、ざっくりした計算方法を知っておきましょう。

まずＡの金額である１１７万２５００円。これが今までに納付した保険料に基づく基礎年金と厚生年金の年間の合計額です。

これから13年間、60歳になるまで年収平均６００万円で働くとします。まず、老齢基礎年金はいくら増えるでしょうか。

老齢基礎年金は40年間フルに納めてもらえる金額が２０１８年度で年間77万９３００円ですか

図表Ⅰ-4 「ねんきん定期便」からざっくり年金額を試算する

50歳未満の人のねんきん定期便。これから増える金額の簡易計算は？
（会社に25年勤務の47歳の例）

ねんきん定期便

2.これまでの加入実績に応じた年金額と【参考】これまでの保険料納付額（累計額）	加入実績に応じた年金額（年額）
(1) 国民年金	老齢基礎年金 487,500 円
(2) 厚生年金保険	老齢厚生年金
一般厚生年金被保険者期間	685,000 円
公務員厚生年金被保険者期間（国家公務員・地方公務員）	円
私学共済厚生年金被保険者期間（私立学校の教職員）	円
(1)と(2)の合計	A 1,172,500 円

これから増える金額の簡易計算の方法は?

・基礎年金①…（60歳－今の年齢）×1万9,500円
・厚生年金②…（退職予定年齢－今の年齢）×今から退職までの平均年収×0.005481
　65歳から受け取る年金の目安は…A＋①＋②
（例） 現在47歳で今後60歳になるまで平均年収600万円で13年間働くなら
①＝13年×1万9,500円＝25万3,500円
②＝13年×600万円×0.005481＝42万7,500円
　65歳から受け取る年金額の目安＝117万2,500円＋25万3,500円＋42万7,500円
　＝185万3,500円

ら、1年あたりの納付では、その40分の1である約1万9500円増えます。あと13年納付しますから、老齢基礎年金の増加額は13倍の、①約25万3500円です。

次は、収入に応じて決まる老齢厚生年金です。今後平均600万円で13年間働く予定なので、図の②に基づいて

13年×600万円×0.005481

と計算すればよく（あくまで概算ですが）、約42万7500円です。

この0・005481は何なのか？　と考えてしまいますが、単に年金計算のために国が決めている数字ですので、意味など考えずにそのまま使えば大丈夫です（笑）。

この人の65歳以降の年金額は、A＋①＋②で、年に約185万3500円になります。

さきほど50歳以上の人に関しては、その時点での給与のまま60歳まで働いた場合の見込み額を載せてくれていると説明しました。このため、通常は特に計算する必要はありません。

最近は、大企業を中心に、55歳前後で役職定年となり給与が下がる会社もかなりありますが、減額が予想される場合は、減額が年金に与える影響を試算できます。「減額される年収×減額の期間（例えば55歳以降なら5年）×0・005481」でいいのです。

例えば55歳以降、200万円減額されるのなら、

5年間×200万円×0.005481＝約5万5000円

この金額を「ねんきん定期便」に載っている見込み額から引けばいいのです。

以上は、あくまで簡易計算であり、厳密には少し違うのですが、どのみち将来の年収額の見込みも正確にはわかりません。ざっくりつかむにはこの方法でいいと思います。

ただし高収入の人はちょっと注意が必要です。年金保険料には上限があって、月の収入が60万5000円以上は一律になっています。ボーナスも1回150万円以上は一律です。保険料がそれ以上上がらないということは、もらえる年金もそれ以上多くならないということです。

このため、50歳未満の人で将来の実際の年収がかなり多いと見込む場合でも、将来年収はざっくり1000万円（60万円×12カ月＋150万円のボーナス2回）を上限に計算しましょう。実際の将来年収が1500万円でも2000万円でも変わらないからです。

「ねんきんネット」で詳細計算

ここまでは定期便を使った簡易計算です。日本年金機構が運営するインターネットサービス「ねんきんネット」を使えば、より正確に、より詳細に、自分の年金額の見込みがわかります。

「ねんきんネット」には「ねんきん定期便」に書かれているアクセスキーや基礎年金番号を使って登録します。アクセスキーを使う場合は、定期便到着後3カ月だけ有効なので早めにやりましょう。ちなみに会社員の場合、基礎年金番号は勤務先の総務部などに聞けば教えてもらえます。

登録後は「年金見込額試算」のところで3つの試算方法を選べます。

「かんたん試算」では、現在と同じ条件で60歳まで年金に加入した場合の見込み額がわかります。

「質問形式で試算」では、今後の職業などの試算条件を設定できるので、転職などを考えている場合でも役立ちます。

「詳細な条件で試算」では、受給開始年齢の繰り上げ（毎年の金額は減ります）や繰り下げ（毎年の金額は増えます）をした場合の見込み額、あるいは納めていなかった年金を追納した場合の効果なども詳しく計算できます。

それぞれの方法の試算結果はグラフなどわかりやすい形で表示され、人生設計に役立てることができます。「ねんきんネット」を使いこなすことも「人生100年時代」には効果的です。

厚生年金の男性は月16・7万円が平均

自分以外の人も含めた平均的な金額はどうでしょう。34ページでモデル世帯の金額をみましたが、あれはあくまでモデル。実際にもらっている人の平均額は少し違っています。最新統計である2016年度の実際の受給額をみてみましょう。

まず基礎年金。平均では5万5000円です。（図表Ｉ－5）モデル世帯の基礎年金（月に6万5000円）はあくまで40年間加入した金額ですが、実際には1991年3月までは大学生な

図表Ⅰ-5　実際には年金は平均ではいくらもらっている？

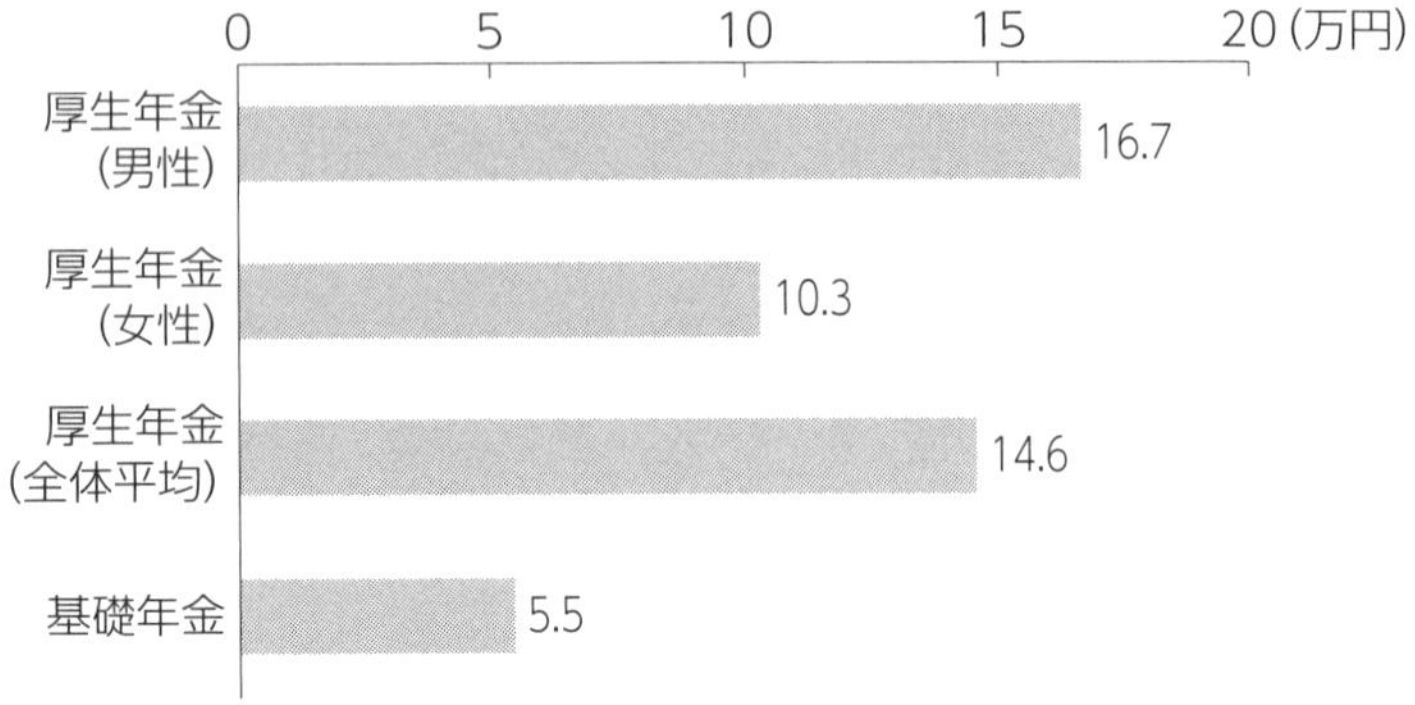

注：月額、厚生年金は基礎年金部分を含む、2016年度。
出所：厚生労働省

図表Ⅰ-6　老齢厚生年金の受給者

老齢厚生年金の受給者は計3409万人
（2016年度末）

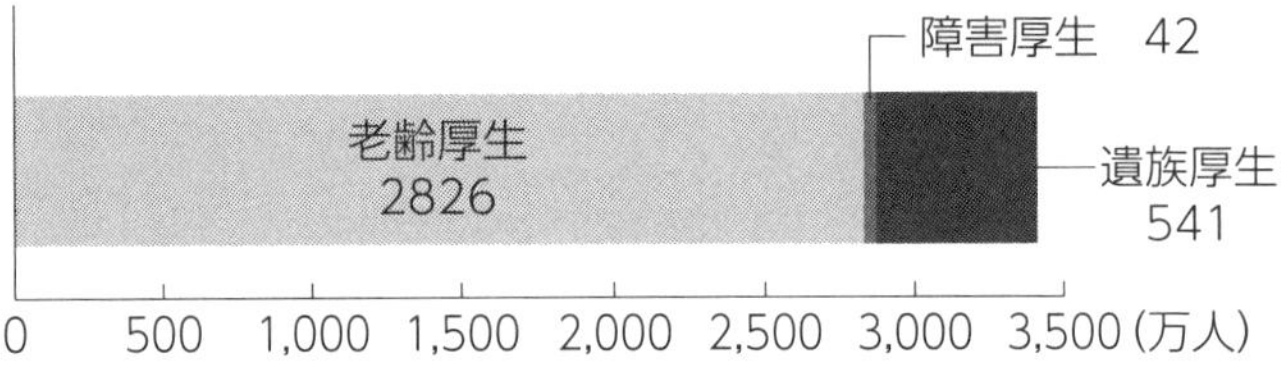

老齢基礎年金のみの受給者（厚生年金との重複受給者は除く）は
計950万人（2016年度末、共済年金受給者も含む）

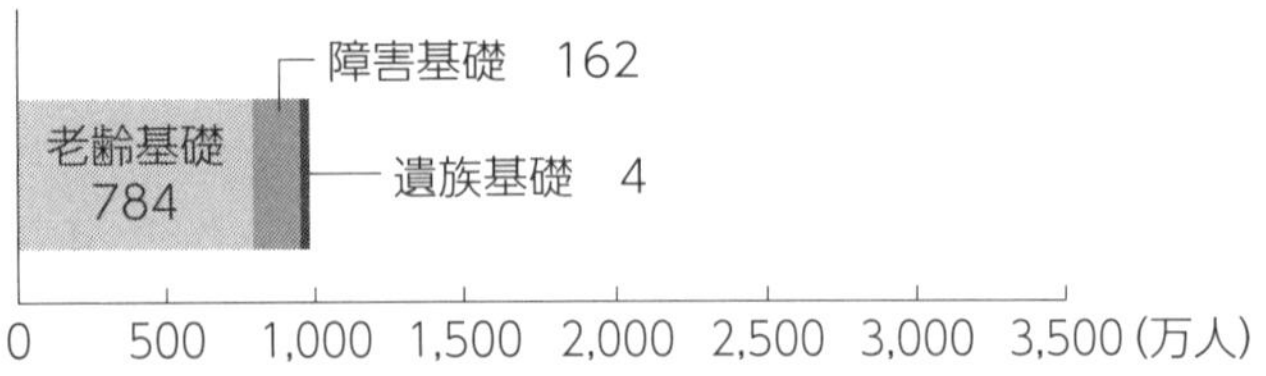

出所：厚生労働省

図表Ⅰ-7　厚生年金（基礎年金含む）は7割が年240万円未満

厚生年金月額（万円）	年額換算（万円）	男性（%）	女性（%）
～5	～60	1.1	6.2
5～10	60～120	9.6	45.1
10～15	120～180	24.2	39.6
15～20	180～240	38.5	7.7
20～25	240～300	22.9	1.3
25～30	300～360	3.5	0.1
30～	360～	0.2	0
全体の平均月額14.6万円	全体の平均年額175.2万円	男子の平均月額16.7万円、平均年額200.4万円	女子の平均月額10.3万円、平均年額123.2万円

出所：厚生労働省2016年事業年報

図表Ⅰ-8　高齢者世帯の所得の比率

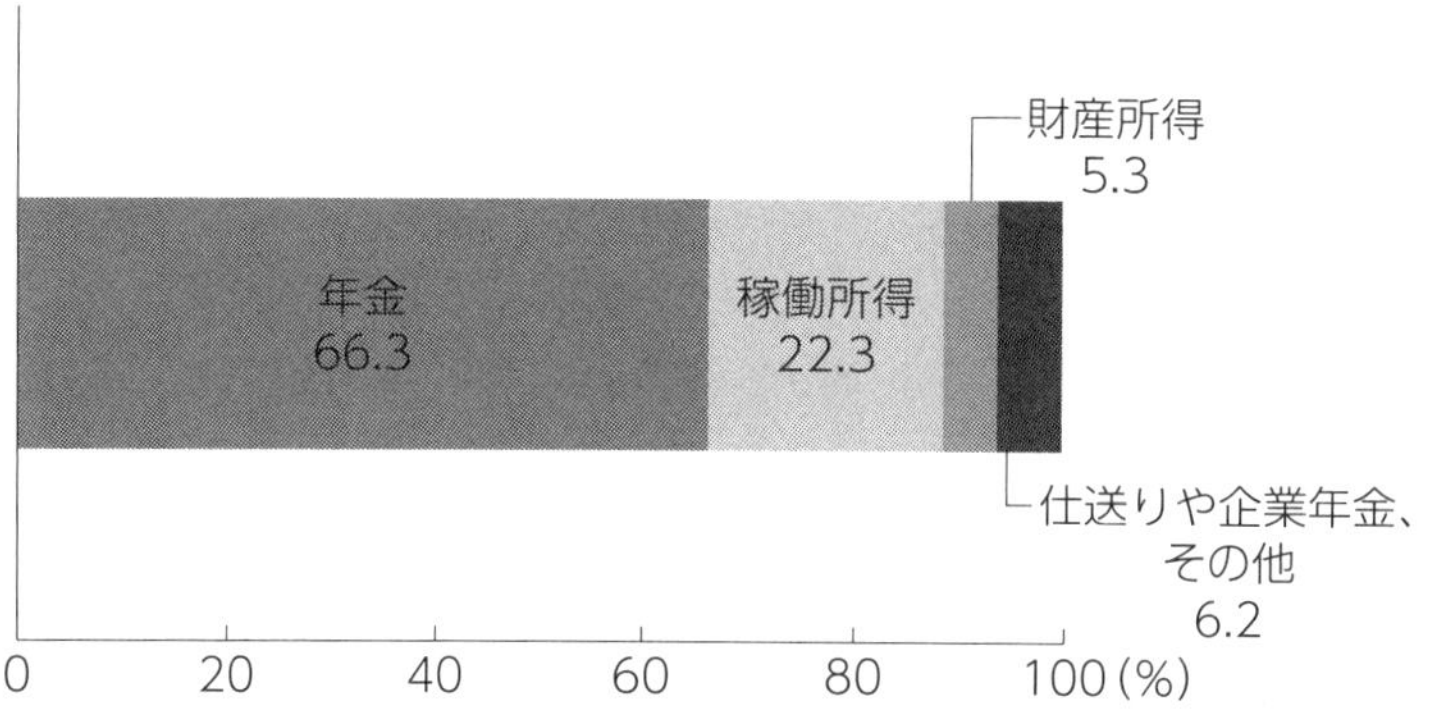

出所：国民生活基礎調査（2017年度）

図表Ⅰ-9　年金受給世帯で年金が所得に占める比率

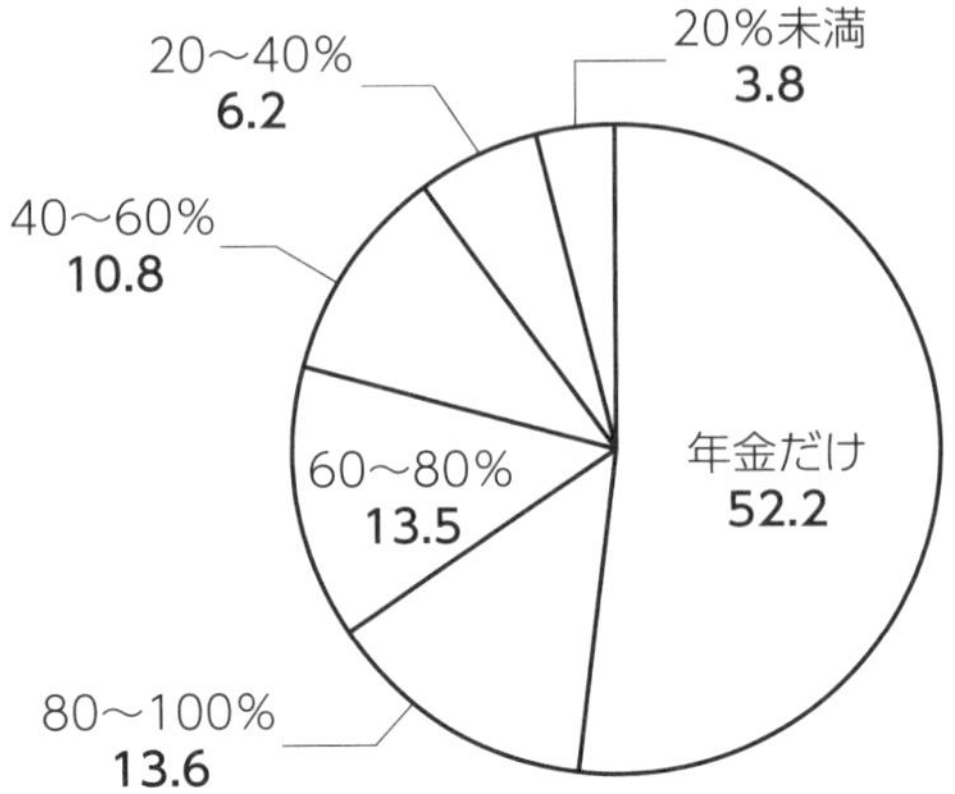

出所：国民生活基礎調査（2017年度）

どが加入が任意だったり、第1号被保険者できちんと年金を納付していない人がいたりして、実際の受給額はモデル世帯より低くなっています。

基礎年金しかない専業主婦が離婚した際などは、生活が苦しくなることが多いということです。

基礎年金を含めた厚生年金は、男性の場合、モデル世帯より多くなっている一方、女性は少なくなっています。男性に比べて平均勤続年数が少なくなりがちなうえ、平均年収も低いことなどが影響しています。

高収入の男性でも月20万円程度、生活レベル維持に困ることも

平均の次は図表Ⅰ－7で厚生年金（基礎年金含む）の受給額の分布をみてみましょう。若い

時代から保険料の上限に張り付いていたような人であれば年額換算で300万円を超えますが、ごく一部です。

男性では年額換算で0~240万円までの人が累計で73%を占めます。人生の終盤でかなり高年収になった人でも、年金は年240万円くらいにとどまるケースが大半ということです。

逆に言えば現役時代の収入がかなり高くても、年金生活に入るとそれほど多くの金額はもらえません。高収入だった人は老後の生活資金も多くなりがちです。老後資金をその分多く準備しておかないと、生活レベルの維持に困るかもしれません。

受給者は4000万人規模、受給額総額は54兆円と巨額

では受給者はそれくらいの数がいるのでしょう。老齢厚生年金の受給者は16年度で3409万人、基礎年金のみの受給者は950万人です（この数字は共済組合を含んでいて、純粋に第1号被保険者だけなら500万人程度とみられます）。

年金の受給総額はやはり2016年度で、54兆8000億円です。農業出荷の約6倍という巨額なものです。内訳は基礎年金が22兆7000億円、厚生年金が32兆1000億円です。

高齢者世帯の収入の7割弱を公的年金が占めています。年金受給世帯でみれば年金だけで生活している世帯も全体の半数です。年金が老後の生活でいかに大事なものかがわかります。

払った保険料の数倍を受給

では支払った保険料に対してどれくらいの額を受給できるのでしょうか。

この章の冒頭で書いたように、公的年金は金融商品ではなく「長生きリスク」「病気・ケガのリスク」「一家の大黒柱の死亡リスク」などのリスクに備えてみんなが支え合う「保険」なので、本来は払った保険料と受け取りの倍率を考えること自体が少しおかしなことではありません。

例えば住宅の火災保険に入った人が、数十年後まで火災が起こらず保険料が無駄になったといっても、普通は怒らないのと同じです。

とはいえ年金が「保険」であることがあまり知られておらず、あたかも金融商品であるかのように思われているなかでは、年金への不安を減らすためにこうした数字をみておくことも大事だと思います。

国民年金の半分は税金、厚生年金保険料の半分は事業主負担

「払った保険料ほど年金はもらえない」というイメージは多く広がっています。しかし、図表I−10でわかるように、厚生年金でみて、現在の40歳では払った保険料の2・4倍、20〜30歳でも2・3倍の金額をもらえます。これは財政検証結果のうちよく使われる経済前提のケースE（実質経済成長率年0・4%）の場合ですが、かなり悲観的なケースG（同マイナス年0・2%）でも40歳で2・3倍、20〜30歳で2倍です。年金財政が悪化していると言われるなか、どうしてそ

図表Ⅰ-10　公的年金の「お得度」は低下傾向。それでも払った以上に多くもらえる　（保険料・年金は単位：万円）

	厚生年金			国民年金		
2015年の年齢	保険料負担額①	年金給付額②	倍率（②÷①）	保険料負担額①	年金給付額②	倍率（②÷①）
70歳	1,000	4,400	4.3	400	1,400	3.8
60歳	1,400	4,300	3.2	500	1,200	2.3
50歳	1,900	5,300	2.8	800	1,400	1.8
40歳	2,400	5,900	2.4	1,000	1,500	1.5
30歳	2,900	6,800	2.3	1,100	1,700	1.5
20歳	3,400	7,900	2.3	1,300	2,000	1.5

注：保険料や給付金は賃金上昇率や物価上昇率を使って2014年度の価格に換算表示、給付は60歳時点の平均余命（83~85歳程度まで生きる）と想定、2014年財政検証ケースEが前提。
出所：厚生労働省

んなにもらえるのでしょうか。

公的年金は、国民全体が加入する国民年金（受給時には基礎年金と呼ばれます）と、収入に応じて変わる厚生年金の2階建てです。

国民年金は、財源の半分が税金でまかなわれていますし、厚生年金は保険料の半分を会社が負担しています。ともに自分が出している保険料は半分だからこそ、その数倍の金額がもらえるのです。

自営業やフリーターの人で国民年金保険料を払ってない人は、将来年金を受け取れません。一方で、現役時代に消費税をはじめ様々な税金は払っています。ということは、自分の払った税金のなかからほかの人の国民年金保険料を負担し、自分は将来、その恩恵を受けられないということになり損をする、ということを認識しておくことが大事です。

週刊誌などは「2・3倍もらえるというのはまやかしだ」と書くことがあります。その理由として、「会社は保険料を払わなければその分を給与で払ったはずだ。会社負担の分も自分が払った保険料とみるべきであり、そうすると倍率は大幅に下がる」という議論がよくなされます。

これはたしかにひとつの考え方ではあります。しかし、会社が年金保険料を払わなかったら、その分を給与として全額払うというのはかなり非現実的でしょう。そんなことはしないからこそ、これまで多くの会社は、厚生年金の対象となる従業員の範囲を拡大する制度変更に反対を続けてきました。反対の理由は、厚生年金に加入していないパートなどであれば折半の会社負担がいらない、つまり「安く使える」からです。

会社に保険料負担をしてもらっていないパートさんに、その分を給与として上積みしているのなら、厚生年金の対象拡大に反対するはずがありません。保険料の会社負担がなくなればそれは従業員にすべて還元されるのではなく、かなりの部分は内部留保や株主還元、設備投資などに回るでしょう。

そう考えると、会社の折半負担まで実質的な自分の保険料負担と考えるのは無理があります。基本的には自分が支払った保険料に対して何倍もらえるかという考え方でいいのではないでしょうか。

しかもここでのお得度の計算は、60歳時点での平均余命（時期により異なりますが83〜85歳）

まで生きた場合です。平均余命より長く生きた場合は、さらに有利さは高まります。「長生き保険」としてのメリットをより大きく受けることになります。

大きな世代間格差をどう考えるか

年金受給者に対して保険料を納める現役世代の人口は減っています。このため支払った保険料に対してもらえる保険料の比率は、先ほどみたように、今の20～30代は2・3倍ですが、70歳は4・3倍でした。

世代間の格差はかなり大きなものがあります。ただし現在の高齢者の多くが、若い時代に自分のお金で親を扶養していたことも考え併せ、年金だけで格差を判断しないことも大切です。また、今の高齢者がかなり多くの年金を受給しているからこそ、子供の世帯は親の世帯の生活費援助をあまりせずにすんでいる側面もあります。

それでも、少ない給与から苦労して保険料を払っている若い世代が、こうした説明だけで本心から納得するのは難しいと思われます。やはり世代間の格差は少しでも圧縮するか、これ以上の拡大を防ぐ努力が必要です。第2節でみるマクロ経済スライド（現役世代の減少に合わせて受給者の支給額を自動で抑制する仕組み）の強化もそのひとつでしょうし、2020年からの受給者への課税強化（公的年金等控除の10万円圧縮）も必要な選択なのかもしれません。

病気やケガ、生計維持者の死亡にも対応するのでさらにお得

ここまでは、あくまで自分が年をとったときにもらえる老齢年金の話でした。そして年金は老齢年金だけでなく、病気やケガをしたときの障害年金、亡くなったときの遺族年金もセットになった総合的な保険なのでした。それを考えると、公的年金の「お得度」はさらに大きくなります。ただし障害年金も遺族年金も、保険料納付期間の3分の2以上の期間、もしくは直前1年間に全額、保険料を納付していないともらうことができません。こうした状態になったとき、保険料の未納がどれほど恐ろしい結果をもたらすかを知っておくべきだと思います。

老齢年金をもらうには10年以上の加入が必要

老齢年金を受け取るには従来、25年以上の加入が必要でした。この期間に少しでも足りなければ、1円ももらえなかったのです。しかし法改正によって、2017年8月以降は、10年以上の加入でよくなりました。

このため、新たに年金の受け取り条件を満たすようになった人は、受給開始の65歳に達している人だけでも約64万人もいます。この人たちにはもちろん朗報です。

ただ、加入期間が短いと受給額も当然少ないことは要注意です。自営業者など第1号被保険者では、40年間保険料を払った満額の場合でも、65歳以降にもらえる額は月約6万5000円でした。20年加入なら同3万2500円、10年なら約1万6000円です。とうてい暮らしていける

図表Ⅰ-11　老齢基礎年金の受給資格

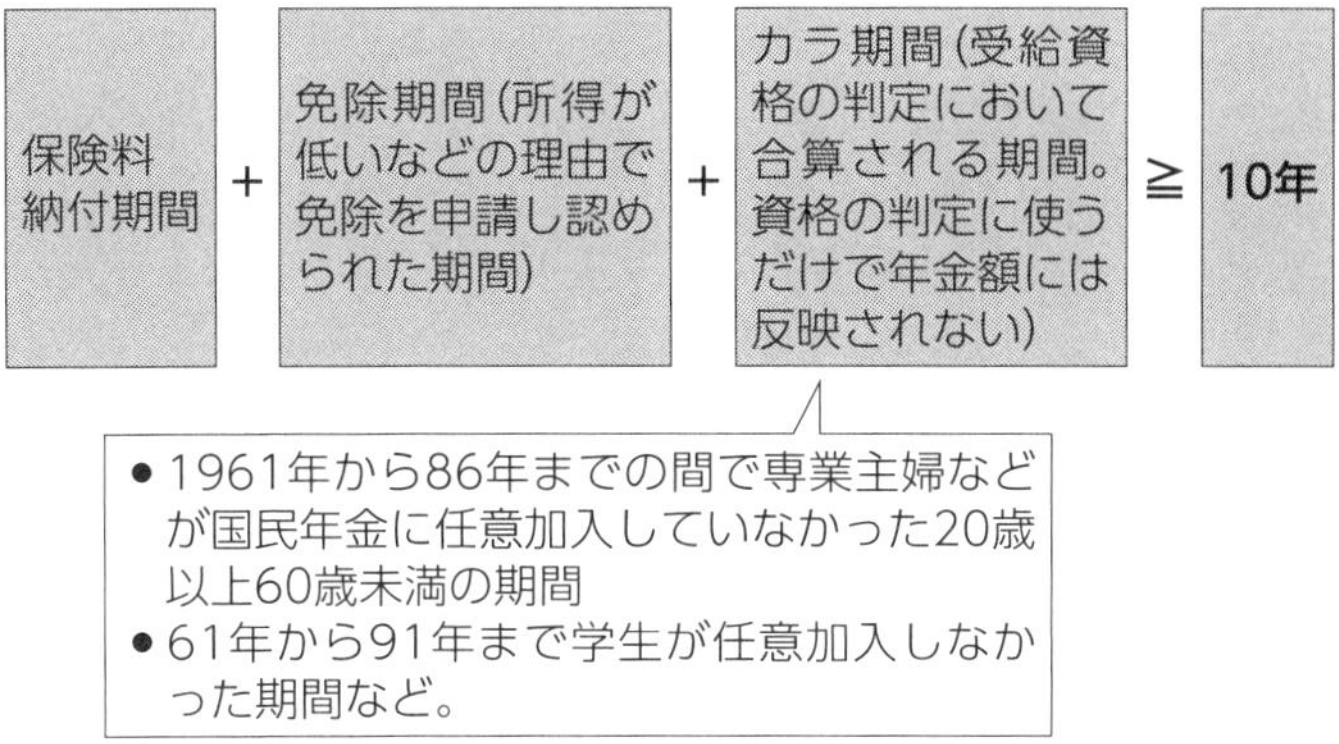
保険料納付期間
＋
免除期間（所得が低いなどの理由で免除を申請し認められた期間）
＋
カラ期間（受給資格の判定において合算される期間。資格の判定に使うだけで年金額には反映されない）
≧
10年
●1961年から86年までの間で専業主婦などが国民年金に任意加入していなかった20歳以上60歳未満の期間
●61年から91年まで学生が任意加入しなかった期間など。

額ではありません。

今回の改正に伴い、「10年の支払でいいんだ」という誤ったイメージが国民の間に広がり、未納などが増えてしまうのではないかという危惧もあります。とにかく年金は、フルに納付するのが大事だということを心すべきです。

もうひとつの注意点は、10年以上で受給できるようになったのはあくまで老齢年金だけの話であり、遺族年金や障害年金の受給条件は変わっていないということです。

例えば、遺族・障害年金は引き続き加入中の死亡または過去に25年以上の加入などが要件です。「必要納付期間の3分の2以上納付か、過去1年間未納がないこと」という納付要件は変わっていません。「とにかく10年納付すれば大丈夫」と思うのは危険です。

「70歳超受給開始」の案はあくまで希望者の選択制

現在、年金の支給開始年齢は原則65歳です。しかし60代前半は特別支給の厚生年金（かつて60歳だった厚生年金の支給開始年齢を引き上げたための経過措置）のうち、いわゆる2階部分に相当する報酬比例部分をもらえている人がいます。男性で1961年4月2日生まれ以降、女性で1966年4月2日生まれ以降は、特別支給もなくなり原則の65歳となります。

今後実現する方向なのは、自分の判断で受給開始を遅らせる代わりに年金額を増やしてくれる「繰り下げ制度」の延長です。現在は最大70歳まで繰り下げられますが、もっと長く、例えば75歳くらいまで延長する案です。2021－2022年にも導入される見通しで、繰り下げに伴う増額率も現在の1か月0・7％より引き上げられそうです。

これは一律で支給開始年齢を遅らせるのではなく、あくまで個人の選択範囲が広がるという話です。嫌な人は選ばなければいいだけなので、別に反対すべき話ではありません。

これまで、この話が報じられるたびに、一律で70歳超に支給開始を遅らせるものと勘違いしたような報道が何度となく繰り返されました。しかし将来の年金制度を話し合う社会保障審議会（厚生労働相の諮問機関）の年金部会では現在、一律に遅らせることは議論されていません。

2018年9月に行われた自由民主党の総裁選でも、安倍総理は今後の社会保障政策を語るなかで「人生100年時代に向け、年金の受給開始年齢を70歳以降にも繰り下げられる選択肢を作る」ときちんと「選択」という言葉を使って何度も話していました。

図表Ⅰ-12　年金の受給開始年齢

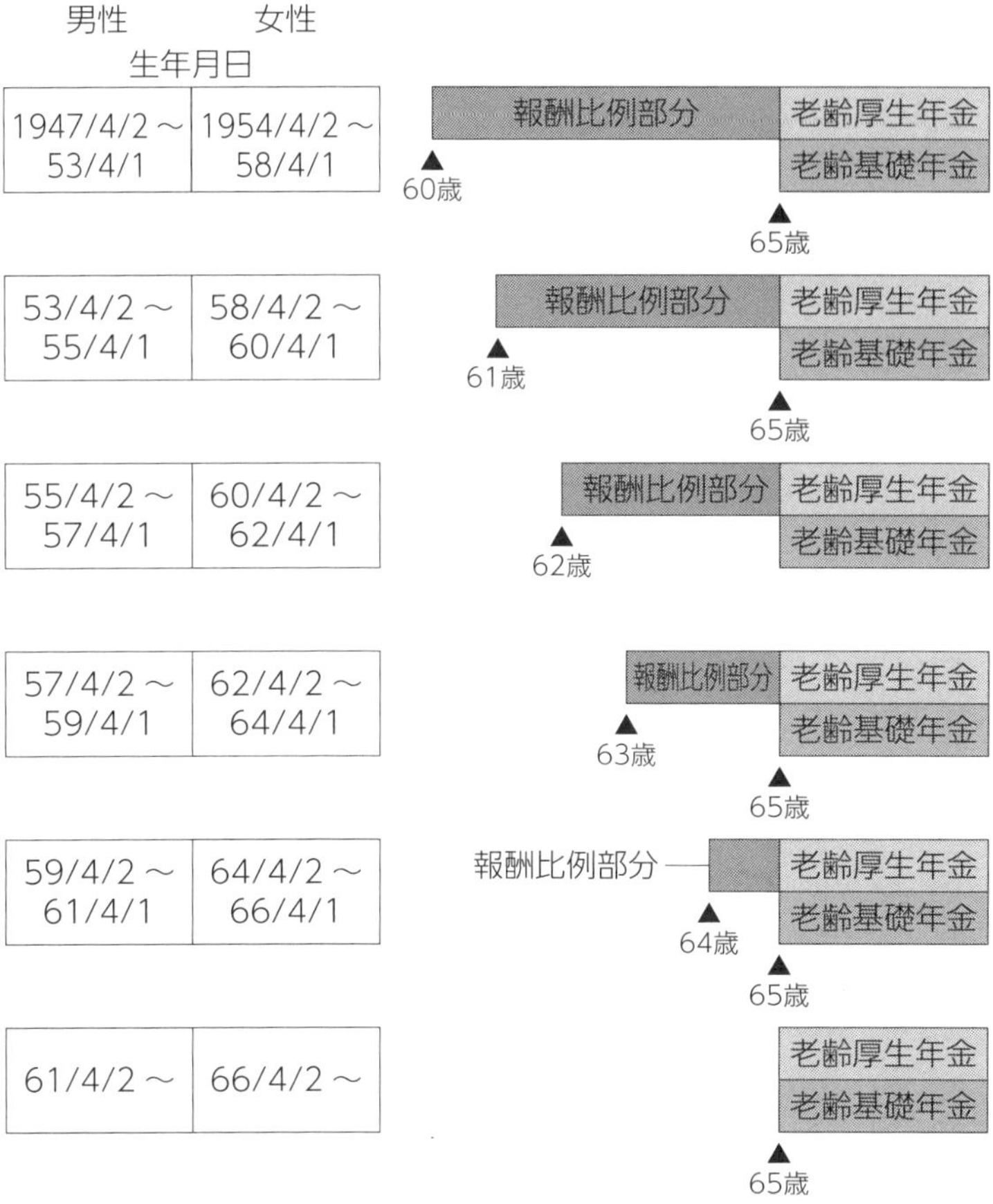

アメリカやイギリス、フランスなど他の先進国の多くは支給開始年齢を67～68歳へ移行予定です。ただこうした国には日本のマクロ経済スライド（第2節で解説）の「現役世代の減少などに合わせて物価の伸びより給付を抑えるよう毎年自動調節する」ような機能がないので、財政健全化のために一律の支給開始年齢引き上げしか手段がない面があります。

日本が導入済みのマクロ経済スライドは、現在の受給者にも痛みを負担してもらえるので、本来もっと早くもらえるはずだった若い世代に負担が偏る一律の支給開始年齢引き上げより公平性が高いともいえます。デフレ下では効きづらい弱点があって過去は十分機能しませんでしたが、この仕組みを強化することで年金財政を健全化していくというのが、国の立場です（海外には珍しく自動調節機能があるスウェーデンも一律引き上げでなく61歳以降に自分で受給開始年齢を選べる仕組みです）。「自分はどうせいつまでたっても年金をもらえない」などと怖がって年金を未納状態にしたり不必要に繰り上げ受給したりするのは、極めて危険なことだと認識しておきましょう。

このように国の立場は一律の引き上げでなくマクロ経済スライドの強化ですが、そうであるからこそ強化策がきちんと実施されないと、ずるずる年金財政が悪化することにもなりかねません。79ページのオプション試算に基づく対策などの早期の実現が大切です。

ただ、これほどまで高齢化が進んでいるなかで、（事実上は繰り上げも繰り下げもできるとはいえ）原則的には65歳からである支給開始が本当に正しいかは、疑問もあります。すでに受給者は4000万人強と国民の3人に1人に達し、2050年代には1・2人の現役世代で1人の受給者を支える状態になります。支給開始年齢については、より長く働ける雇用環境を作れるかという問題と一緒に、「人生100年時代」の生き方の問題として国民全体で考えるべき課題です。今の枠組みで高齢化の進展に対応するなら、繰り下げがもっとどんどん活用されて、大半の人が事実上60代後半での受け取りを選ぶようにするような、さらなる誘導策が必要かもしれません。

「65歳時点で老後資金○千万円」と一律に考えても意味がない

よく老後資金はいくら必要か、という議論がされます。「○○の調査では2000万円必要」「いや3000万円はいる」「いや5000万円でも足りない」など様々な数字が飛び交います。

しかし、一律に「65歳時に○千万円」などと考えるのはあまり意味がありません。老後にどれくらいの出費があるか、公的年金でそのうちどれくらいをまかなえるかは、暮らし方や年金のタイプによってまるで異なるからです。

ケースごとにみていきましょう。

余裕のある生活なら老後は1億3600万の出費も

前提として、老後資金は少なくとも4人に1人が生きている年齢までを考えることにします。国立社会保障・人口問題研究所の予測では2050年時点で男性は93歳、女性は98歳なので、今

図表Ⅰ-13　65歳時点での必要資金は生活のタイプで全く異なる（65～95歳までの30年を対象）

支出（いずれも持ち家）

普通の生活＝1億360万円
26万円×12月×30年＋予備費1人500万円×2人
（28万円は家計調査の高齢夫婦無職世帯の支出）

ゆとりある生活＝1億3,600万円
35万円×12月×30年＋予備費500万円×2人
（35万円は生命保険文化センターの調査）

公的年金

会社員と専業主婦

7,128万円
22万円×12月×30年×0．9倍
（22万円は厚生労働省によるモデル世帯の年金額、0．9倍は厚生労働省の財政検証から計算）

3,232万円

6,472万円

会社員の共働き

9,072万円
「28万円×12月×30年」×0．9倍
（夫が16万円、妻が12万円として計算）

1,288万円

4,528万円

自営業者

4,212万円
13万円×12月×30年×0.9倍
（13万円は夫婦の基礎年金）

6,148万円

9,388万円

さらなる支出が必要な場合も……

30年間賃貸生活を続ける住居費月10万円なら＝3,600万円
（10万円×12月×30年）

有料老人ホームで5年間を過ごす費用＝2,000万円
（入居一時金800万円＋毎月20万円×12月×5年の場合）

注：いずれも概算。現在50歳の夫婦を想定。

回はこの中間に当たる95歳までを想定しました。

まずは持ち家の人を前提に支出を考えます。総務省の家計調査では、高齢夫婦無職世帯の1カ月の支出は約26万円。これを「平均的な生活」とみなすと30年で9360万円です。ただし介護やリフォーム費用などの予備費を、夫婦で1000万円程度はみておきたいと思います。すると、1億360万円になります。

先ほど「持ち家を前提」と書いたのは、家計調査の回答者は9割強が持ち家で、住居費が月1万5000円程度しかかかっていないからです。持ち家でない場合は、別途賃貸費用がかかってくるので、後ほど考えます。

さて、家計調査の金額はいわば実際の生活に必要な金額。一方、生命保険文化センターの意識調査で「ゆとりある老後生活のための費用」を聞いたところ、月35万円です。旅行や趣味などにお金をかけたければ、必要額は増えるからです。この30年分と予備費1000万円を足すと、支出は1億3600万円となります。

老後を支える年金は、夫婦の職業などで大きく変わります。会社員（厚生年金と基礎年金）と専業主婦（基礎年金のみ）という厚生労働省が想定するモデル世帯は月22万円。30年で7920万円です。しかし、厚労省の財政検証では2030年度の所得代替率（現役男子の平均的な手取り収入に対する年金額の比率）は現状より1割前後減る計算になっています。

実は、第I章第2節でみるように、財政検証では今の価格に直した実質的な金額は所得代替率の低下ほどは必ずしも減らない予測なのですが（71ページ参照）、厳しめに所得代替率の減少と同じ1割減として計算すると7128万円となります。

平均的な生活には3232万円、ゆとりある生活には6472万円足りません。大企業の会社員の退職金は平均2000万円強なので、平均的な生活なら退職金とは別に1200万円強、ゆとりある生活は4500万円弱の準備が必要なことになります。ただ、退職金は企業により大きく異なるし、住宅ローン返済などで全額は手元に残らない例も多いことには要注意です。

ではどうするか？　早くから65歳時点の資産を増やすことに取り組みましょう。運用次第で将来の年金額が変化する個人型確定拠出年金（DC、イデコ）は最優先で活用したい制度です（第Ⅲ章参照）。掛け金全額が所得から控除されるなど節税効果が大きい仕組みです。企業型DCの加入者は原則的にイデコは使えないので、企業型DCでなるべく大きく増やせるよう努力しましょう。

最強はパワーカップル

共働きで夫婦ともに厚生年金があると、老後資金は余裕が出てきます。厚生年金の額は収入で大きく変化しますが、社会保険労務士の井戸美枝氏は「リタイアするまで正社員を続けた場合の厚生年金と基礎年金の合計額の平均的な水準は、夫16万円、妻が12万円程度」と指摘します。現在の受給者の平均をみると特に女性はもっと低いのですが（40ページ）、きちんと働いている人なら、これくらいでみていいでしょう。

すると夫婦で28万円なので、30年で1億80万円。1割減だと9072万円です。不足額はゆとりある生活でも4528万円とかなり減ります。退職金を夫2000万円、妻1000万円と考えると、ゆとりある生活でも別途準備するのは1500万円ですみます。ただし、出産などを機にいったん退職すると年金額も退職金も大きく減りがちです。妻が正社員として働き続けることが重要です。

今は女性の年金を男性より少し低く計算しましたが、男性と同じようにフルに働いている「パワーカップル」なら年金は合計32万円。30年で1割減でも1億400万円です。ゆとりある生活でも65歳時点で3000万円強あれば足り、2人合計の退職金などを考えれば余裕でしょう。高所得の共稼ぎの「パワーカップル」こそが、人生100年時代の最強の生き残り策といえそうです。

自営業者は早期の備えを

逆に基礎年金だけの自営業者など第1号被保険者は、厳しい状況が予想されます。夫婦合わせた基礎年金を月13万円とすると30年で4680万円。1割減で4212万円。平均的な生活を考えても6100万円も足りません。しかも第1号被保険者は未納期間などもあって満額支給されないケースが多いほか、マクロ経済スライドでは基礎年金の削減が厚生年金より大きいので、実態はもっと厳しくなるケースが多いはずです。

一方で、自営業者は65歳以降も従来通りの仕事を続けやすいケースも多いでしょう。65歳以降も事業収入を減らさない工夫を早めに考えておくことが必要です。

自営業者のイデコの掛け金の上限は、年81万6000円と、会社員（27万6000円）より大きく設定されています。イデコとは別に、掛け金が年84万円まで全額所得控除となる小規模企業共済という仕組みもあります。国が作った「経営者のための退職金制度」です。従業員20人（サービス業などは原則5人）以下の個人事業主や会社役員などが加入できます。掛け金の月額は1000円から7万円までの範囲で選べ、全額が所得控除となります。税率3割の人がイデコと小規模企業共済の2つを満額で20年続けると、掛け金の節税効果だけで990万円程度にもなります（188ページ参照）。

賃貸派はプラス3600万円？

忘れがちなのが、持ち家でない場合の老後の賃貸費用です。さきほど書いたように、家計調査での住居費の支出は月に約1万5000円、これは持ち家の比率が9割超だからです。賃貸の人が月10万円の家賃で30年暮らすと、3600万円かかります。現役時代に住宅ローン負担が軽い分を貯蓄し、老後の住居費を確保しておくことが不可欠です。

自宅での最低限の介護費用は予備費として織り込み済みですが、いずれ有料老人ホームへ入居を希望する場合は、別途大きな支出が生じます。施設によってまちまちですが、入居一時金と、平均で5年程度の費用を合わせると2000万円程度が必要なケースも多くみられます。

図表Ⅰ-14　年金だけで老後を暮らせるか？

65歳時点の老後資金が少なくていい人（年金だけで生活できる可能性がある人）は？	65歳時点での老後資金が多く必要な人（年金だけで生活できない可能性がある人）は？
・夫婦共に厚生年金の額が多いパワーカップル ・持ち家で住宅ローンを完済 ・子供や親族の助けがあり介護にあまりお金をかけなくてすみそう	・会社員で妻は基本的に専業主婦 ・賃貸暮らし、または住宅ローンが多く残る ・自営業者など第1号被保険者、特に年金保険料を納めていない期間が長い ・子供や親族の助けがなく介護にかなりお金がかかりそう

なお、今回のタイプ別にみた試算は、「一律に○千万円」などとする考え方よりは現実的ですが、それでも数字そのものを絶対視しないでいただきたいと思います。必要資金などは、個人によってまちまちだからです。

例えばアメリカでは、老後資金は「退職直前の生活費のだいたい7割」と言われているそうです。家計調査や生命保険文化センターなどの数字を使うより、退職前の自分の収入の7割を前提に考えるほうがより実態に近くなると思います。ここで提示したかったのは金額そのものではなく、「年金や暮らし方のタイプによりまったく異なってくる」という考え方の大切さです。

年金だけで老後を暮らせるタイプとは

結論的にいえば、65歳時点の老後資金が少なくてすむ（年金だけで生活できる可能性がある）人は、図表Ⅰ-14のように「夫婦ともに高所得でともに厚生年金の金額が大きいパワーカップル」「持ち家で住宅ローンを完済」「子供や親族の助けが見込め、介護にあまりお金をかけなくてすみそう」などのタイプが考えられます。自分がどうなのかを判断し、当てはまりそうになければ、現役時代にせっせと蓄えを積み増すことが大事です。

それと同時に重要なのは、年金の受給額自体が所与のものではなく、自分の働き方や繰り下げによる増額、障害年金などの有効活用により変わってくるということです。この点は、第Ⅱ章で具体的にみていきます。

ただしその前に、次節では年金財政への様々な誤解について考えることにします。

【コラム】たくさんの「黒歴史」、それでも大切な公的年金

官僚向けの恩給制度は明治の初めごろからありましたが、民間向けの年金の始まりは男子工場労働者だけを対象に1942年にできた労働者年金保険でした。その2年後には事務職や女子にも対象を広げ厚生年金保険に改称されます。

この時点では自営業者や農・漁民などが加入する年金はありませんでした。対象を広げ、1961年に自営業者なども加入できる国民年金がスタートします。これによりすべての国民が何らかの年金に加入する国民皆年金が実現しました。

しかし制度ごとの格差が激しく連携もとれていなかったので、1986年に新年金制度が

始まります。国民年金をすべての国民に共通の基礎年金として位置づけ、厚生年金や官僚向けの共済年金（２０１５年に厚生年金に一元化）は国民年金に上乗せする報酬比例の2階部分として再編成されました。

こうした長い年金の歴史の節々で顔をみせたのが、年金への信頼を失わせる「黒歴史」とでもいうべきものでした。

例えば戦時体制のなかでできた厚生年金は、戦力・生産力増強のために安心して働いてもらえる仕組みを整えるだけでなく、保険料を集めることによる戦費の調達も目的だったと指摘されます。

戦後は保険料が不適切な支出や官僚の天下りのためにも使われました。これに関連する象徴的な発言があります。戦時中の厚生年金発足当時の課長だった人が、後の１９８６年になって厚生省の外郭団体での座談会で話した言葉です。「この資金があれば一流の銀行だってかなわない。これを厚生年金保険基金とか財団とかいうものを作って、その理事長というのは、日銀の総裁ぐらいの力がある。そうすると、厚生省の連中がＯＢになった時の勤め口に困らない。何千人だって大丈夫だと。金融業界を牛耳るくらいの力があるから、これは必ず厚生大臣が握るようにしなくてはいけない」（「厚生年金保険制度回顧録」、社会保険法規研究会刊）。

実際にリゾート施設「グリーンピア」など、多くの年金福祉施設が作られました。こうした施設や企業の厚生年金基金に多くの官僚が天下りしていたことも知られています。グリーンピアだけで1953億円の保険料がつぎ込まれ、その後赤字の累積のために2005年に売却された価格は48億円弱でした。他の年金福祉施設（厚生年金会館や健康福祉センターなどです）にも1兆円を超える支出があり、売却で戻ったお金は2000億円強でした。

2007年にはコンピューターに記録があるものの持ち主がわからない約5000万件の「宙に浮いた年金」問題など記録の不備も発生、年金制度への信頼は地に落ちました。

もちろんこれらは厳しく批判されるべきです。しかし、年金福祉施設に関する損失は公的年金の額からいえば極めて小さく、このために制度が揺らぐものではありません。年金記録問題も再発させてはいけませんが、だからといって公的年金の存続を疑うのは行き過ぎです。

しかし「宙に浮いた年金」問題の後は年金の存続そのものへの不安が高まり、早くもらう代わりに金額が減る「繰り上げ受給」を選ぶ人が、2010年度に基礎年金の新規受給者の3割弱にも達してしまいました。一度繰り上げを選ぶともう変更できず、年金は一生減額されたままです。「黒歴史」に過度にとらわれて「年金はあてにならない」と決めつけるのは自らの不利になります。

「黒歴史」はどうしても目立ちやすいのですが、一方で公的年金の制度がより良いものになるよう、たくさんの人たちが長く力を尽くしてきた「白歴史」があることも事実です。その結果、今も途切れることなく公的年金が払われ、高齢者や障害者、遺族の生活をしっかりと支え続けています。

2 誤解だらけの年金財政

この節は、主に年金財政について、現行制度がきちんと運用される限り破たんしないということを書いています。年金活用を考えようとしても、年金が破たんすると誤解していると、やる気がしないからです。やや難しい内容も含みますので、財政に特に興味がなく、実践的な年金活用策を知りたい方は、そのまま第Ⅱ章以下に進んでいただいて大丈夫です。

年金破たんを防ぐ仕組み、マクロ経済スライド

序章の冒頭にも書いたように、「年金は破たんする」と言って金融商品を売りつけようとするビジネスが盛んです。でも、年金は破たんしません。それにはいろいろな理由があります。

まず国の側からすれば、年金を破たんさせてしまうメリットがありません。年金がなくなれば、困窮した高齢者をそのままにしておけば政治不安が高まるので、生活保護の受給者を増やさざるを得ません。生活保護は全額税金です。それよりは、保険料が財源の多くを占める年金の仕組み

を残すほうが財政的にも明らかにプラスです（そもそもそんな議論はなされてはいませんが、財政が厳しいから年金を破たんさせるという選択があり得ないことを考えていただくために書いています）。

もう少し現実的な話をすると、これまでも書いたように年金は、現役世代から受給世代への賦課方式（社会的な「仕送り」の仕組み）です。仮に積立金が何らかの理由でなくなっても、現役世代がいる限り、金額は別として仕送りそのものは続けられます。

とはいえ、金額自体があまりに減っては意味がないので、保険料の一部を税金や会社が負担するとともに、積立金を計画的に使って、受給世代が増え現役世代が減る時期にも安定的な給付を行うわけです。

さらに重要なのは、現役世代の減少や受給者の平均寿命の伸びを反映させて毎年の受給額を自動的に調整する「マクロ経済スライド」という仕組みが、既に２００４年に導入されていることです。既に指摘したようにデフレに弱い仕組みなので過去は十分機能しませんでしたが、経済状況の好転で２０１９年度はフル適用が期待されています。これをきちんと強化すれば、給付水準が収入を上回って年金財政が破たんするようなことは、原理的に起きないわけです。

この自動的なスライド調整率というのは、どれくらいでしょうか。スライド調整率の計算式は「公的年金の被保険者（加入者）の減少率＋平均余命の伸びを勘案した一定率」です。メディアではよく「当面、年に０・９％」と紹介されます。

図表Ⅰ-15　マクロ経済スライドって？

財源の確保

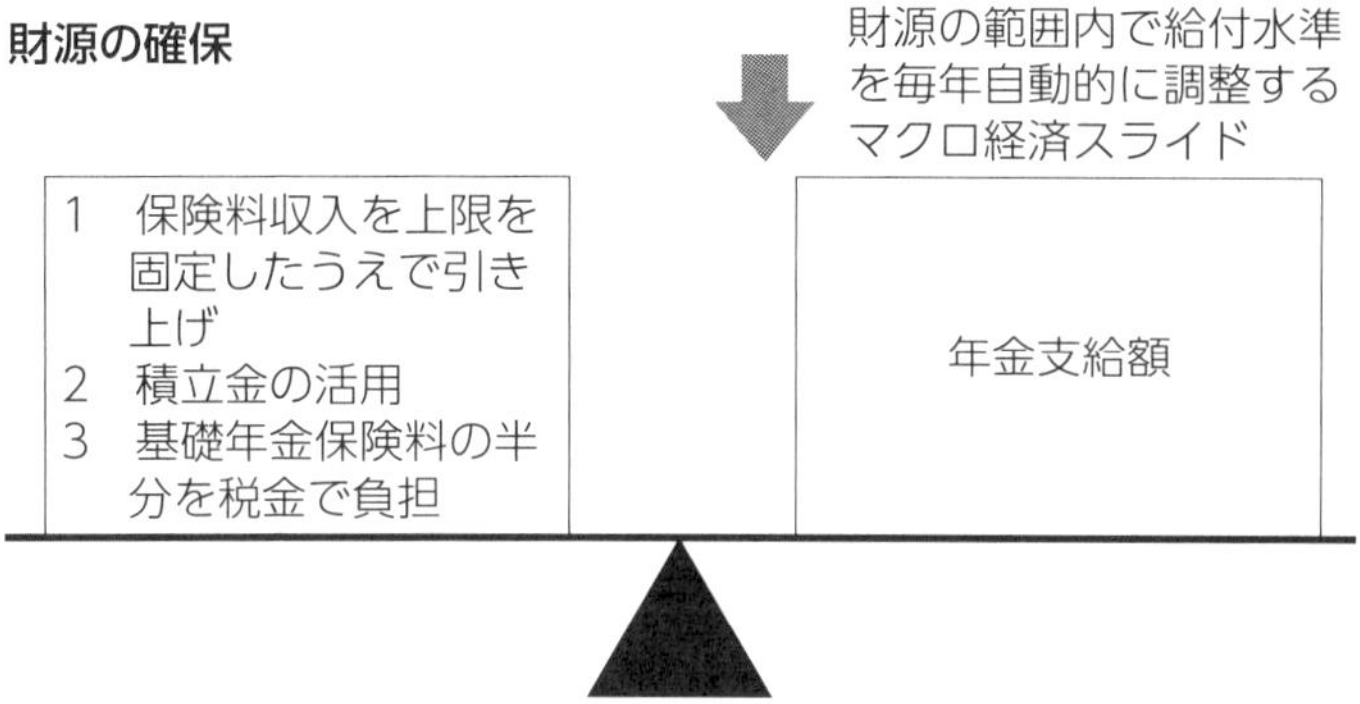
財源の範囲内で給付水準を毎年自動的に調整するマクロ経済スライド
1　保険料収入を上限を固定したうえで引き上げ
2　積立金の活用
3　基礎年金保険料の半分を税金で負担
年金支給額

具体的には？

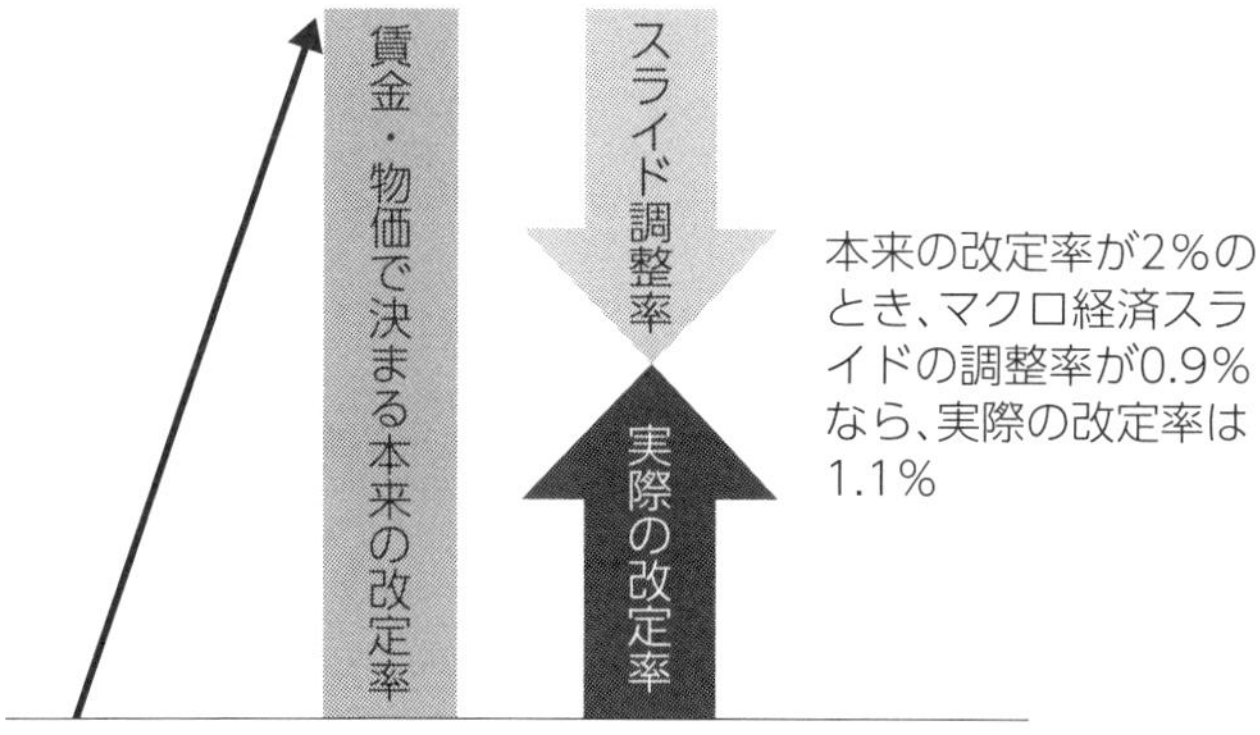
賃金・物価で決まる本来の改定率
スライド調整率
実際の改定率
本来の改定率が2%のとき、マクロ経済スライドの調整率が0.9%なら、実際の改定率は1.1%

図表Ⅰ-16　スライドの自動調整と所得代替率

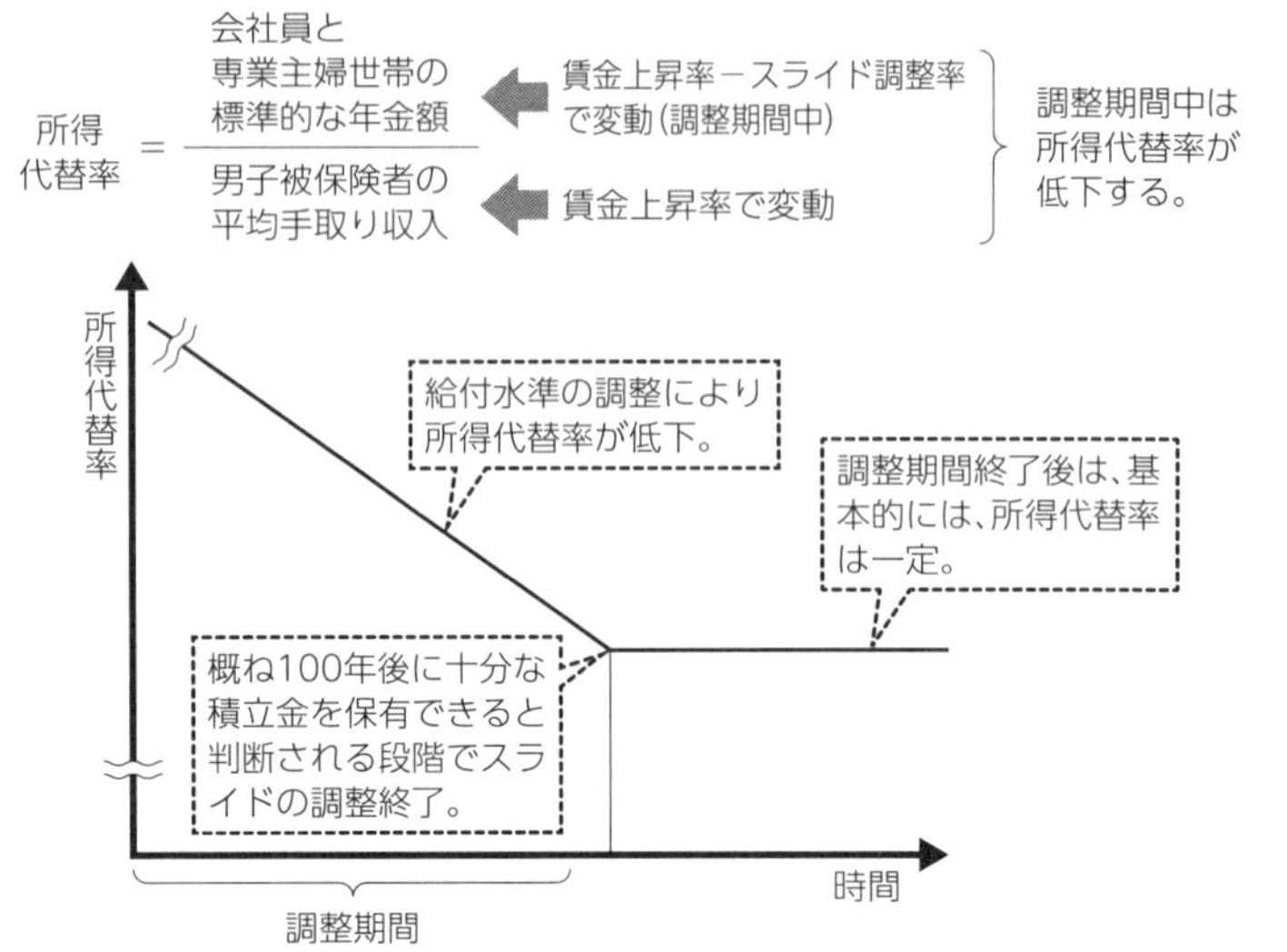

本来の年金額は賃金・物価の状況に合わせて改定されます。ここからスライド調整率を差し引いたのが、実際の改定額になるということです。例えば本来の改定率がプラス2%のとき、スライド調整率が0・9%であれば、実際の改定率は2%マイナス0・9%でプラス1・1%になります（図表Ⅰ－15のイメージ、ただし実際のスライド調整率はいつも0・9%ではなく時期により異なり、1%台後半の年もあります。主に被保険者数の増減が理由です）。

　スライド調整率の分だけ賃金・物価に対して給付額の伸びが低い状況が続くと、現役世代の平均の手取りに対する受給額（これを所得代替率といいます）はだんだん下がっていきます。

どれくらいのペースでいつまで下がるかは経済の状況によります。2014年の財政検証では、経済が好調なケースから不調なケースまでA～Hの8種類を想定して計算しました。A～Eが女性や高齢者の労働市場への参加が進む「経済再生ケース」、F～Hが労働市場への参加が進まない「参考ケース」です。経済が好調な場合は、スライド調整は比較的早い時期に終わりますが、ケースGのように経済の不調が続くとスライド調整は2058年度まで続いてしまい、その分、所得代替率の低下は大きくなるという試算です。最悪のケースHでは2055年度に積立金が底をついてしまいます（図表Ⅰ－17）。

前回財政検証後の実際の経済は予想よりやや上振れて推移

さて2014年6月に発表された財政検証より数年が経過しました。現実はどのように推移しているかを表にしてみました（図表Ⅰ－18）。財政検証時には「大半のケースで想定が甘すぎる」と批判が多くみられました。実際、「経済再生ケース」の上位のほうの前提は「いくらなんでも楽観的過ぎるだろう」（笑）と思います。ただ現時点では出生率や被保険者数の推移（労働参加が進んだかどうかを反映します）をはじめ、むしろ予想より若干上振れて推移している項目が目立ちます。

結果的に2016年度末の積立金は189兆円と、経済再生ケースのCやEの予想すら30兆円上回っています（積立金の額がこれまで書いてきた160兆円より多いのは、ここでは共済の積

図表Ⅰ-17　財政の状況しだいで将来の年金額は変わる

	労働市場への参加が進む経済再生ケース					労働市場への参加が進まない市場参考ケース		
	ケースA	ケースB	ケースC	ケースD	ケースE	ケースF	ケースG	ケースH
物価上昇率（%）	2	1.8	1.6	1.4	1.2	1.2	0.9	0.6
名目賃金上昇率（%）	4.3	3.9	3.4	3	2.5	2.5	1.9	1.3
実質経済成長率（%）	1.4	1.1	0.9	0.6	0.4	0.1	−0.2	−0.4
厚生年金のマクロ経済スライド終了（年度）	17	17	18	19	20	27	31	—
基礎年金のマクロ経済スライド終了（年度*1）	44	43	43	43	43	50	58	—
最終的な所得代替率（%、受給開始初年度の比率）	50.9	50.9	51	50.8	50.6	45.7	42	39
2050年度の年金額（14年度価格に換算、万円、モデル世帯）	34.4	32.7	30.4	28.9	26.6	23.4	*1 21.6	*2 17.8
上記の内訳（万円、モデル世帯）								
厚生年金	17.1	16.2	14.9	14.1	12.9	11.8	11.3	*2 7.3
夫婦合計の基礎年金	17.3	16.6	15.5	14.8	13.7	11.6	10.4	*2 10.5
（参考）2014年度の年金額（万円、モデル世帯）	21.8（内訳は厚生年金9.0、夫婦合計の基礎年金12.8）							

出所：厚生労働省

注：2014年度財政検証結果。F〜Hは所得代替率が50%を下回る場合も機械的に計算しているが、実際はマクロ経済スライドの停止などの措置が取られて下回らないようにする。＊1は58年度、＊2は55年度。

図表Ⅰ-18　2014年の財政検証後の年金財政の推移は

		14年財政検証時点の予想	18年時点の最新数値	結果
2065年までの合計特殊出生率（中位推計、%）		1.35	1.44	○予想を上回る
被保険者数（2016年度）		経済再生6556 市場参考6528	6731	○経済再生ケースを上回る伸び
実質賃金上昇率（名目賃金上昇率ー物価上昇率、2014年〜16年の累積）		経済再生▲2.0 市場参考▲1.9	▲2.0	△ほぼ予想並み（経済再生ケースと市場参考ケースの中間程度）
14〜18年度のマクロ経済スライドによる給付額下げの実施		経済再生▲4.3 市場参考▲4.5	15年度のみ▲0.9	×マクロ経済スライドを1年しか実施できず
GPIFの運用成績（名目運用利回りー賃金上昇率、%）	2014年度	経済再生0.3 市場参考0.3	11.1	○15年度以外はいずれも目標を大きく上回る
	2015年度	経済再生▲0.6 市場参考▲0.0	▲4.3	
	2016年度	経済再生▲0.4 市場参考▲0.4	5.8	
	2017年度	経済再生▲1.0 市場参考▲0.7	6.4	
上記を総合した厚生年金の積立金残高（兆円）	ケースC	160.3 （16年度末の予想）	188.9 （16年度末の実績）	○すべてのケースで予想を18〜19%上回る
	ケースE	160.3 （16年度末の予想）		
	ケースG	159.2 （16年度末の予想）		

出所：社会保障審議会、GPIFなどの資料を基に作成

立金も含んでいるためです）。2017年度も、GPIFは約10兆円の評価益を出しているので、積立金はさらに予想を上回っているはずです。必ずしも「すべてが甘すぎる」という見方はしなくてもいいのかもしれません。ただし、これは国内外の経済が好調だったわずか数年の推移であり、GPIFの運用成績をはじめ、数字は今後も大きく変化していくでしょう。2019年度の財政検証の内容も含め、長期でチェックを続けることが大事です。

マイナス成長なら所得代替率は3割強低下

2014年の財政検証の様々な経済前提のなかで中間的な想定としてよく使われるのが、下から4番目のケースE（実質経済成長率0・4％）です（68ページ参照）。ただ厳しい想定を考えておくという意味で、図表I－19で下から2番目のケースG（実質経済成長率マイナス0・2％）の例をみてみましょう。

所得代替率（ここでは受給開始初年度の数値を使っています）は2014年は63％なのに、マクロ経済スライドが終わる2058年度には42％へ減ることになっています（50％割れになりそうならスライド調整の停止などが検討されますが、機械的に給付水準を下げたとした場合です）。63％から42％への低下は、変化率でいえば33％の減少です。ちなみによく使われるケースEでは、所得代替率の減少は63％から51％へ19％減です。いろいろなところでざっくりと「将来の年金は2～3割は減る」と語られるのは、これらのケースの所得代替率の変化を表しています。

図表Ⅰ-19　ケースGを検証してみよう

ケースG
物価上昇率0.9％、名目賃金上昇率1.9％、実質経済上昇率▲0．2％

2014年度		2058年度
①現役男子の手取り収入 34.8万円 ②モデル世帯の年金額 21.8万円 ③所得代替率 (②÷①)＝62.7％	➡	①現役男子の手取り収入 51.5万円 ②モデル世帯の年金額 21.6万円 ③所得代替率 (②÷①)＝42％

★所得代替率は3割強減るが年金額は微減にとどまる
★この年金額は年0.9％の物価上昇が44年続くことを反映させて現在の価値に直した金額（2058年の名目額は32.0万円）

年金の実質額は所得代替率の低下ほど減らない

ここで誤解が生じるようになりました。2～3割の減少というのは、あくまで所得代替率の話なのですが、世の中一般には年金額そのものの減少と受け取られているのです。年金額は、財政検証の2014年度に21・8万円でした。ケースGならこれが33％下がって14・6万円になると思われているわけです。

家計調査によると、高齢夫婦無職世帯の毎月の支出は約26万円で、年金等で足りない分、平均で5万～6万円、毎月取り崩しているのが現状です。

ところが年金の額が21・8万円から14・6万円になるのなら、毎月の不足額は13万円程度に膨らんでしまいます。「これじゃあとても暮らしていけない」となります。

しかし財政検証の実際の年金額の予想をみると、例えばケースGではマクロ経済スライドによる調整が終わる２０５８年度に受給開始初年度を迎える人の場合、21・６万円と微減にとどまっています。では、なぜ所得代替率（年金額÷現役男子の手取り収入）が急減しているのでしょうか。

ケースＧは名目賃金上昇率が１・９％で伸びていく前提なので、２０５８年度までの長い期間に現役男子の手取り収入は51・５万円に大きく増加しています（賃金上昇率の考え方は注１）。分母が大きく増えている結果、所得代替率は下がりますが、年金額自体は微減でしかない予想になっているわけです。

年金額の予想はインフレを織り込んで現在の価値に直した金額

図表Ｉ－17でわかるように各経済前提の多くで例えばマクロ経済スライド終了時点の実質的な年金額そのものは、増えるか横ばい程度の見通しです。ただしこれを知っている人でも、その多くは、財政検証で示された金額はインフレでかさ上げされた金額だと思っています。「いくら金額は増えても、インフレが続いてお金の価値が下がっているので、実質的な使いでは下がっている」というわけです。しかし、これもまた誤解です。

図表Ｉ－19下部の説明にあるように、ここでの受給額は物価上昇分を割り引いて現在の価値に直した文字通りの実質額なのです。

図にはありませんが、２０１４年度から２０５８年度まで44年間もの長い時間が経ちますから、ケースＧの毎年の物価上昇の前提である０・９％を反映させた名目の年金額は、２０５８年度に

図表Ⅰ-20　ケースGにおける2058年度の21万6000円の意味は？

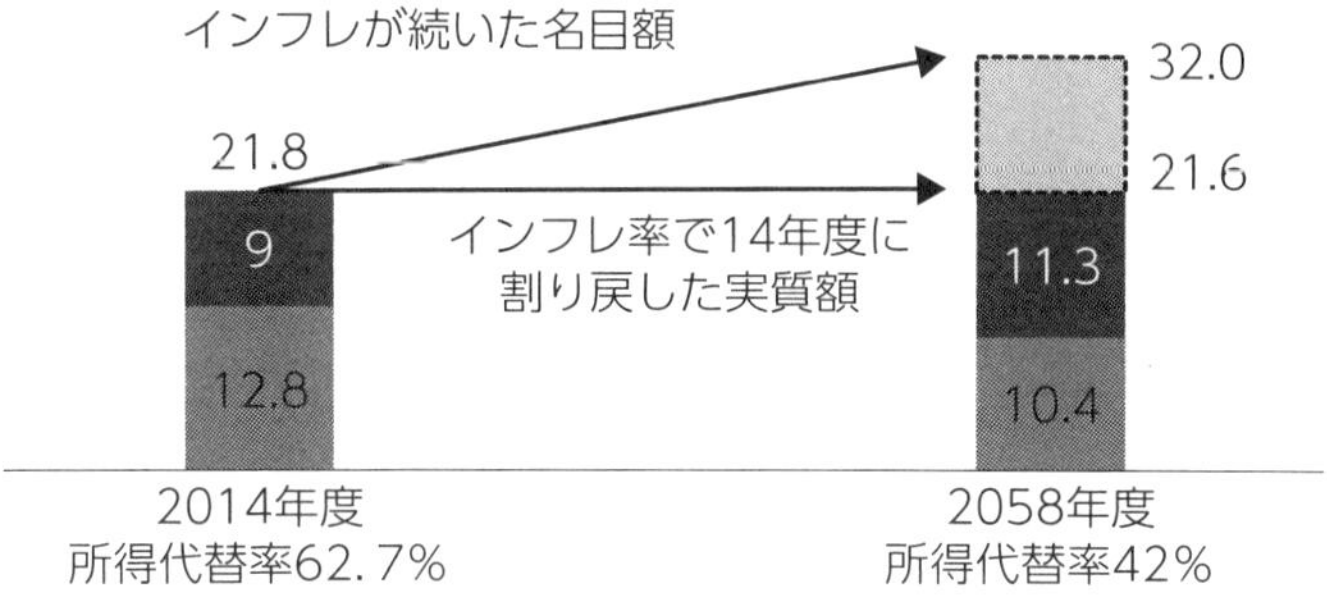

は約32・0万円になっています。それを物価上昇の影響を取り除いて2014年度の価値に割り戻したのが、21・6万円というわけです。現在の価値に割り戻した金額が微減にとどまるというのは、受給開始初年度でみて、モノを買う力＝購買力も微減にとどまるということです（受給開始2年目以降どうなるかは注2）。

購買力はあまり減らなくても、現役世代の手取りとの差が開けば相対的に貧しさを感じるケースも増えるでしょう。豊かさは実質的な年金額ではなく、やはり所得代替率の変化で考えるべきだという意見もあります。一方、年金で大事なのは購買力の維持なのだから、所得代替率が下がっても、現在の価格に割り戻した金額が実質的に減らないのなら、それでいいという考え方もあります。

これは両方とも正しいと考えていいのではないでしょうか。ただし生活実感としては現役世代の手取りとの差が意識されるでしょうから、所得代替率をもとに「年金は実質的に減っていく」と考えておくことは大事だと思います。

それでも考える前提として、受給開始時点の現在の価値に割り戻した実質的な金額はむしろ増えるか、もしくはあまり減らないということは、正確に知っておく必要があります。

この本では何度か「例えば93歳まで生きたら年金の総受給額は○○万円」という計算をしています。物価で割り戻した実質年金額が実は大幅に低下するのであれば、総受給額は○○万円といってもあまり意味がなく、将来の価値の減少分をさらに織り込まなければなりません。

しかし、実際は物価で割り戻した金額はむしろ増えるか、もしくはあまり減らないのですから、「今の金額で計算すると総受給額は○○万円」と単純に計算してもあまり大きな間違いはないと思っています。

最悪シナリオで積立金が底をつけば……

最も悲観的な経済前提のケースもみておきましょう。物価上昇率0・6％、名目賃金上昇率1・3％、実質経済成長率がマイナス0・4％の「ケースH」です。

このケースでは、2055年度に積立金がなくなり完全な賦課方式に移ります。所得代替率は2055年度で39％まで下がります（50％割れになりそうならスライド調整の停止などが検討されますが、機械的に給付水準を下げたとした場合です）。

所得代替率自体は2014年の63％に比べ38％もの大きな減少です。これをそのまま受給額の減少と思うと、2014年度の21・8万円から38％減って13・5万円になってしまいます。しかしこの場合でも、実際の受給開始初年度の受給額の予想は17・8万円で２０１４年度比４万円減であり、所得代替率の低下ほどの減少ではありません。２０５５年度まで非常に期間が長いので、現役世代の手取りが45・6万円に増える計算です。だから、この金額と実際の受給額とを比べた所得代替率の低下が大きくみえるわけです。

逆にこのケースでわかるのは、極端に悪い経済前提でもやはり年金は破たんしないということでもあります。それは皮肉なことに、年金が賦課方式（現役世代から受給世代への「社会的仕送り」）であることに基づきます。積立金がゼロになった２０５５年度でも、現役世代からの保険料と国庫負担により、所得代替率は39％、そして年金受給額は現在の価値で17・8万円が維持されるということです。

ただ、現役世代との所得代替率の差がこれほど大きくなると、やはり受給世代には相対的な貧しさの感覚や不満はかなり高まってしまうと思います。

公的年金が駄目になるという人の多くは、このケースHが経済実態に近いという言い方をします。しかしこのケースのように実質経済成長率がマイナス０・４％という状態が数十年も続くなら、年金がどうこうというより、もはや日本経済全体が途中で沈んでしまっているでしょう。

様々な経済前提ごとの年金額の予想は「このうち必ずどれかになる」というものではなく、もしそれぞれの状況であれば年金はこうなるという経済の投影にしかすぎません。経済が駄目になって年金だけ生き残るということはあり得ず、まず経済の立て直しが急務です。

経済好転で2019年度にマクロ経済スライドは消費増税の影響抜きでの初めての適用も

実際、財政検証時は年0・9%と想定されていた2018年度のマクロ経済スライドの調整率は、現役世代の加入者が予想より上振れしているため、年0・3%に圧縮されています。この状況が続けば、インフレ時の年金の実質額の減少度合も想定よりは小さくなります。もちろん楽観はできませんが、「悪化し続ける年金財政」という未来は確定されたものではないということでしょう。

マクロ経済スライドが過去は2015年度しか発動されなかった状況にも変化が起きつつあります。大和総研の是枝俊悟研究員の2018年10月時点の試算では、2019年度は消費増税などの要因を含まない「経済の実力」による初の本格実施が見込まれます（2015年度の適用は前年の消費増税に伴う物価上昇を反映したものです）。物価や実質賃金の緩やかな上昇や年金加入者数の増加などが背景です。少なくとも足元では、持続可能な年金制度を支える経済環境が整ってきたともいえます。

とはいえ、マクロ経済スライドがデフレに弱い仕組みであるままでは先行きは楽観できません。早期の強化策が不可欠です。

マクロ経済スライドの大きな弱点「名目下限措置」とは

マクロ経済スライドは、どのように適用されるのでしょう。順番としては、まず賃金・物価の伸びを反映させた本来の年金額を毎年決めます。その次の段階として、マクロ経済スライドの調整を加えます。その際、本来の年金額がマクロ経済スライドそのものの影響によって前年を下回らないようにするという「名目下限措置」というものが定められています。これがマクロ経済スライドの大きな弱点です。

図でみてみましょう（次ページ）。本来の年金額の伸びがスライド調整率より大きければ、マクロ経済スライドはフルに適用されます。

しかし、本来の年金額の伸びがスライド調整率より小さければ、一部しか実施されず、年金額は前年と同じにします。マクロ経済スライドそのものの影響により、年金額が前年を下回ることを避けるためです。

もともと本来の年金額がマイナスになる場合は、適用なしです。マクロ経済スライドそのものの影響により年金額が前年をより大きく下回ることを避けるためです。年金額は、本来の賃金・物価を反映した分だけしか下がりません。

このような名目下限措置は、年金受給者の不満を和らげるためのものです。しかし日本はデフレ傾向が続いたため、この名目下限措置の影響などにより、マクロ経済スライドは２０１５年度の一期間しか適用されていません。その結果、マクロ経済スライドが適用される期間は、２００４年度の制度導入時の見込みに比べて長引く予想になっています。

２０１８年度以降は、フルに適用できない年があればそれをためておき、賃金・物価の伸びが

図表Ⅰ-21　マクロ経済スライドの弱点

マクロ経済スライドの弱点＝下限措置って？

[ある程度、資金・物価が上昇した場合]

- 資金や物価について、ある程度の上昇局面にあるときは、完全にスライドの自動調整が適用され、給付の伸びが抑制される。

　▶ スライド調整率分の年金額調整が行われる。

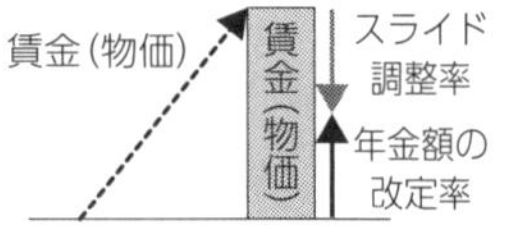

[賃金・物価の伸びが小さい場合]

- 賃金や物価について伸びが小さく、スライドの自動調整を完全に適用すると、名目額が下がってしまう場合には、名目額を下限とする。

　▶ スライド調整の効果が限定的になる。

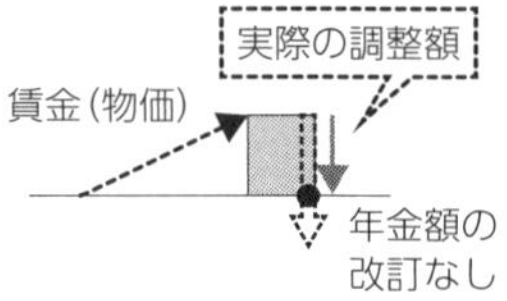

[賃金・物価が下落した場合]

- 賃金や物価の伸びがマイナスの場合には、賃金・物価の下落率分は、年金額を引き下げるが、それ以上の引き下げは行わない。

　▶ スライド調整の効果がなくなる。

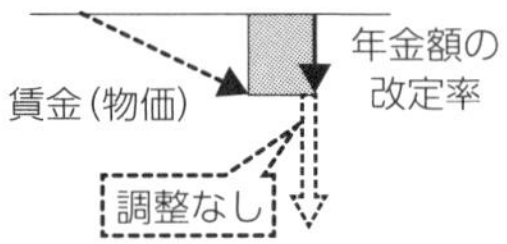

注：2018年度以降は、十分実施できなかった分はためておき、賃金（物価）上昇率が大きな年にまとめて実施することに

大きい年にまとめて実施するという強化策を新たに導入していますが、これだけでは不十分です。

今後、賃金・物価の低迷下でもマクロ経済スライドを発動させるよう名目下限措置の撤廃などが議論されます。このままマクロ経済スライドが十分に機能しないと、現在の受給者の所得代替率の高止まりを通じて、将来世代に回るはずの年金財源が現在の受給者に回ってしまいます。名目下限措置の撤廃は、ぜひ実行すべき課題です。

マクロ経済スライド強化が大切

ここまでは、公的年金を破たん

させないためのマクロ経済スライドの仕組みなどをみてきました。若い世代が公的年金に安心感を持つには、諸外国にあまりみられないこの優れた仕組みをより強化することが大事です。2014年の財政検証では、それに向けた3つのオプション試算が示されました。

①マクロ経済スライドの仕組みの見直し

オプション試算①では、物価や賃金の伸びが低い場合や下がっている場合でも、マクロ経済スライドをフルに発動した場合を試算しました。効果が大きいのは経済前提が厳しい場合です。例えば実質経済成長率がマイナス0・2%が続くケースGでは、本来マクロ経済スライドが2058年度まで続いて所得代替率が42%になるはずが、2050年度で終了し44・5%へ改善します。

②厚生年金のさらなる適用拡大

短時間労働者を中心に、より多くの労働者が厚生年金を適用になった場合の試算です。①月収5・8万円以上、週20時間以上で220万人拡大する場合（学生や1年未満の雇用、従業員5人未満の個人事業などを除く）、②収入や時間は上記のまま学生などの除外をなくして1200万人拡大する場合——の2パターンを試算しました。②の場合に改善幅が大きく、ケースEで57%台にまで改善します。

現実には2016年10月以降、従業員501人以上の企業で週20時間以上、月8・8万円以上を加入対象とするなど一部適用拡大がなされました。厚生労働省は2019年にも、月収要件をさらに引き下げるなどの案をまとめ、2020年に関連法案の提出を目指す方向です。

③保険料拠出期間の延長＋繰り下げ受給

現在は、国民年金加入期間は20歳から60歳になるまでですが、これを65歳になるまでの45年間に拡大する案です。この案はかなり劇的な改善が見込めます。収入総額が増えるのでどの経済前提でも、受給開始が65歳のままでも所得代替率を6～10％も押し上げます。さらに受給を1年繰り下げるごとに所得代替率が6％強ずつ上昇します。納付期間延長と例えば68歳までの繰り下げを組み合わせると、将来の所得代替率は、ケースEでは約74％へ、ほぼ「財政破綻シナリオ」ともいえるケースHですら62％に大きく上昇します。これを実現するには65歳以上までの雇用環境の整備が必要になりますが、超高齢化社会での公的年金の在り方を考えるうえで本気で取り組むべき案のように思えます。

反対論も根強く

この3つの強化案には、それぞれ反対もあります。①には現在の受給者を中心に名目の受給額がマイナスになるのは嫌だという声が出るでしょうし、②については保険料の折半負担を嫌がる企業が多そうです。③については、国民年金保険料の半分は税金なので、期間を伸ばせば税負担も重くなるとして財務省が反対しそうです。

しかしこれまで一貫して書いてきたように、ここまで長寿化が進めば、その最大の支えである公的年金の健全度を強化することは、とても重要な課題です。これらの案については２０１９年度の財政検証を踏まえて具体的な議論が進みそうですが、実施するほうがプラスだということを国民自身が認識すべきだと思います。②については人手不足を背景にした人材確保のために、反対する企業が以前よりは減っているなど、改革の追い風もみられます。3つの案がすべて実現すれば、公的年金が老後を支える力は見違えるほどに改善するでしょう。

GPIFはきちんと年金資産を増やしている

公的年金の運用を担い、国内最大級の機関投資家でもあるのが、年金積立金管理運用独立行政法人（GPIF）です。

このGPIFについても様々な誤解があります。ひとつは「運用が下手なうえに、2014年に株式の比率を増やしたせいで大きな損失を出している」というもの。もうひとつが「GPIFで大きな運用損が出ると、ただでさえ危ない年金財政はすぐ破たんする」というようなものです。

しかしそれはかなり違う、ということを、2018年7月6日に発表した2017年度運用報告をもとに考えていきましょう。

年平均収益率3・1%

公的年金の運用資産（2018年3月末で156兆円）は、GPIFが厚生労働省から預かり、金融市場で運用しています。2000年度までは厚生労働省は積立金を旧大蔵省に預けて金利を得ていましたが、2001年度からはGPIFに運用させる形に変わりました。これを自主運用といいます。

年金の支給額は、基本的に賃金上昇率に合わせて変動します。ということは、GPIFが賃金上昇率を上回る運用ができれば、年金財政にプラスだということです。GPIFは当面、賃金上昇率を長期的に年平均で1・7%上回ることを目標に運用を続けています。

GPIFが2001年度に自主運用を始めてからの成績はどうでしょうか。平均収益率をみると年3・1%です（図表I−22の実線）。同期間の賃金上昇率は同マイナス0・2%なので、1・7%どころか、3・3%も上回っています。今後どうなるかはわかりませんが、少なくとも現時点でGPIFの運用は年金財政の持続性に大きく寄与しています。

ところが、一般的なGPIFに対するイメージは、「運用が下手でよく損をしている」というものだと思います。メディアも政治家も、運用環境が悪いときだけ、GPIFの成績をやり玉に挙げて非難することが多いからです。

例えばGPIFは2014年10月に資産配分を大きく変えました。それまで60%としていた国内債券の比率を引き下げ、代わりに国内外の株式を合計50%に引き上げたのです。極端に利回りが低下した国内債券中心では運用が難しくなったからです。

翌2015年度は、国内外での株価下落を背景に5・3兆円の運用損が発生しました。すると、当時の野党だった民主党は「株式の比率を上げて国民の年金資産を危険にさらした」として「5

図表Ⅰ-22　GPIFの運用成績と新旧配分比率の影響

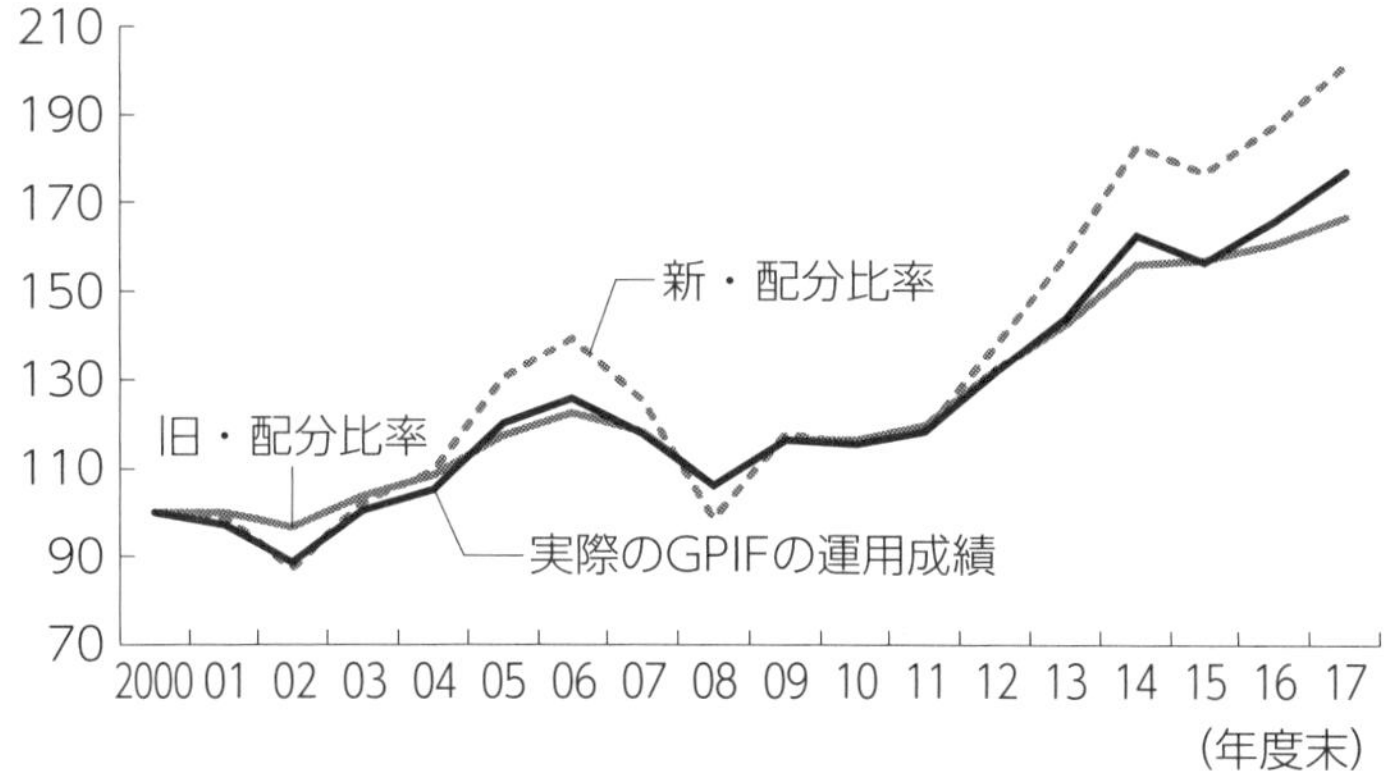

＊新旧配分比率の成績はGPIFが各資産の目安としている指数（配当込み、円ベース）を基に筆者概算。
短期資産は考慮せず、2000年度末＝100

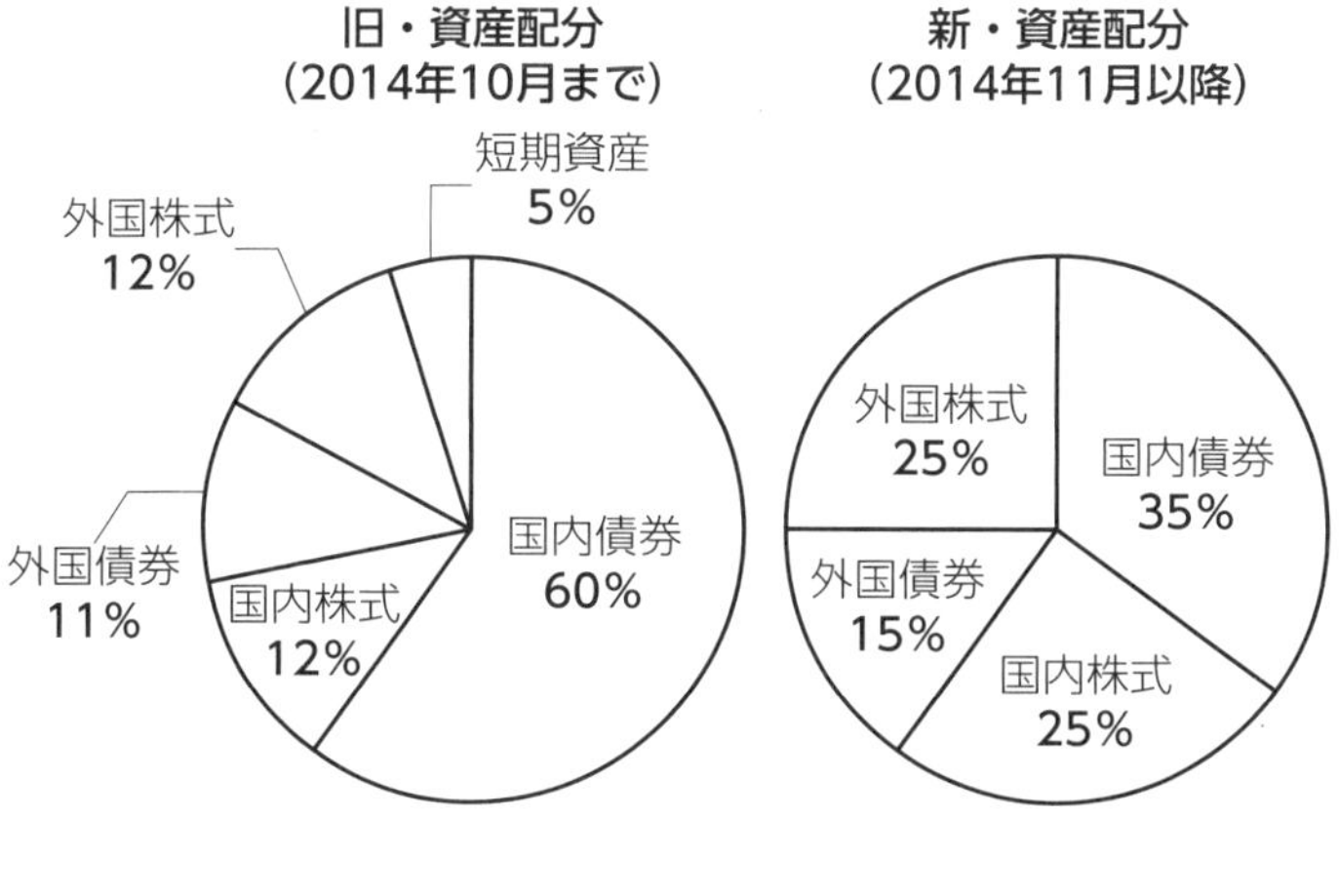

兆円損失プロジェクト」と題した責任追及を始めました。メディアも損失額の大きさを盛んに取り上げました。

ところが2016、2017年度は運用環境がよく、2016年度は約7・8兆円、2017年度は10・1兆円の計18兆円の運用益になっています。すると野党はまったくGPIFの運用のことを口にしなくなり、メディアの報道も比較的小さなものになりました。このように、GPIFの運用は悪いときにだけ大きくたたかれ、よいときは黙殺されがちです。結果的にGPIFが年金資産を棄損しているかのようなイメージを持っている人が多いのですが、そうではないことをまず知っておきましょう。

株式を増やすと長期では大きなリターンに

では、そもそも2014年秋に株式の比率を増やした配分変更は間違いだったのでしょうか。第Ⅲ章で考える運用のノウハウにも大きな示唆があることなので、長期の成績変化をここでみておきましょう。

GPIFは、例えば日本株なら配当込みの東証株価指数、外国株なら日本を除く世界株指数（MSCIオール・カントリー・ワールド・インデックス）など、資産ごとの運用の目安とする指数を決めています。この各指数を使って、新旧の配分比率で自主運用開始初年度の2001年度から運用していたらどうなったか試算してみました。

株式を増やした新・配分比率（図表Ⅰ－22の薄い点線）は値動きのブレが大きい半面、資産が大きく増えています。株式の比率を増やせば、値動きは激しくなる一方で長期では大きく資産を増やしやすいというのは運用のセオリーであり、その通りの結果が生まれているということです。

名目利回りよりも、賃金上昇率との差が大切

ＧＰＩＦの運用成績を考えるとき、注意すべきことがあります。ときおり年金運用への批判材料として、「想定する利回りが高すぎる」との指摘がされることです。しかし、このような名目の利回りは、あまり重要ではありません。大事なのは名目の利回りではなく、年金の支給額を左右する賃金上昇率と実際の利回りとの差（スプレッド）です。

例えば、経済の状態がよく実際の利回りが予定を０・５％上回っても、賃金が１％上がればスプレッドが小さくなり、年金財政にはマイナスです。逆に、経済の状態が悪く実際の利回りが予定を０・５％下回っても、賃金が１％下がれば年金財政上はプラスです。

冒頭でみたように、２００１年度以降17年間の賃金上昇率の平均はマイナス０・２％だったのに実際の運用利回りが３・１％だったので、スプレッドは３・３％。十分な利回りを確保できてきたことになります。

今後、一時的には巨額評価損も

一方で、知っておくべきこともあります。株の比率を高くした新資産配分で過去に遡って値動きを検証すると、リーマン・ショックの起きた2008年度だけで21％、2007年の高値から2009年の安値までで は35％の下落が発生していた計算になることです。

運用資産が160兆円なら、35％の下落は56兆円の評価損です。2015年度の5兆円の評価損でも大騒ぎになったことを振り返ると、「株を増やしたせいだ！　すぐ株を売れ」という議論が起きてしまうことが心配です。

長期の資産運用では、一時的に35％くらいの評価損は起きても不思議ではないですし、その後の値動きをみると、きちんと回復しています。安値の時期は株を売るどころか、逆に買い増して一時的に下がった株の比率を元に戻すのが運用のセオリーです（これをリバランスといいます）。今後訪れる下落局面で、個人は自分の運用でそうすることが大事です。

しかし、世の中全体に長期運用の理解がないなかでは、巨額の評価損が出れば大きな混乱も予想されます。下落局面で、もし株を売ってしまえばそれこそ年金資産の重大な棄損になります。GPIFの運用の考え方について、政府やGPIFは普段から政治家やメディア、そして国民全体への理解をもっと深めておくべきだと思います。

もしそれが難しければ、2019年度の財政検証の後で実施される配分見直しの検討の際、株の比率をやや減らしておくことも検討すべきではないでしょうか。

図表Ⅰ-23 長期的な年金給付の財源は？

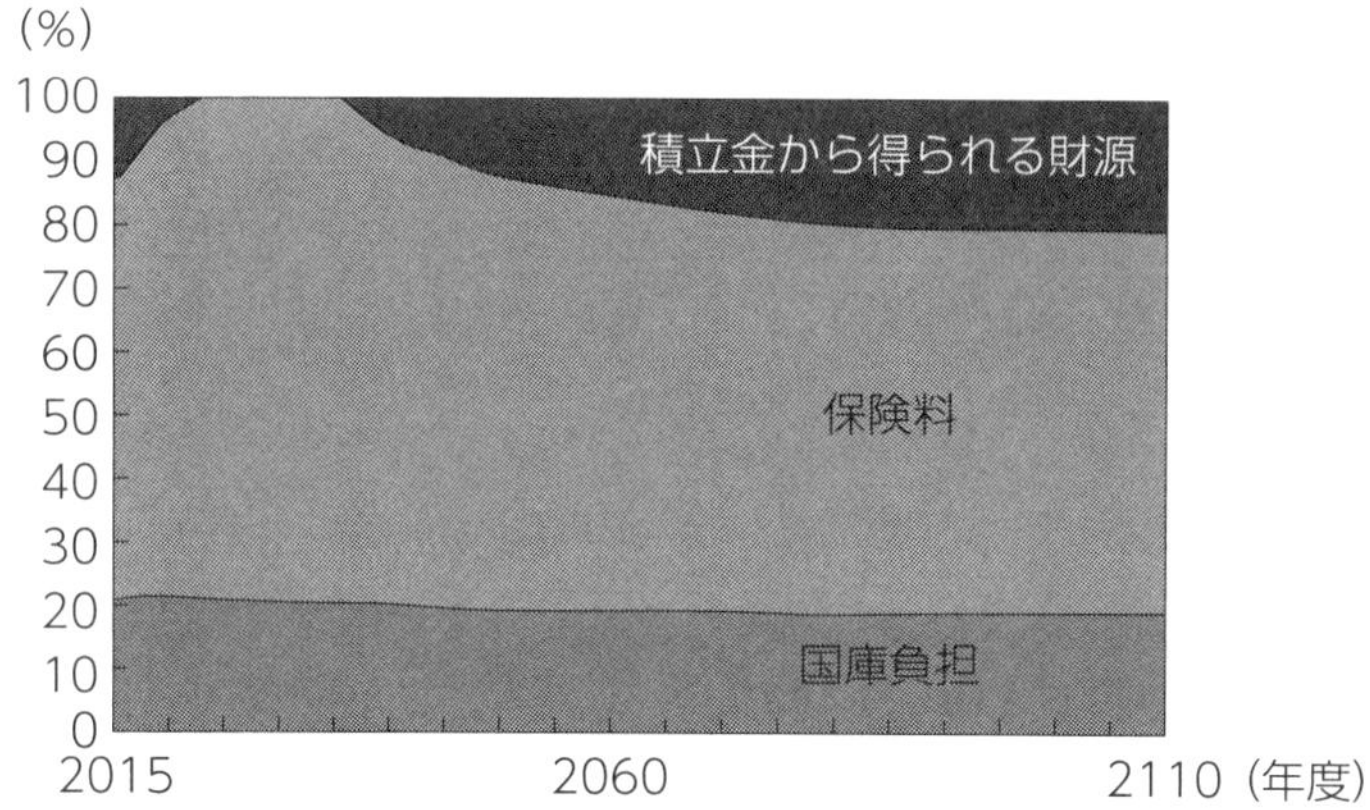

出所：厚生労働省

財源に占める積立金は1割程度

年金積立金を巡る誤解はまだあります。運用の巧拙であたかも年金の存続が大きな影響を受けるかのような議論です。

過去にも、「積立金の予定利率が非現実的に高すぎる。そんな運用は無理なので、年金はいずれ破たんする」などの議論が、週刊誌などでなされました。

しかし実際には、図表Ⅰ-23でわかるように、年金の財源の大半は保険料と国庫負担（税金）なのです。積立金の比率は、全期間でみて財源の1割程度にすぎません。

運用の好不調は積立金の残高に影響を与えて、マクロ経済スライドの調整期間を短期化させたり（好調のケース）、長引かせたり（不調のケース）することはあります。しかし、年金の支給額を短期的に増減させたり、ましてや年金制度を破綻させたりするものではありません。

【コラム】個人も「物価を上回る運用」の参考に

資産運用のプロの多くは、「長期の国際分散によりリスクを抑えながら適度な収益を目指すGPIFの手法は個人も見習うべき投資の大原則」（マネックス証券の広木隆チーフストラテジスト）と評価しています。

日本では、個人金融資産のうち株式と投資信託が占める比率が年金などを通じた間接保有を含めても約19%と、アメリカ（約50%）やイギリス（約42%）に比べて低いままです。第Ⅲ章で詳しくみていきますが、生活資金は低リスクの預貯金などで守るとして、余裕資金については、老後に向けてリスクを分散しながら長期投資に回す必要性はすでに高まっています。

個人の運用でも、さきほどのスプレッドの感覚は大事です。個人の場合は、実際の運用利回りが生活コストを示す物価上昇率より上回れるかどうかがひとつのカギでしょう。たまたま景気が悪く、自分の資産配分（ポートフォリオ）での実際の利回りが予定を0・5%下回っても、物価が予想より1%下がれば、モノを買う力は逆にプラスなので別に構わないということです。

その意味で、過去長く続いた物価の下落期には、利回りゼロの預貯金でもスプレッドはプラスだったので、あながち間違っていなかったかもしれません。しかし今後は、ある程度のインフレは考えておかざるを得ないので、それを上回る運用が求められることになります。

現在のＧＰＩＦの資産配分による期待リターンは、賃金上昇率１・４％、物価上昇率０・９％を経済前提とするケースで年率で３・７％です。この３・７％という予想の名目値が大事なのではなく、物価上昇率を２・８％（３・７％と０・９％とのスプレッド）上回れる前提の資産配分であると見込まれていることが大事です。物価上昇に勝てる配分のひとつの例として、個人は参考にできるのではないでしょうか。

もちろん年齢が若いなどの理由でリスクをとりやすい人は、もっと株式の比率を高めて、長期でより高い利回りを目指す選択もあります。

ちなみに国内債券の金利は、現在ほぼゼロです。通常の債券は金利の上昇時には価格が下がる性質があります。今後もしも金利が上がって債券の価格が下がれば、損失になるわけです。

個人の場合、当面は資産配分のなかでの債券部分は、「個人向け国債（変動金利10年物）」などで代替するのが無難かもしれません。個人向け国債（変動金利10年物）は価格変動リスクがないうえに、世の中の金利が上がれば利率も上昇する特殊な国債で、大手金融機関で購入できます。

「国民の半分が未納」という誤解

年金を特集したあるテレビ番組で、司会者が「将来はただでさえ現役世代が減るのに、年金は現役世代の半分しか払っていない。制度がもつはずがない」と言っていました。しかし、これは間違っています。実際の未納者は、実は半分ではなく2・3％に過ぎないのです。どういうことでしょうか。

まず、20歳以上の人が加入する国民年の被保険者は3種類です。2018年3月時点で、自営業者や無職などの第1号被保険者が1505万人（全体の22％）、会社員や公務員など第2号被保険者が4356万人（65％）、第2号被保険者の妻である第3号被保険者が870万人（13％）です。

第1号のなかで保険料を払っているのは774万人（第1号の52％）。第1号には収入が低いなどの理由で保険料を免除されている人が574万人（同38％）います。そして、免除などを申告していない未納者が157万人（同10％）います。

免除者と未納者を合わせると、第1号に占める比率は48％なので、これだけをみると確かに半分弱が未納ということになります（ちなみに厚労省は支払い月数ベースのもっと精緻な集計をしていて、2017年度の未納は約35％としています）。

しかし、これはあくまで第1号の被保険者のなかだけでみたものです。年金財政の健全性は全体でみるべきです。

図表Ⅰ-24　未納者は全加入者の2.3％に過ぎない

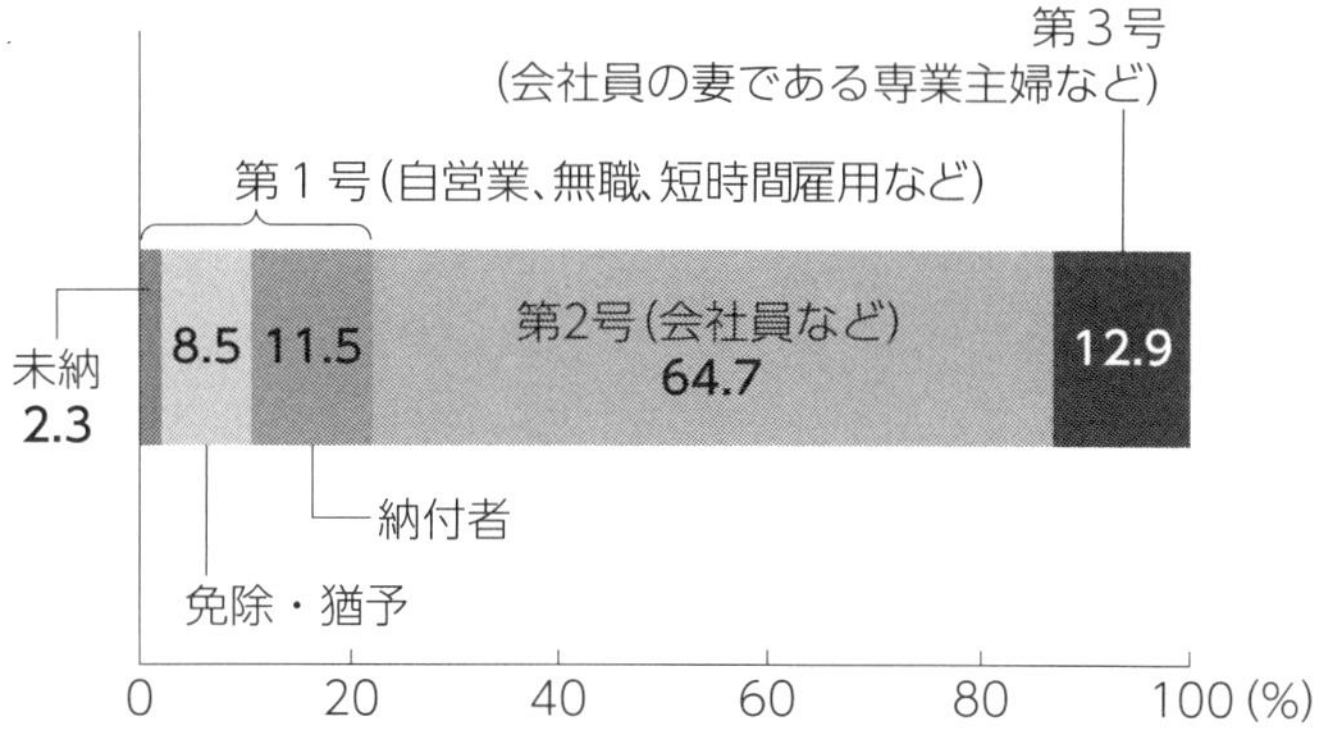

出所：厚生労働省、2017年度末時点

会社員などの第2号は給与から強制的に保険料が徴収されているので、未納になりようがありません。第3号の保険料も第2号の人が払う保険料に含まれています。要するに、未納が生じているのは第1号だけです。

未納と免除を合わせた731万人を加入者の合計である6731万人で割ると10％にしかすぎません。

しかも免除者などは、未納とはまた別です。未納はまったく将来年金をもらえませんが、免除申告しておけば、税金分（国民年金の保険料の半分は税金でまかなわれています）は受け取れます。要するに本当の未納者は157万人なので、全体の加入者6731万人からみれば2％強というわけです。

未納の人は将来年金をもらえないので、長期でみる場合、年金財政への影響は大きくありません。未納者がいることが年金財政に与える影響は、「払われていたら運用でより多く増やせたはずの分が少しだけ減る」という程度のものです。

しかしそれでも未納者が157万人もいることは大きな問題です。なによりも困るのは未納者自身です。消費税や所得税など様々な税金は支払ってそれが年金保険料の一部に充当されているのに、高齢になったら税金分の年金すらもらえず、一方的に損をしてしまうという事態を再認識すべきです。

年金がもらえないとか、もらえても少額である人が増えれば、社会が不安定になりますし、結果的に生活保護の対象になれば、国全体の財政にも悪影響です。やはり未納者は少しでも少なくなるように、あらゆる努力が求められます。

有力な対策のひとつは厚生年金の対象拡大です。本来は自営業者などを想定した第1号被保険者に、現在は短時間労働者が多く含まれ、彼らは雇用されているにもかかわらず厚生年金の対象からはずされて安価で働いています。今後彼らを本来の厚生年金対象にするよう、厚生年金加入対象となる年収の引き下げや対象企業の拡大が求められます（79ページ参照）。厚生年金であれば保険料は天引きですので、未納者はそれだけ減ることになります。

雇用されている人たちが第1号から第2号に移れば、国民年金の積立金を第1号の人数で頭割りした資金が増えるので、第1号被保険者の年金の将来の減額はその分抑えられます。

未納の背景に知識不足も

基本的にお得である年金保険料をなぜ払わない人がいるのか。

もちろん経済的に余裕がないケースも多いでしょう。図表I－25でわかるように、実は第1号でいまや最大の構成比なのは無職の人。次にパート・アルバイトです。もはや自営業の人中心ではなくなっています。特に無職の場合は、保険料を納める経済的な余力がない人も多いのかもしれません。

しかしそんな場合は必ず免除申請をしておきましょう。そうすると少なくとも税金分は将来年金がもらえますし、ケガや病気の場合は障害年金が、亡くなった場合は遺族年金がもらえます（第Ⅱ章第5節、第6節参照）。

それでも免除の申請すらしていないのが未納の人の定義です。背景には年金の大切さ、有利さに関する知識不足もあるのではないでしょうか。

例えば物価上昇にある程度ついていってくれる仕組みであること、病気やケガのとき障害年金がもらえること、保険料は全額税金の対象から外れ税金が軽減されること――など様々な有利さについて、未納者は納付者より知識が劣っています。実は世帯の所得が1000万円以上の第1号被保険者であっても、その約8％が未納です。年金が「お得な仕組み」であることを知らないで未納になっている人が多いとすれば、もったいないことです。

図表Ⅰ-25　もはや第1号は自営業者中心ではない

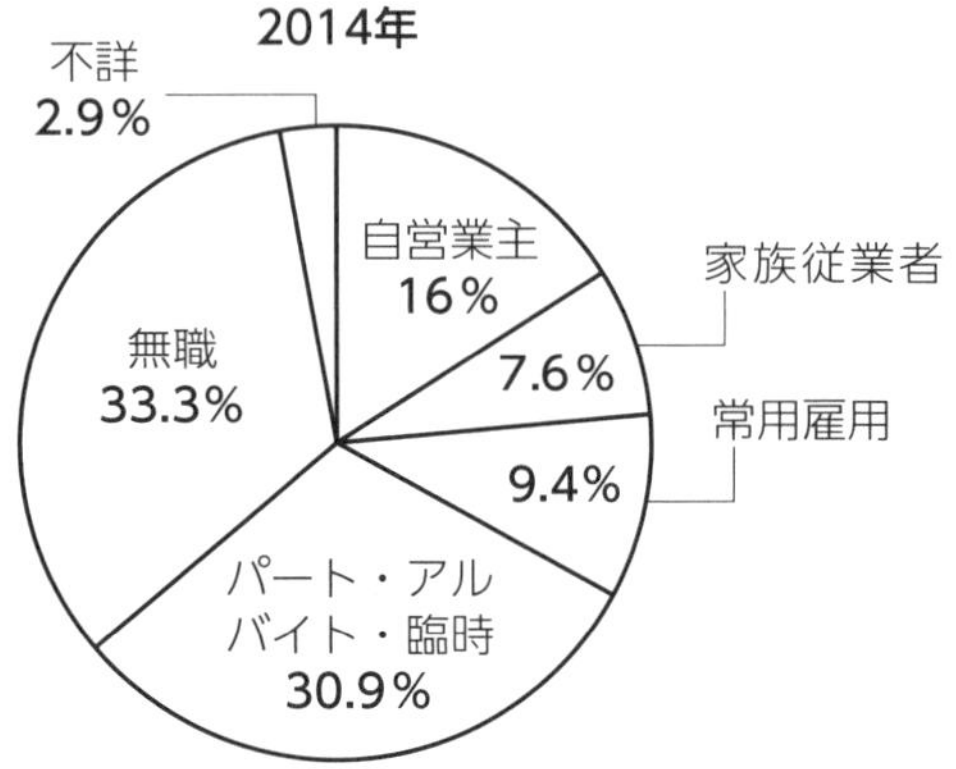

出所：厚生労働省

図表Ⅰ-26　未納者は年金に対する知識不足も

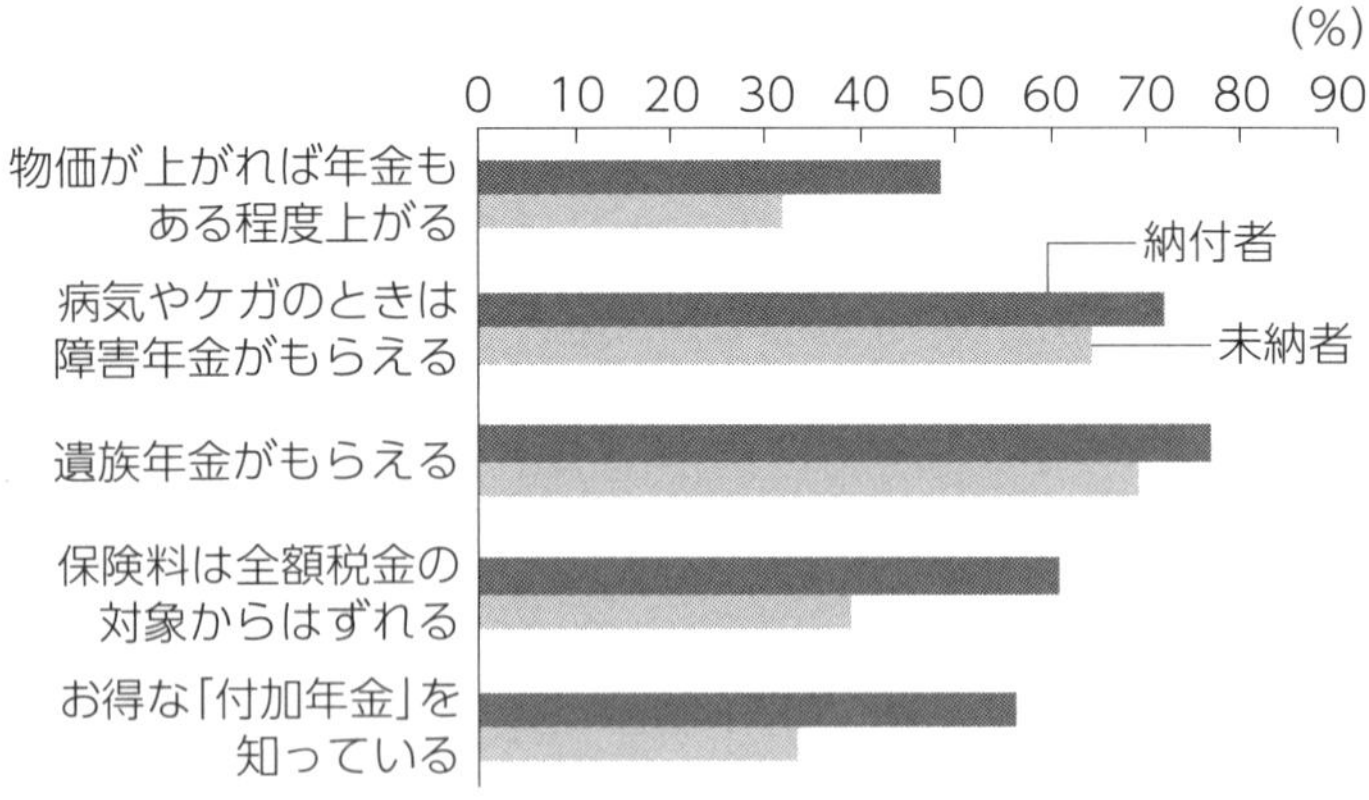

出所：厚生労働省
注：それぞれの内容を知っている人の比率

本文注

1

＊少し難しいので、関心のある人だけお読みください。

経済前提のなかでは下から2番目であるケースGでも、名目賃金上昇率から物価上昇率を引いた実質賃金上昇率は1％です。日本では過去10数年、賃金上昇率が物価を下回る状況が続いてきたことを考えると、賃金上昇率の前提が高すぎるという意見もあるかもしれません。ただし「名目賃金上昇率が物価を上回るのは通常の経済の状態では普通」（マクロ経済の分析に詳しい龍谷大学の竹中正治教授）です（例えばインターネットの活用などで同じ時間でたくさんの仕事ができて生産性が上がればその分賃金は高くできるからです）。実際、1995年から2016年にかけ実質賃金指数はオーストラリアが32％、フランスは26％、イギリスは25％、アメリカは15％、それぞれ上昇しています（日本は逆に10％低下）。

過去10数年の日本は、賃金水準が低い非正規従業員比率の増加で平均の1人当たり賃金が低下したことに加えて労働分配率が下がったことが、実質賃金の低下につながりました。しかし、これらは通常の経済の状態では永続することではありません。老後資金に詳しい久留米大学の塚崎公義教授は「最近はパート比率の増加は止まってようやく正社員が増え始めるとともに、人手不足を背景にした人材獲得競争も始まっている。働く人の減少が設備の効率化投資を促し、生産性は高まるだろう。今後生産年齢人口が減れば生産性上昇がもたらす1人当たりの実質賃金の増加も大きくなる」と指摘しています。長期的に実質賃金上昇率のプラスを想定するのはおかしなことではないと思われます。ただし、各経済前提におけるプラス幅の値が大きすぎるかどうかは見方が分かれ、今後も経済実勢を考慮した継続的な検証が必要です。

2　ここでいう実質額はあくまで受給開始初年度の金額です。受給開始後もマクロ経済スライドの調整期間が続けば、物価の伸びより低い改定額になるので、所得代替率も実質額もさらに減ります。ケースGで、例えば２０１８年に60歳の人の場合、受給開始後も長くスライド調整が続くと、実質受給額が最低になる時期（80歳代）には一時的に約18万円強に下がります。それでも所得代替率の低下ほどの減少にはなりません。

第Ⅱ章

公的年金、フル活用のための実践術

1 繰り下げ受給は老後の大きな安心材料

年金は受給開始を60～70歳で好きに選べる選択制

日本の公的年金は、実は受給開始時期を60歳から70歳まで好きに選べる選択制——。こんなことをいうと「え？」と思う人が多いかもしれません。しかし、実際にそうなっているのです。

公的年金の支給開始は原則65歳です。しかし、希望すれば最大60歳まで繰り上げてもらうことができます。ただし繰り上げ受給の場合、1カ月繰り上げるごとに0・5％受給額が減り、それが一生続きます。60歳まで繰り上げると0・5％減×60カ月＝30％減ですね。

逆に繰り下げてもらうこともできます。その場合、1カ月繰り下げるごとに年金額は0・7％増えます。70歳まで繰り下げると42％増え、一生続きます。60歳まで繰り上げる（元の金額の70％）のと70歳まで繰り下げる（同142％）のとでは、実に金額が2倍もの差になってしまう

図表Ⅱ-1　年金の受給開始は実は60～70歳の自由選択制

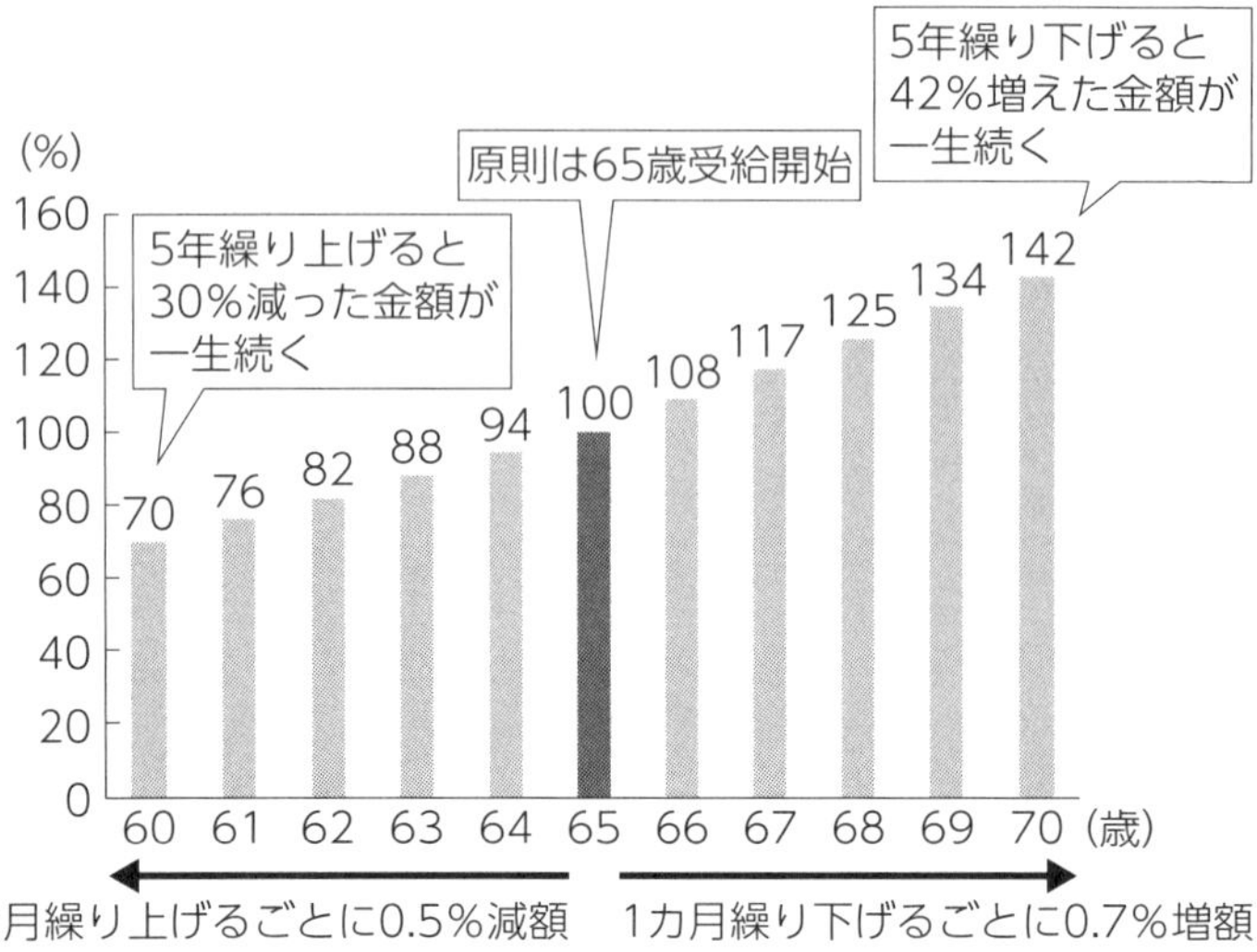

ことを知っておきましょう。

「人生100年時代」のおすすめは繰り下げです。ある程度インフレについていける公的年金が、増額された状態で終身もらえると、老後の安心はかなり大きくなるからです。現在は繰り下げられるのは70歳までですが、政府はこれを70歳超にまでさらに拡大する意向で、早ければ2021～2022年ごろから可能になります。その場合の増額率が何%になるかは決まっていませんが、0・7%よりは大きくなる見込みです。

気を付けておくべきは、これはあくまで希望者の選択ということです。一律に支給開始年齢を70歳超にすると思い込んで、「また支給開始を遅らされてしまう。やはり年金はだめだ」と勘違いしている

図表Ⅱ-2　何歳まで生きれば総受給額が
65歳受給開始より多くなる？

受給開始年齢	逆転の時期
66歳	77歳11カ月
67歳	78歳11カ月
68歳	79歳11カ月
69歳	80歳11カ月
70歳	81歳11カ月

人がいるので気を付けましょう。

まず繰り下げの仕方とメリットをみていきましょう。ただし、繰り下げはメリットだけではなく注意点もあります。注意点については後ほど説明します。

まず繰り下げの最大の利点は、受給開始後の年金が増えること。70歳まで繰り下げれば42％増えます。繰り下げは基礎年金と厚生年金別々にもできますし、一緒にやることも可能です。仮に基礎年金と厚生年金の合計額が２００万円の人が70歳まで繰り下げると、２８４万円にもなるのです。

繰り下げは何歳からお得に？

繰り下げ期間中は年金をもらえません。これを増額された後、何年で取り戻せるでしょうか。答えは、何歳まで繰り下げようが、「受給開始後から11年11カ月」です。

例えば70歳まで繰り下げると、もらえなかった5年分を、42％増えた年金でカバーできるようになるためには81歳を超えて生きればいいわけです。

これは簡単な計算でわかります。本来もらえるはずだった1年分の年金を100%とすると、繰り下げでもらえなかった5年分の合計は500%です。

一方で、5年繰り下げで年に42%増えるのだから、500%を42%で取り戻せる期間は500÷42で11・9です。1年は12カ月なので0・9年というのは10・8カ月。つまり11年と11カ月で取り戻せるわけです。

この計算は、繰り下げ期間がもっと短くても同じです。例えば、1年繰り下げならもらえなかった分は100%。これを1年で増える8・4%（0・7%の12カ月分）で割るとやはり11・9。つまり1年繰り下げて66歳からもらう場合、77歳を超えて生きればお得となります。

何歳繰り下げようが、額面ベースでは受給開始後から11年11カ月でお得と覚えておきましょう。

さて、繰り下げの損益分岐年齢は81歳を超えて生きること、とわかれば、あなたはどう選択するでしょうか。ここで、この本の冒頭に書いた「平均寿命で考えてはだめ」という視点が重要になってきます。

平均寿命は2018年で男性81歳、女性は87歳。平均寿命で考えると特に男性の場合、お得かどうかわからないな、と思ってしまいます。

しかし、平均寿命はその年に生まれた0歳児が何年生きるかを示す数字です。死亡率の高い幼児期を過ぎた大人は、もっと長く生きます。

65歳の男性の平均余命は約20年なので84歳まで平均的に生きるし、女性は同様に考えると90歳です。81歳というのは男性の7割弱、女性の約85％が生きる年齢（50年予測）なので、男性でも女性でも、繰り下げは確率的にお得とわかります（ただし、税・社会保険料を引いた手取りベースでは繰り下げの損益分岐年齢は85～86歳になることもありますし、額が少ない場合は逆に81歳より早くなることもあります。これらをどう考えるべきかは後で検討します）。

100歳まで生きれば65歳受給と2100万円もの差に

ちなみに繰り上げで減額された年金額がずっと続く場合と、繰り下げで増額された年金額がずっと続く格差は、長生きすればするほど大きくなります。

図表Ⅱ－3は、会社員と専業主婦の夫婦がともに一定年齢まで生きたとして、2人が受け取る年金総額を試算したものです。年金は月額22万1277円（モデル世帯、2017年度）を前提としました。

70歳まで繰り下げたケースをみると、100歳時点での受取総額は、原則に比べて約2100万円も多くなります。60歳からの繰り上げ受給（70％に減額された状態がずっと続く）に比べると約4000万円もの差になります。

しかし新たに基礎年金をもらい始めた受給者のうち、繰り下げを選んでいるのはわずか3％弱（2016年度）。逆に繰り上げは9％と多いのが現状です。夫婦一緒に繰り下げる余裕がなければ、長寿になりやすい妻だけでも繰り下げることを考えてはいかがでしょうか。

図表Ⅱ-3　各年齢までの受給総額は？

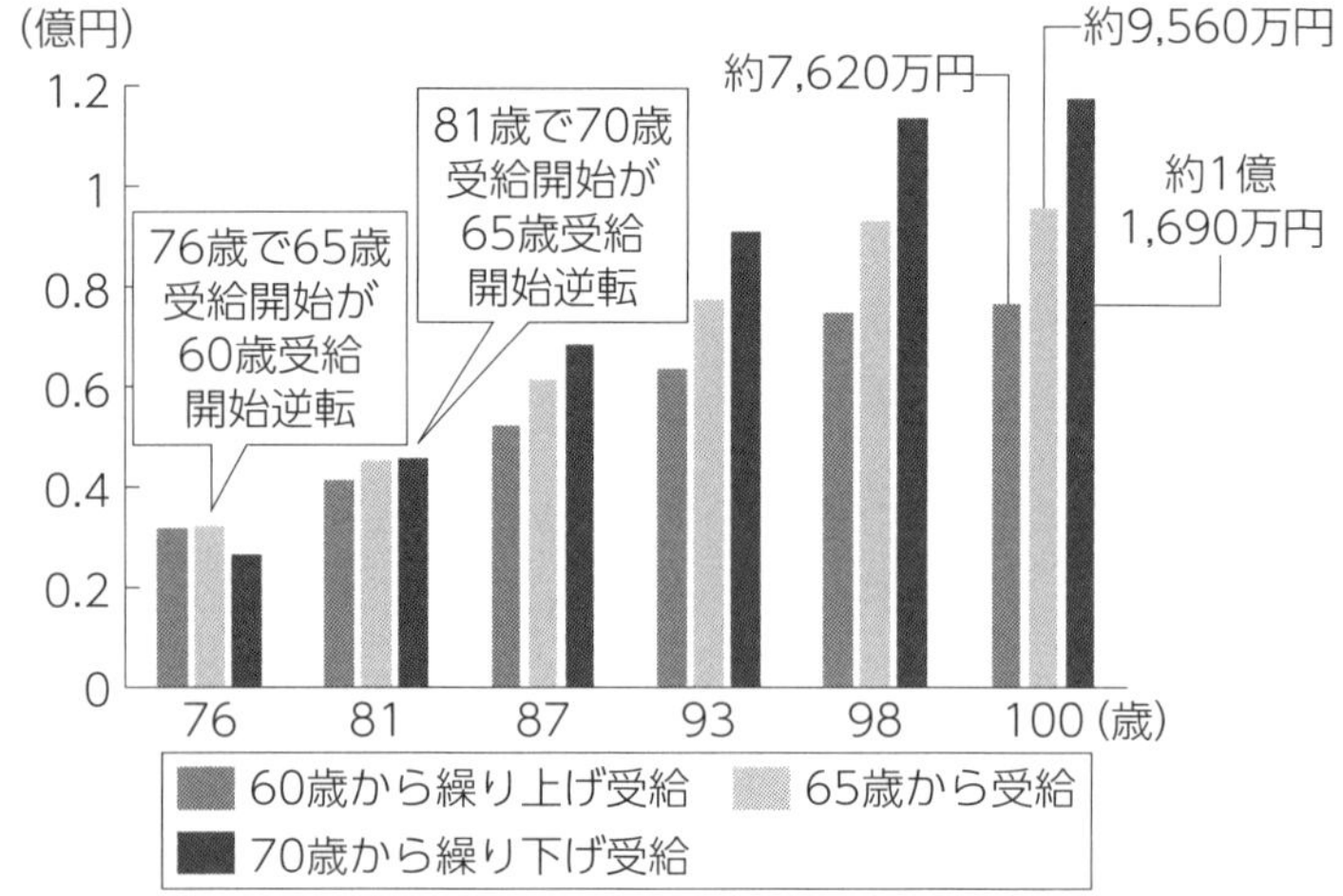

注：モデル世帯（会社員の妻と専業主婦）が基礎・厚生年金の両方を繰り上げ・繰り下げした場合、2018年度の年金額で計算。

「繰り下げ」は普通に生きたら財政上「中立」な金額に設定されている？

さて、財政などの仕組みに詳しい人は「話がうますぎる」と思うかもしれません。「繰り下げしても確率的に平均的に生きる年齢でトントンになるように設計するというのが、通常の国のやり方だ」と。

それは健全な疑問です。しかし実際に年金は、繰り下げたほうがお得な仕組みになっているのです。

理由は2つです。まずは繰り下げの仕組みが決まったのは2000年とかなり昔であること。その際に基準となったのは1995年時点の死亡率です。当時の65歳時点の平均余命は男性が16・5歳、女性が20・9歳でした。その後20年たった2015年には、男女平均で約3歳延びています。これが、結果的に繰り下げがお得になった背景です。

理由の2つ目は、繰り下げでもらうと国はその分長く運用できるので財政的にプラスであり、それも繰り下げの増額率に反映されているということです。逆にいえば、早くもらっても自分がちゃんと運用できるのなら繰り下げなくてもいいかもしれません。しかし、繰り下げで増やせる率ほどで運用するのはかなり難しいでしょうから、自信がない人は繰り下げによる利回りの上昇を狙うほうがお得です。

話題の「トンチン年金」より繰り下げがお得

最近は保険会社で、長生きするほど有利になる終身型「トンチン年金」が人気です。代表的な商品でみると、70歳から年60万円を受け取る契約なら、男性が50歳で加入して20年間に払う保険料は計1200万円。70歳から年60万円を受け取るので、90歳まで生きれば元をとれます。

面白い商品なのでメディアが取り上げることも多く、予想外に売れています。しかし、金融商品を考えるときに大事なのは「コンセプトの正しさ」と、実際に商品になったときのお得度は別ものということです。

長生きリスクに備えるというコンセプトは正しいのですが、大手保険会社が割高な手数料を取る仕組みになったせいか、トンチン年金は商品としてはそれほど有利ではありません。90歳まで生きなければ元を取れないのですから。

65歳時点の本来の公的年金額240万円の男性が繰り下げを選んだとき、5年間もらわない年金額の合計は1200万円。トンチン年金での保険料と同じですね。

一方で、繰り下げによる増加額は年約100万円（240万円の42％）にもなります。もらい損ねた年金1200万円は受給開始から12年で元が取れます。開始が70歳なら81歳時です。しかもインフレが起きた場合、公的年金はある程度それに合わせて増額されますが、トンチンでは増額はなく価値が実質的に目減りします。公的年金の繰り下げを優先するのが合理的です。

このように、様々な民間金融商品を選ぶ場合、それに似た仕組みの公的制度――例えば公的年金や公的医療保険、雇用保険などの内容をまず知り、どうしても不足だと思ったときだけ民間の商品（通常は公的な仕組みよりも割高で不利です）を使うという発想はとても大事です。

60歳代前半の年金は増額の対象外

ところで、ここで繰り下げと書いているのは、あくまで原則的に65歳からもらう老齢基礎年金と老齢厚生年金のことです。

年齢によっては、60歳代前半に特別支給の厚生年金をもらえる人がいます（50ページ）。

これについては、どれだけ遅らせても増額にはなりません。本来なら63歳から特別支給の老齢厚生年金をもらえるはずだった人が仮に65歳まで遅らせた後で請求しても、63歳から65歳までの間に本来もらえるはずだった年金がまとめて支払われるだけです。

しかし、「年金は遅らせるとお得らしいな。働いていてお金に困ってないから遅らせよう」と考えて特別支給の老齢厚生年金を請求しないままの人も、ときどきみかけます。

これは無意味ですし、まとめてもらったあとで、遡及して過去分の確定申告をやりなおさなくてはならないはめになることもあり、手間がかかるだけです。

しかも65歳以降も繰り下げて70歳で初めて受給開始になったとします。年金の時効は5年なので、65歳以降の分しかもらえません。60歳代前半の分が失われてしまうという羽目にもなりかねません。繰り返しますが、60歳代前半にもらえる年金はきちんともらっておきましょう。

請求しなければ自動的に両方繰り下げに

では、65歳からの本来もらえる年金の繰り下げは、どんな手続きをすればいいのでしょうか。65歳誕生月の初旬ごろまでに年金の請求書が送られてきます。そこに「年金を遅らせますか?」と意思表示する項目があります。基礎年金か厚生年金かどちらかを繰り下げたければ、繰り下げたいほうにマルをつけて返信します。両方繰り下げる場合は、両方にマルをつけて送り返す必要はなく、請求書そのものを出さなければいいのです。年金は請求しない限りもらえない仕組みなので、請求書を返信しなければ、自動的に両方繰り下げになるというわけです。

そのまま何もしなければ支給開始は66歳、67歳と延びていき、自動的に繰り下げ受給が継続となります。請求書は毎年送られてくるので、受給開始したい場合は、そのときに手続きをすることになります。つまり、何歳から受給開始にするかを事前に決めておく必要はなく、何らかの事情で受給を始めたいと思ったときに手続きをすればいいのです。

仮に年200万円の年金をもらえる人が68歳0カ月になるまで繰り下げていたとします。そこで請求して受給開始になると、3年分の25・2％（0・7％×36カ月分）増額になった約250万円をもらい続けることもできます。

しかし、そこでなんらかの事情でまとまったお金が必要になればどうでしょう。その場合、請求すれば増額前の200万円を一括で3年分、600万円を受け取ることもできます。その際は増額の権利は消えますので、本来の年金額200万円をずっともらい続けることになります。いろいろ柔軟性のある仕組みですね。

「繰り下げ中に亡くなってしまったら丸損だ」と思う人もいそうです。しかし、そうではありません。仮に年200万円の年金をもらえる人が68歳0カ月まで繰り下げてそこで亡くなれば、200万円×3年分の600万円が遺族に未支給年金として支給されます。

ただし、いったん68歳で25・2％増額した年金を受給開始した直後に亡くなれば、その前のもらえなかった3年分は消えてしまいます。もしこうなれば不運ですが、それは仕方がありません。

図表Ⅱ-4　加給年金と振替加算のイメージ

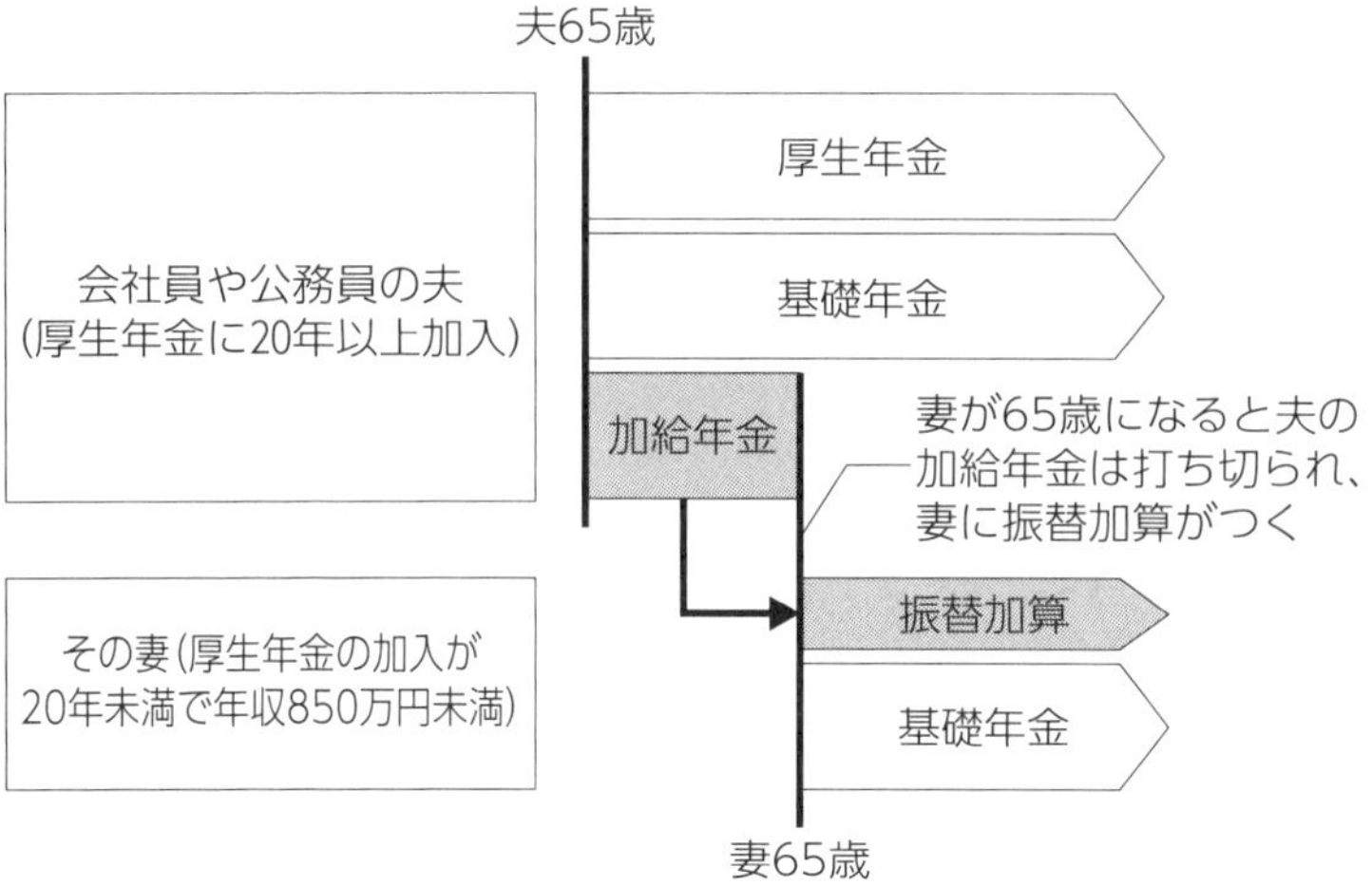

加給年金が消える例もあるが、やり方次第

ただ、繰り下げ受給を考える際には注意すべき点も多くあります。例えば年金の家族手当ともいえる「加給年金」。厚生年金の被保険者期間が20年以上ある夫が65歳になったとき、一定条件の妻がいれば、妻が65歳になるまで支給されます。金額は夫の生年月日で変わりますが、多いのは年38万9800円です。

例えば夫婦が同じ年齢だったり妻が年上だったりすると、夫は加給年金はありません。でも、例えば妻が5歳年下だと、本来なら妻が65歳になるまで40万円弱が5年分もらえたはずです。この加給年金が、夫が繰り下げ受給をするともらえなくなることがあるのです。

では受給開始後、今までもらっていなか

った加給年金が、繰り下げた期間分だけ増額されてもらえるようになるかというとそれは違います。本来の年金とは違って、加給年金はそのときにもらわなければそのまま消えてしまうだけなのです。繰り下げ受給でこれが消えてしまうと大きな痛手です。

実はファイナンシャルプランナー（ＦＰ）や社会保険労務士でも、年金を繰り下げると一律に加給年金は消えると思っている人は多く、「だから繰り下げは薦めない」という話もよく聞きます。ただし、実は繰り下げのやり方次第で回避できます。会社員などの場合、年金は国民全員がもらえる基礎部分と、収入に応じてもらえる厚生年金の２階建てです。加給年金は厚生年金とセットの仕組みなのです。

繰り下げは基礎年金と厚生年金を別々にすることも可能ですから、基礎年金だけを繰り下げて厚生年金を繰り下げなければ、加給年金はもらい続けられます。年齢差が大きくて加給年金を失うのが惜しい場合は、夫が基礎年金だけを繰り下げるのも手だということです。

このことがなぜプロの間でもあまり知られていないかは、少し疑問です。ただ、原則的に加給年金の受給開始は基礎年金がもらえる65歳からなので、基礎年金を繰り下げると加給年金もなくなると思われやすいのかもしれません。

ちなみに夫の加給年金が、妻が65歳になって打ち切られると、代わって妻の年金につくようになるのが振替加算という金額です。妻の年齢が高いほど多額で、今の60代半ばだと年に６万数千円。50代半ばだと年約１万５０００円で、１９６６年４月２日生まれ以降はゼロです。

振替加算は妻自身の基礎年金とセット。妻が基礎年金を繰り下げている間は振替加算も消えてしまいます。金額が大きい妻は、自分が基礎年金を繰り下げるかどうかの判断材料にすべきでしょう。ただし振替加算は通常、金額はそれほど大きくないことが多いので、過度にこだわる必要はないかもしれません。

女性は遺族厚生年金も考えて判断を

女性の場合、繰り下げと遺族年金の関係も知っておきたいところです。まず夫死亡後の妻の年金の仕組みを知っておきましょう。

妻が65歳以上の場合、夫が亡くなると、自分の基礎年金に加えて、①妻自身の厚生年金、②夫の厚生年金の4分の3、③妻と夫の厚生年金の半分ずつ――の最多の金額が自動的に選ばれて支給される仕組みです。厚生年金部分の金額が決まれば、その金額のうちまず妻自身の厚生年金が優先して支給され、残りの部分を夫の遺族年金で補充されるという仕組みです。ややこしいですね。

例えば厚生年金が夫は年120万円、妻は30万円の場合。繰り下げしていないとき、夫が亡くなれば厚生年金部分は、①は30万円、②は90万円、③は75万円――になりますから、最も有利な②の90万円が自動的に基礎年金に上乗せされて支給されます。90万円のうち妻の厚生年金30万円が優先的に支給され、残り60万円が夫の遺族年金で埋められます。

では、妻が自分の厚生年金を5年繰り下げていればどうなるでしょうか。妻が自分の厚生年金を5年繰り下げて1・42倍の42万6000円に増やした後に夫が死亡すると、①は42万6000円、②は90万円、③は81万3000円――で最多は②の90万円。繰り下げなかった場合と変わりません。

このうち繰り下げで増やした妻の厚生年金42万6000円が優先支給され、残りが遺族年金となります。つまり、総額は変わらずその内訳が変わるだけです。しかも、夫の遺族年金は非課税なのに妻の厚生年金は雑所得で税や社会保険料の対象になるので、手取りは減ることになります。

妻の厚生年金が少なければ基礎のみ繰り下げもあり

つまり、妻が厚生年金を繰り下げて受給開始した直後に夫が亡くなったら、せっかく5年間繰り下げてもらえなかった30万円×5年分の150万円が無駄になってしまうことになります。社会保険労務士の相川裕里子さんは、「このように妻の厚生年金が夫よりかなり少ない場合は、せっかく繰り下げても無意味になることもあるので要注意」と指摘します。

では、妻の厚生年金がどれくらいであれば、受給開始直後に夫が死亡しても有利になるのか。ややこしいですが計算も可能です。5年繰り下げ時の①と②の比較であれば、

妻の厚生年金×1.42倍≧夫の厚生年金の4分の3

図表Ⅱ-5　夫の死後の妻の厚生年金は？

＜ルール＞厚生年金の受給額は①妻の厚生年金②夫の厚生年金の4分の3③妻の厚生年金と夫の構成年金の半分ずつ――のうち最大になる金額（加えて基礎年金を受給）

	妻の厚生年金が少ないケース	妻の厚生年金が多いケース
夫の生前	厚生年金（年額） 夫120万、妻30万	厚生年金（年額） 夫120万、妻100万
夫の死後	繰り下げしてもしなくても 計算上②が最大となり90万円	繰り下げしていなければ③が 最大となり110万円。 繰り下げしていれば①が 最大となり142万円

となればいいので、妻の厚生年金が夫の約52％以上であればこの不等式を満たします。②と③の比較でも同じように不等式を作れば、妻の厚生年金が夫の半分以上であればいいことになります。

　ただこれは受給開始直後に夫が亡くなった場合の話です。夫が生きている間は、妻は70歳以降増額された厚生年金をもらい続けることができるので、夫が長生きしてくれる期間が長ければ、もうその間に十分繰り下げの恩恵を受けられているかもしれません。なかなかいちがいに結論は出しづらいですね。

　一方で、老齢基礎年金の繰り下げはこうした調整がないので、繰り下げれば確実に増額の恩恵を受けられます。妻の厚生年金が夫よりかなり少なく、繰り下げても夫死亡後の厚生年金の総額が変わらない場合、年齢差が大きくて夫があまり長生きしないと思うのなら、妻は基礎のみ繰り下げるのも手です。

妻の厚生年金が多ければ基礎と両方繰り下げを

なお、妻の厚生年金が多ければ話は別です。例えば夫が年120万円、妻が100万円なら、厚生年金を繰り下げなかった場合は、①は100万円、②は90万円に対し、③が最多で110万円になります。

5年繰り下げて妻の厚生年金が142万円になっていれば、夫の死亡後は①が最多で142万円。増額した後の金額が自分が死ぬまで続きます。総額自体が増えるので、繰り下げはお得と言えます。

このように、妻の厚生年金がかなり大きい場合は妻は基礎年金だけでなく厚生年金も同時に繰り下げる選択が有利になりやすいでしょう。それにしても年金はいろいろややこしいですね。

手取りでは金額次第で損益分岐年齢が後ずれも

もうひとつ考えておかなければならない注意点があります。これまでの話はあくまで名目（額面）ベースの話ということです。

年金は雑所得という分類の所得で、税金や社会保険料がかかります。基本的に金額が増えると税・社会保険料が増えるので、手取りの増え方は額面の増え方を下回ります。では額面と手取り

図表Ⅱ-6　年金の手取りは額面の8～9割

年金収入	手取り	収入に対する手取りの比率(%)	年金収入	手取り	収入に対する手取りの比率(%)
60	52	87	220	197	90
70	62	89	230	204	89
80	72	90	240	211	88
90	82	91	250	219	88
100	92	92	260	225	87
110	102	93	270	232	86
120	112	93	280	240	86
130	122	94	284	243	86
140	132	94	290	248	86
150	142	94	300	255	85
160	149	93	310	263	85
170	158	93	312	265	85
180	167	93	320	269	84
190	176	93	330	277	84
200	185	93	340	285	84
210	191	91	350	292	83

注：万円、手取りは概算、年金収入70万円の配偶者あり、社会保険料は東京都区部の複数区のケース、薄い色の年金収入は住民税非課税

の関係はどうなっているでしょうか。

図表Ⅱ－6は東京都区部の複数区のケースで試算してみた結果です。この表を作るにはまず自治体の健康保険料・介護保険料やその優遇措置、非課税世帯になる所得基準などを調べたうえで、それらを元にした社会保険料を算出、さらにそれを反映させて税金を計算しなくてはなりませんでした。つまりは死ぬほど手間がかかったので、どうか有効活用してください（笑）。

多くの年金収入で、手取りは額面の8～9割にとどまります。例えば厚生・基礎年金が合計200万円の人が5年繰り下げて額面で284万円になっても、手取りでは185万円から243万円へ58万円しか増えないわけです。200万円のときの手取りは年金収入の93％でしたが、284万円では86％に下がってしまうことが足を引っ張ります。

5年間遅らせたためにもらえなかった手取り額の合計は185万円×5年の925万円。これを手取りの1年あたりの増額である58万円で取り戻す期間は16年弱です。70歳受給開始なので85歳に取り戻せることになり、額面での損益分岐年齢より後ずれします。

逆に手取りなら早く回復することも

手取りで考えると損益分岐年齢が必ず上がるとは限らず、金額で異なります。もともと基礎年金だけで少し未納の期間があり70万円（手取りで62万円）だった人が5年遅らせるとどうでしょうか。この場合、額面で42％増の約99・4万円になります。ざっくり100万円として手取りを見ると92万円です。もらえなかった5年分の手取り額310万円を手取りの増額（年に30万円）で取り戻せる期間は10年強です。意外にもこのケースでは、額面で取り戻せる期間である11年11カ月より短くなります。

税金や社会保険料は完全な累進性ではなく、収入が低くても一定額を頭割りで引かれたりするので、年金収入70万円のときの額面に対する手取りの比率は89％と比較的低かったのに、額面100万円ではそれが92％に改善しているためです。

繰り下げによって、この表でみて額面に対する手取りの比率の高い年金収入のところから比率の低い年金収入のところへシフトすると、損益分岐期間は額面（11年11カ月）より後ずれすると考えてください。

逆に70万円から100万円のように比率の高い方向へのシフトではやや短くなります。同じように100万円を5年繰り下げて142万円になるケースでも、手取りの比率が上がるので損益分岐期間がやや短くなります。繰り下げ前の金額が60万～100万円程度のときにこうしたことが起きやすくなります。

税や社会保険料は自治体によりやや異なるので、正確には自分の自治体のケースで考えるべきですが、結構面倒です。その場合はこの表を参考にしてください。だいたいの傾向は似ているはずです。

図表Ⅱ-7　65歳が特定の年齢まで生存する確率は？

（単位：%）

	男性			女性		
	80歳	90歳	100歳	80歳	90歳	100歳
2015年に65歳（1950年生まれ）	73	35	4	87	60	14
2025年に65歳（1960年生まれ）	75	38	5	89	64	17
2035年に65歳（1970年生まれ）	77	41	6	90	67	19
2045年に65歳（1980年生まれ）	78	43	6	91	69	20
2055年に65歳（1990年生まれ）	79	44	6	91	69	20

注：簡易生命表、国立社会保障・人口問題研究所のデータから試算

65歳まで生きた人が90歳まで生きる確率は4割前後と結構高い

さて、これまで何度か、「半分が生き残る年齢は何歳」などというデータを紹介してきました。例えば序章でみたように、現在男性の半分が生き残っている年齢は約84歳です。これは0歳時を起点とした生き残り確率です（平均寿命とは別の数字です）。

手取りベースでは繰り下げの損益分岐年齢が延びることが多いので、これからはより精緻な数値で検討します。図表Ⅱ－7は、65歳まで生きていた人が、何歳まで生きるかという確率です。0歳時を起点とした数値より、より長く生きることがわかります。死亡率が高い幼少期を超えていると、長く生きる確率が高まるということです。

例えば90歳まで生きる確率は、1950年

生まれの男性では35%、１９８０年生まれでは43%です。先ほど手取りベースでは、年金収入で元が２００万円の人が5年繰り下げると、取り戻せる時期が都区部の場合85歳と説明しました。多くの方は「長いな」と思われたと思います。しかし、公的年金が「長生きリスクに備える保険」と考えるとき、90歳まで生きる人が４割程度もいるのであれば、やはり繰り下げがお得だと思う人も多いのではないでしょうか。

受給開始年齢を考える場合は、ぜひこの図表Ⅱ－７の、65歳まで生きた場合のその後の生き残り確率の表を参考にしてください。

住民税非課税状態を維持することがお得なことも

ほかにも考えておくことがあります。年金収入があまり多くない場合、住民税が非課税になることがあり、そうすると様々なお得な面があるのです。そこまで考えると、繰り下げで収入を増やさないほうがいいケースもあり得ます。ちょっと細かい話になっていきますが、住民税が非課税の利点は、年金の受け取り方を考える参考になるだけでなく、様々な公的な制度の活用の際に幅広く影響してくる問題です。しかしほとんど知られていないので、この機会に概要をつかんでおきましょう。ただ細かいので、興味がない方は飛ばしてください（笑）。

健康保険料や介護保険料は多くの自治体で住民税とリンクしていますから、住民税が非課税の場合、年金から天引きされる金額も安くすみます。もとの公的年金が２００万円の人が5年繰り下げで42％増えて284万円になったときに手取りの比率が下がるのは、住民税非課税世帯から課税世帯に変わったことで、税金だけでなく健康保険料や介護保険料など社会保険料も上がったせいです。

医療費には最終的な上限額である高額療養費という仕組みもあり、申請すれば窓口負担で払った金額との差を返してくれます。この最終上限額は70歳以上で全員が住民税非課税世帯なら通常は月2万4600円ですが、課税世帯では最低でも月5万7600円に上がります。例えば1人世帯で年金収入だけだと、額面で280万円を超えると1割から2割に上がります。全員が介護状態になるわけではないですが、こうしたことも頭に入れておきましょう。

では、住民税が非課税になるのはどんな水準の所得でしょう。これは生活保護とのバランスを考えて、地域ごとに基準が変わります。

例えば東京都区部や政令指定都市など大都市の多くが対象である「1級地」では、合計所得金額が「本人＋扶養親族の人数×35万円＋21万円」です。夫婦2人だと91万円ですね。ちなみに合計所得金額というのは、年金収入から65歳以上なら公的年金等控除120万円を引いた額です（配偶者控除や基礎控除を引く前の段階です）。

逆算すると、65歳以上の夫婦2人で夫の合計所得が91万円におさまるのは、これに公的年金等控除120万円を足した211万円です。ここまでなら住民税が非課税になるのです。

図表Ⅱ-8　住民税が非課税になる所得は？

住民税が非課税になる所得は？（公的年金等控除を引く前の金額）	
生活保護基準の1級地 （東京都区部や政令指定都市の一部など）	（本人＋控除対象配偶者＋扶養親族の人数）×35万円＋*21万円
2級地 （比較的大きな都市など）	（本人＋控除対象配偶者＋扶養親族の人数）×31.5万円＋*18.9万円
3級地（その他）	（本人＋控除対象配偶者＋扶養親族の人数）×28万円＋*16.8万円

控除対象配偶者や扶養親族がいない場合、＊の金額は加算せず。
対象地域は数年内に見直しも。

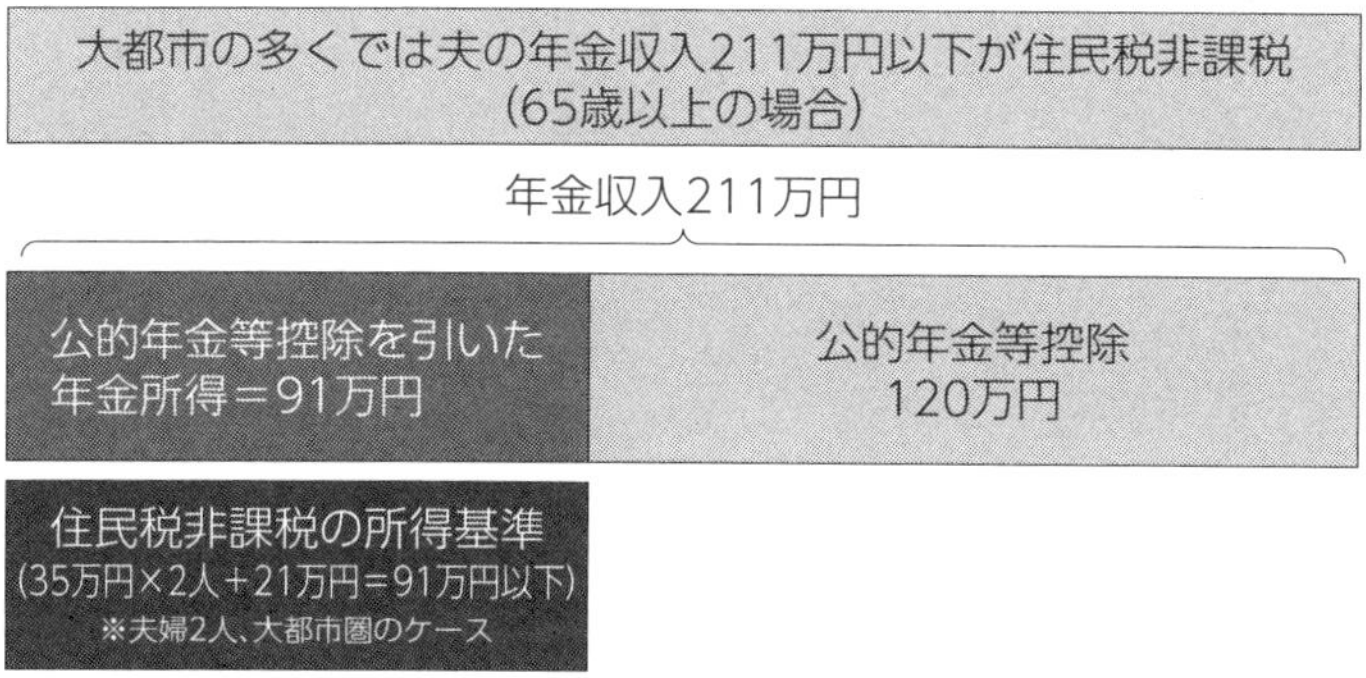

これらを考えると、もともとの年金額が住民税非課税世帯におさまるなら、無理に繰り下げない選択もあります。ちなみに住民税非課税の基準は自治体で異なり、地方に多い「3級地」で夫婦2人なら夫の年金収入で約193万円が限度となります。非課税になる収入は住んでいる自治体の税金関係の部署に聞けば教えてくれます（ただし124ページでも触れますが、住民税が非課税になる基準は様々な要因で変動するので、過度に気にすることはお勧めしません）。

損得にこだわるなら妻のみ繰り下げも一案。しかし長生きリスクに備えるなら男性もやはり繰り下げを

繰り下げで厳密に損得を計算しようと思えば、本来ならこのような様々なことを考慮することが必要になってきますが、相当ややこしい話です。「もう考えるだけで嫌だ」と思うなら、遺族年金の状況に注意しながら妻だけ繰り下げるのも手です。損益分岐年齢がたとえ手取りベースで85歳になっても、長生きする女性の場合はたいていお得だからです。先ほどみたように、元の額面が60万〜100万円なら、逆に損益分岐年齢が79〜80歳程度に早まったりもしますから、金額が小さいことが多い女性はより有利かもしれません。

しかし金額の大きい男性の場合も、最終判断はやはり根本に立ち戻って「公的年金は本来、長生きリスクに備える保険である」という点を基準にすべきだと思います。これだけの長寿時代ですから、できる限り繰り下げで金額を増やして終身でもらうことを優先すべきではないでしょう

か。繰り下げたけれど早めに亡くなって手取りベースでは損だったとしても、それは長生きリスクに対する安心を買うための保険料だったと思うべきです。そもそも亡くなった後は意識がないので悔しくはないはずです（笑）。

それでも迷うなら、65歳を過ぎてもとりあえず年金の請求をしないでおくのも手です。何歳からもらうかはあらかじめ決めておく必要はなく、請求するかどうかの書類が毎年の誕生月に来るので、その時点で決めればいいからです。例えば68歳まで請求せずにおいて、やはりもらいたいとなれば、増額された年金をそれ以降もらうこともできますし、増額なしで3年分を一挙にもらうことも可能なのでした。このように自由度が高いのが繰り下げの利点です。

繰り上げは受給開始後16年9カ月で本来受給に抜き去られる

一方の繰り上げ受給についても再度考えましょう。基礎年金を新規にもらい始めた人の繰り上げ比率は２０１０年度には3割弱にも達していました。「消えた年金」問題などを機に破たん説が広がり、早くもらおうとした人が多かったのです。そうしたムードが薄れ２０１６年度は９％に下がりましたが、繰り下げ（３％）の3倍です。生活費が足りない場合は仕方がないのですが、デメリットを十分に知らないまま選んでいる人も多い状態です。

最大のデメリットは、もちろん減額でしょう。１カ月繰り上げるごとに０・５％減額されるので、60歳まで60カ月繰り上げれば30％減になります。それが一生続きます。

図表Ⅱ-9　繰り上げの損益分岐年齢

受給開始年齢	逆転の時期
60歳	76歳9カ月
61歳	77歳9カ月
62歳	78歳9カ月
63歳	79歳9カ月
64歳	80歳9カ月

では、繰り上げでもらった人の累計受給額が、本来の65歳受給の人に抜き去られるのはいつなのでしょう。計算は省略しますが、何歳から繰り上げ受給を始めようとも、結果はいずれも受給開始から16年8カ月より長く生きると逆転されることになります。60歳まで5年繰り上げると76歳8カ月で65歳受給に追いつかれ、76歳9カ月で抜かれます。

これまで何度か書いているように、2017年で男性は2人に1人が84歳、女性は4人に1人は90歳まで生きます。2050年では男性の半分が87歳まで、女性の半分が93歳まで生きるようになります。普通に考えて、繰り上げは不利です。

障害・遺族年金など減額以外のデメリットも

実は繰り上げは、減額以外にも多くのデメリットがあります。例えば繰り上げ後に夫が亡くなるケース。60代前半は自分の年金と遺族年金は併給できずどちらかを選びます。通常は額が大きい遺族年金を選ぶので、繰り上げた自分の年金はもらえなくなります。65歳以降は遺族年金と自分の年金が併給できますが、60代前半に自分の年金がもらえなかったにもかかわらず、65歳以降も減額されたままの年金が続いてしまうことになります。

10年以上保険料を払った第1号被保険者（自営業者など）が老齢年金をもらう前に亡くなった場合に、妻が60～64歳の間に受けられる寡婦年金という仕組みがあります。額は夫が本来もらえたはずの老齢基礎年金の4分の3ですが、これも繰り上げ中はもらえません。60万円近くになることも多いので、もったいない話です。

繰り上げ後に初診日のある病気やケガで障害基礎年金の対象になっても、通常は障害基礎年金をもらえないのも要注意です。障害基礎年金は初診日が65歳より前であることが要件ですが、繰り上げ以降は受給上の年齢が65歳になったとみなされてしまうためです。障害基礎年金は1級なら年に100万円弱と大きな額です。

老齢基礎年金は、学生時代の未納などで40年納めている人は少なく、満額に近づけるために60歳以降任意加入できます（130ページ）。1年加入すると年金が年に2万円弱増え、受給開始後10年強で納付保険料より受給額のほうが多くなります。しかし繰り上げ請求していると、任意加入もできません。

長寿化のなかで減額された年金が一生続くというのは大きなリスクですし、そのほかにもこうしたデメリットがあることを考えると、繰り上げはよほど資金に困っている場合を除いて避けたほうがいいと思います。

住民税非課税のメリットを目指す「裏技」的な繰り上げに落とし穴も

実は繰り上げで短期的には有利になるケースもあります。お薦めはしませんが一応解説します。繰り下げのところで書いたような住民税非課税世帯になるメリットを、繰り上げによって得る方法です。最近、この手法を薦めるメディアや専門家が多く出始めています。

先ほども説明したように、東京都区部など大都市圏の多くは、65歳以上で夫婦2人の場合に住民税が非課税になる夫の年金収入は211万円以下でした。例えば65歳時の受給額が220万円なら64歳3カ月まで、同様に230万円なら63歳7カ月まで繰り上げれば、減額によって年金収入が約210万円になります。

繰り上げにより60代前半に受給開始になるので、その場合は公的年金等控除の最低額が、60代後半の120万円から70万円に下がります。このため、額面が減っても課税所得が逆に増えて税・社会保険料の比率が高まってしまい、60代前半のうちは住民税非課税状態にはなりません。ただ65歳を過ぎて公的年金等控除が120万円に戻れば、繰り上げ後の年金収入が住民税の非課税の範囲になり、介護保険料の軽減や医療費の1割負担など「非課税メリット」を受けられるわけです。1~2歳の繰り上げなら、60代前半での遺族・障害年金の制約などのデメリットを受ける期間が短いともいえます。

それでも「お薦めはしません」と最初に書いたのは、一生減額が続く繰り上げは、「公的年金は長生きに備える保険」という本来の趣旨に逆行するからです。

図表Ⅱ-10　60代前半では夫の年金収入211万円でも住民税非課税にならない

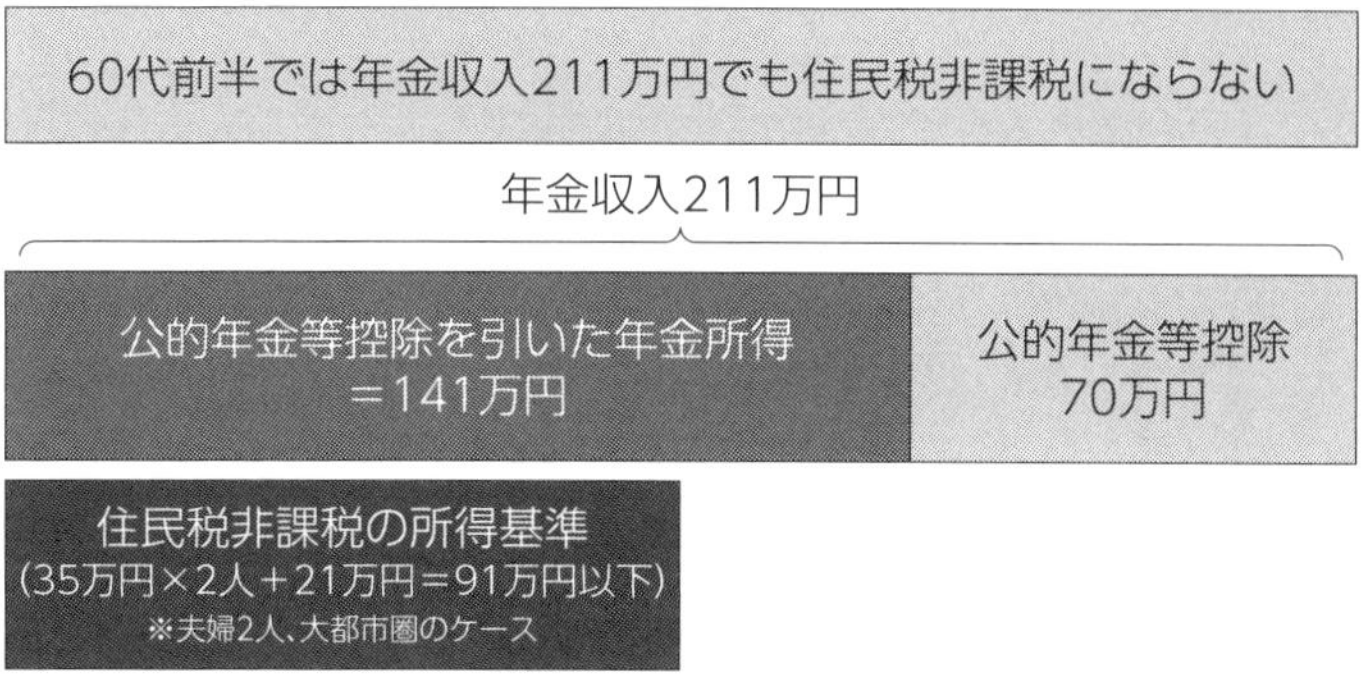

本来の趣旨に逆行する対策は、後々の後悔につながることもよくみられます。例えば住民税非課税世帯の夫の年金収入211万円までという基準も、そもそも現時点での大都市での夫婦の場合の所得基準91万円に公的年金等控除120万円を足すことで計算された額です。

地方などの3級地であれば118ページのように所得基準が91万円でなく72・8万円なので、控除を足しても192・8万円です。しかも対象地域の区分は厚生労働省で見直しの検討中で、現在は「1級地」対象である大阪などは今後見直しになる可能性が出ています。

公的年金等控除額も65歳以上の場合、過去は140万円だったのが2004年に現在の120万円に引き下げられ、2020年分からは110万円になります。今後も控除額はさらに引き下げられる可能性がかなりあります。合計所得の基準が91万円のまま変わらなくても、控除額が下がれば住民税非課税の収入も211万円から下がることになります（2020年分からの改正では非課税となる収入が変わらないように手当てされますが、2004年の改正ではこうした措置はありませんでしたし、今後も不透明です）。つまり収入を211万円未満にしても、様々な前提が変化することで住民税非課税でなくなってしまうリスクがかなり大きいのです。

繰り上げはいったん選ぶと二度と変えられません。前提や基準が変わって非課税のメリットを失い、一生続く年金の減額だけが残る可能性があります。

さきほど書いたように、繰り上げにより年金収入を211万円未満に抑えることを薦める専門家も出始めています。しかし、①211万円という収入基準が現時点での大都市だけのものであり、地方では異なる、②今後も対象地域は見直しになる、③非課税の所得基準や控除額が今後変わるリスクがある、④繰り上げた後の60歳前半の時期は控除額が70万円下がる結果、非課税の対象外になる、⑤繰り上げで障害・遺族年金に影響が出る――などの大きなリスクを説明しないまま薦めるケースが多くみられます。

物事の判断の際、大きな方向性に逆らって目先有利そうなテクニックに走ると、結果的に失敗になることは、様々な場面で起こりがちです。繰り上げ・繰り下げの最終的な判断は、やはり「公的年金は長生きリスクに備える保険」という出発点に立ち返ってなされるべきだと思います。

2　70歳まで厚生年金加入で働くと年金は大幅増

なるべく長く厚生年金加入で働こう

人生100年時代に備える重要な対策のひとつが、なるべく長く働くということであるのは間違いありません。

大事なのは、60歳以降もただ働くのではなく、厚生年金に入って、退職後の年金が少しでも増えるような働き方をすることです。例えば従業員501人以上の会社なら、週に20時間以上の勤務、月の収入8・8万円以上などの条件を満たせば、厚生年金に加入することになります。500人以下の会社では、原則週30時間以上が対象です。

2016年度でみると、60～64歳の人口の6割強は何らかの形で働いていますが、厚生年金への加入率は3割強にとどまります。65歳以降ではさらに低く、1割強です。厚生年金に加入して将来の年金額を増やしながら働くということは、これまではあまり重視されていなかったのかもしれません。

しかしここ数年の変化でみれば、60歳以降の男性の場合、就業人口に占める厚生年金加入率は急速に高まってきています。2016年度でみて60～64歳では57％が、65～70歳では35％が厚生年金加入です。

図表Ⅱ-11　厚生年金加入の条件は？

①正社員などが501人以上の会社	②正社員などが500人以下の会社
●所定労働時間が週20時間以上 ●収入が月8万8000円以上 ●雇用期間が1年以上の見込み ……などをすべて満たす	●所定労働時間が通常の労働者の4分の3（通常週30時間）以上 ＊労使合意があれば①と同じ条件で厚生年金加入

様々な要因が重なっているのでしょうが、厚生年金加入により老後の年金を増やすことを考え始めた人が増えていることも感じます。人手不足もあって、中小企業を中心に希望すれば厚生年金に加入して長く働ける会社がだんだん増えていることも背景にあります。

69歳まで働くと年26万円の年金増も

では、厚生年金加入で働き続けると年金はどれくらい増えるのでしょうか。これは現役時代と60歳以降のそれぞれの収入、年金加入期間で変わります。

例えば大学卒業後に38年間働き、59歳までの平均年収500万円だった人が60歳以降働くのをやめたり厚生年金に加入しないまま働いたりすると、65歳からの年金は基礎年金と厚生年金の合計で年に約177万円。しかし60〜64歳まで年収300万円で厚生年金に加入して働くと、65歳からの年金は年に約12・5万円増えて189万円になります。

もっと長く69歳まで働くとどうなるでしょう。70歳以降の年金は、働かなかった場合より年に21万円も増えます。

図表Ⅱ-12　就業者に占める厚生年金加入率

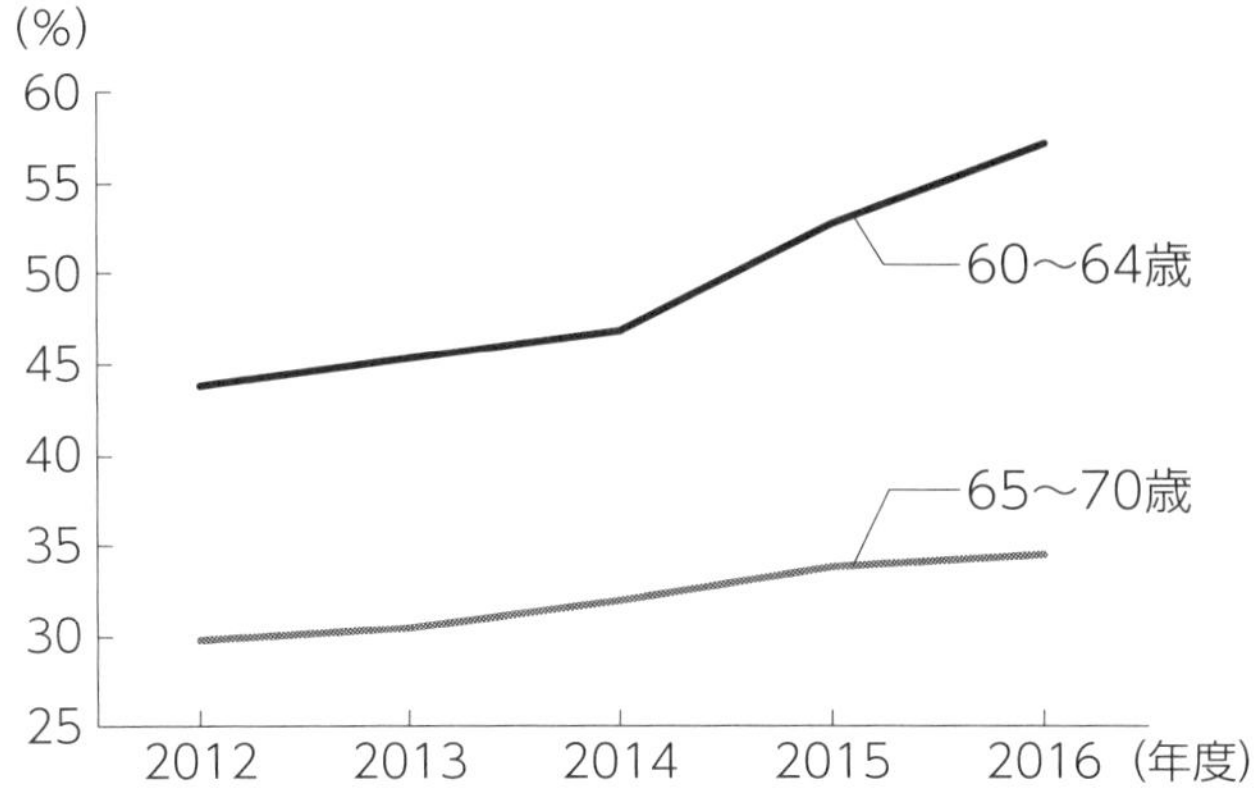

注：労働力調査、年金事業年報などを基に計算

亡くなるまでの累計では、その差はすごく大きくなります。厚生労働省の将来予測では、例えば２０５０年時点では男性は２人に１人が87歳まで、４人に１人が93歳まで生きるようになります。

長生きリスクに備える意味で93歳までで計算すると、60歳以降に働かなかったか厚生年金に加入しなかった場合に比べて、厚生年金加入で年収３００万円で69歳まで働けば、もらえる年金の増加額の累計は５７０万円弱にもなります。もちろん年金が増えるだけではなくて、働いている時期は給与収入そのものもありますから、家計の改善効果は全体ではかなり大きいといえます。

ところで64歳まで働く場合、２００万円以上働くと年収が１００万円増えるごとに３万円程度の上積みですが、働かないのと２００万円で

図表Ⅱ-13　60歳以降も厚生年金に加入して働くと年金額は？

現役時代の平均年収		500	700
60〜64歳の働き方と65歳以降の年金額（年額）	働かないか、厚生年金に加入せず働く★	177	221
	年収200万円	186	231
	年収300万円	189	234
	年収400万円	192	237
60〜69歳の働き方と70歳以降の年金額（働かないか、厚生年金に加入せず働く場合は★と同一）	年収200万円	192	237
	年収300万円	198	243
	年収400万円	203	248

注：社会保険労務士の小野猛さんの試算、年収に占める賞与は3・6カ月分、現役時代は38年と仮定

働くのとでは9万円も違います。実は、これは基礎年金部分が実質的に満額になる効果も加わっているのです。

基礎年金の部分は、40年フルに加入すると、年金が2018年度で77万9300円。ややこしいので年に80万円としましょう。

40年で80万円ということは、つまり加入期間が1年足りないごとに、2万円基礎年金は少なくなるということです。学生時代に任意加入だった時期がある人は、60歳時点でも基礎年金が40年に達していないことが多いので、60歳以降も働くことでこれが40年に近づくと、基礎年金が満額に近づいていく効果があるのです。

実は正確には基礎年金ではなく、厚生年金部分で経過的加算という名前で増えていくのですが、ざっくり基礎年金に関する部分が1年あたり2万円増えていくという理解でもいいでしょう。

図表Ⅱ-14　60～69歳まで厚生年金加入で働き、受給開始を70歳まで繰り下げると（本来は65歳受給開始のケース）

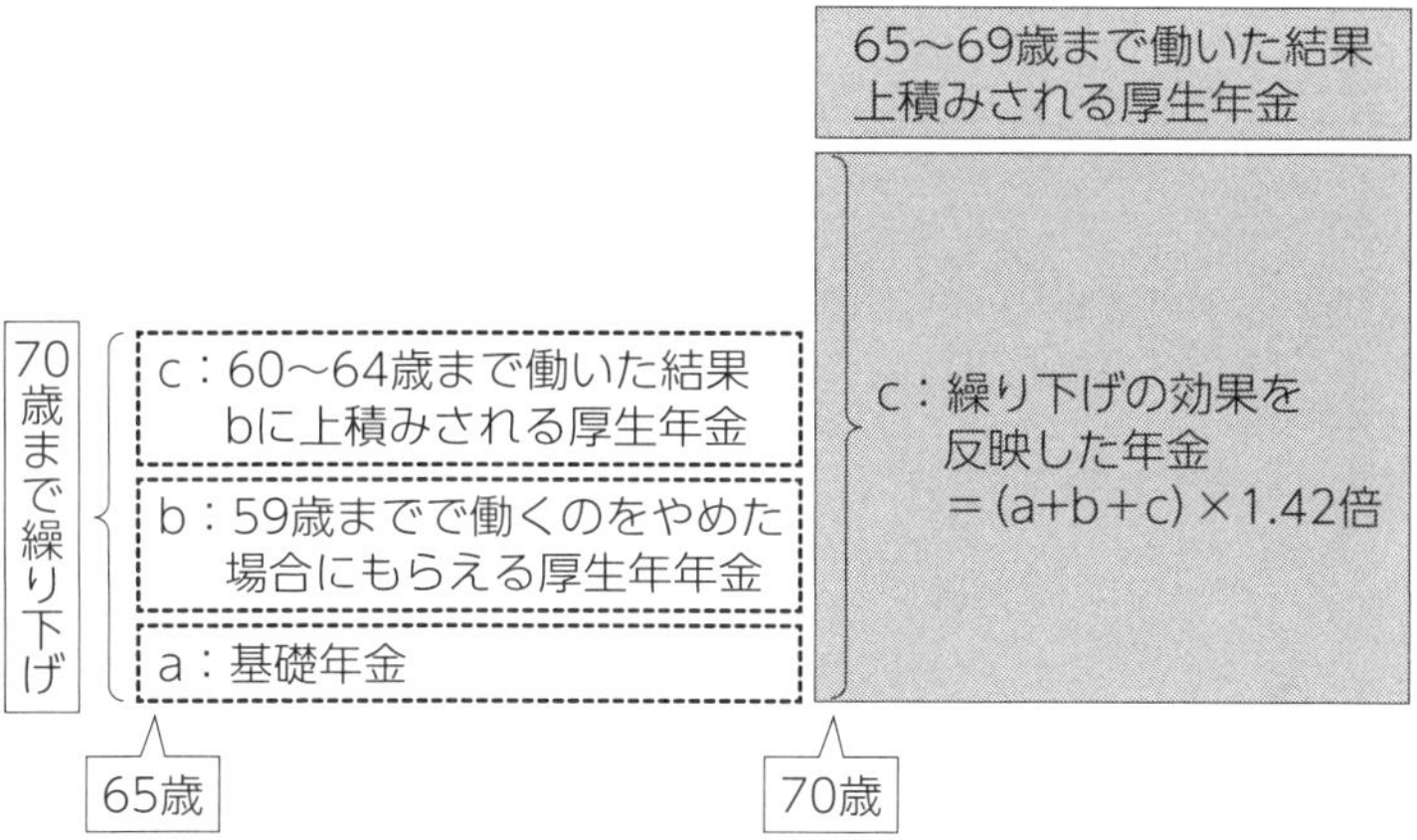

この試算は、大学卒業後（22歳で就職）38年間働いた前提なので、国民年金を2年間払っていなかったことになります。60歳時点で基礎年金が満額に2年分足りなかった人が、60歳以降も働くと基礎年金の部分が2年間増えて満額になったわけです（正確には厚生年金の経過的加算が増えるのでしたね）。1年納めるとだいたい年に2万円増えるので、計4万円増えています。これが通常の厚生年金の増加に加わるので、最初のころ、増額幅が大きくなるのです。

この試算の前提とは違いますが、大学院などで4年足りなかった人なら4年分、8万円増えます。働かないのに比べてこの部分が最初は大きく増え、40年分に達した後は厚生年金部分の増え方しか乗らないので、増加ピッチが落ちるわけです。

60代の厚生年金加入は確かに増え方は鈍くなるが…

この「増加ピッチが落ちる」ことについて「60代の厚生年金加入は損だ」という人もいます。厚生年金保険料として収入の18・3％（自己負担分は9・15％）を払い続けることは変わらないのに、基礎年金部分が40年で満額になったあとは厚生年金部分しか増えていかないからです。「支払効率が悪くなる」のはその通りです。計算してみると、64歳まで年収300万円で働いて納め続ける厚生年金保険料の総額は約143万円。一方、65歳以降増える厚生年金は年12・5万円ですから、元をとれるのは約11年6カ月です。後半の3年分は厚生年金分しか増えないので、それほど短くはありません。それでも増額された金額がずっと続くことは、「長生きリスクに備える」という意味で安心ではないでしょうか。厚生年金加入期間中は、病気やケガなどの際の保障が手厚い会社員の健康保険に自分も配偶者（収入しだいですが）も入れる利点もあります。

実際に年金額が増えるのは退職後

では、65歳以降もずっと働き続けると、年金額はいつから増えていくのでしょうか。先ほどの年収300万円で働き続ける例でみていきましょう。

65歳からは、60～64歳の間に働いた分を反映して増えた年189万円をもらえます（もっと収入が多ければ厚生年金が一部減額される在職老齢年金という仕組み〈134ページ〉がありますが、この金額では該当しません）。

その後は徐々に年金が増えていくと思う人がいますが、それは間違いで、基本的に働き続けている間は年金額は変わらず、退職後に再計算される仕組みです。ずっと働き続けた場合は厚生年金に加入できるのは69歳までですから、再計算されるのは70歳時点です。70歳からは60代後半に働き続けたことを反映して増えた年198万円を受給できます。それが終身で続きます。

では、例えば途中の67歳までで辞めればどうなるでしょう。これもやはり退職した後に再計算される仕組みです。65〜67歳までは先ほどと同じ年189万円（65歳時点の年金額）をもらい、退職後の68歳以降は65〜67歳までの働きを反映した金額が上積みされます。

繰り下げとの併用で大幅増も

前の節で、年金は繰り下げ受給すると大きく増やせることをみてみました。1カ月繰り下げるごとにもらえる年金が0・7％増額になるので、70歳まで繰り下げると5年分で42％増になるのでしたね。

では働きながら70歳まで繰り下げると、先ほどの例では70歳以降もらえるはずの198万円が42％増えるということでしょうか。

残念ながらそれは違います。繰り下げの計算の基になるのは、あくまで65歳時点でもらうはずだった金額。60代前半の働きを反映して65歳時点でもらえるはずだった189万円が、5年間の繰り下げ効果で42％増えて約268万円になります。

それに加えて、65〜69歳で働くことに応じて増える約9万円（198万円と189万円の差）がさらに上積みされますから、繰り下げ後の70歳以降の年金額は277万円となります。要するに、年金の増加額をなるべく大きくするには、70歳になるまで働いて、しかも繰り下げ受給するのが賢い選択肢ということです。

ただし前の節でもみたように、厚生年金を繰り下げると、妻がいる会社員などを対象に加算される「加給年金」がもらえないケースがあることには注意しましょう。

年金が削られる在職老齢年金とは

60歳以降も厚生年金保険に加入して働くと、年金が減額になったり支給停止になったりすることがあります。在職老齢年金という仕組みです。減額などの対象になるかどうかは、厚生年金の月額と60歳以降の収入（賃金月額）の2つで考えます。

まず知っておきたいのは、年金の調整といっても基礎年金は無関係だし、働くといっても厚生年金の加入以外、例えば自営業なども無関係ということです。厚生年金に加入して働く場合だけ、本来もらえるはずだった厚生年金が減額されることがあるのです。

減額の仕組みは、64歳までと65歳以上で異なります。

まず64歳までのケース。特別支給の老齢厚生年金がある人が、厚生年金と賃金月額（月収に、直近1年の賞与を12で割った金額を加えたもの）を足して28万円以下なら、特別支給の老齢厚生

図表Ⅱ-15　在職老齢年金の計算方法

ポイント
- 賃金月額とは…月収（標準報酬月額）＋直近1年の賞与の合計÷12
- 基礎年金は計算に関係なし

60～64歳

①特別支給の老齢厚生年金月額と
②賃金月額の合計額

→ 合計額が28万円以下 → ①は全額支給

→ 合計額が28万円超 → ＊①が28万円以下で②が46万円以下の場合
支給停止額③＝
（①＋②－28万円）÷2
在職老齢年金＝①－③

例）年金が月15万円で賃金月額が20万円なら、支給停止額は（15万円＋20万円－28万円）÷2で3万5,000円。本来もらえるはずだった特別支給の老齢厚生年金15万円が、3万5,000円減額されて11万5,000円に

60～64歳以上の在職老齢年金（太字）
＊すべて万円、アミかけ部分は減額なし

		本来貰える厚生年金の月額			
		5	10	15	20
賃金月額	10	5	10	15	19
	20	5	9	11.5	14
	30	1.5	4	6.5	9
	40	0	0	1.5	4

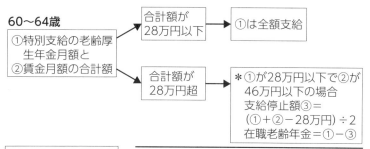

年金はそのまま全額もらえます。

28万円を超えたら、厚生年金と賃金月額それぞれの金額によって決まった計算式で減額されます。最も多いケースは、厚生年金が28万円以下で賃金月額が46万円以下の場合。支給停止額の計算式は、

（厚生年金＋賃金月額－28万円）÷2

です。

例えば厚生年金が月15万円で賃金月額が20万円なら、支給停止額は（15万円＋20万円－28万円）÷2で3万5000円。本来もらえるはずだった特別支給の老齢厚生年金15万円が、3万5000円減額されて11万5000円になるということです。

ちょっとややこしいですが、要するに厚生年金と賃金月額の合計が28万円を超えると、超えた額の半分が厚生年金月額から差し引かれるということです。

実は、在職老齢年金の本来の仕組みはもっと複雑で、厚生年金月額が28万円を超えた場合や賃金月額が46万円を超えた場合など、様々なパターンがあります。しかし、厚生年金月額が28万円を超える人はほぼいませんし、賃金月額が46万円を超えると年金はほぼ全面停止になるので、ここで書いたパターンだけ知っておけば大丈夫です。

65歳未満では、2014年度末で厚生年金受給者の2割弱が対象です。ただ対象は特別支給の

図表Ⅱ-16　在職老齢年金の計算方法（65歳以上）

ポイント
- 賃金月額とは…月収（標準報酬月額）＋直近1年の賞与の合計÷12
- 基礎年金は計算に関係なし

65歳以上

①老齢厚生年金と②賃金月額の合計額
→ 合計額が46万円以下 → ①は全額支給
→ 合計額が46万円超 → 支給停止額③＝（①＋②－４６万円）÷２
在職老齢年金＝①－③

例）年金が月15万円で賃金月額が40万円なら、支給停止額は（15万円＋40万円－46万円）÷2で4万5,000円。本来もらえるはずだった老齢厚生年金15万円が、4万5,000円減額されて10万5,000円に

65歳以上の在職老齢年金（太字）
＊すべて万円、アミかけ部分は影響なし

		本来貰える厚生年金の月額			
		5	10	15	20
賃金月額	10	**5**	**10**	**15**	**20**
	20	**5**	**10**	**15**	**20**
	30	**5**	**10**	**15**	**18**
	40	**5**	**8**	**10.5**	**13**

老齢厚生年金ですから、受給開始年齢は65歳に向け段階的に引き上げ中で、男性では1961年4月生まれ以降は65歳未満の対象者はいなくなります。

65歳以上は対象は1%

65歳以上も計算の考え方は似ています。ただし、厚生年金月額と賃金月額の合計が46万円を超えると、超えた額の半分が厚生年金月額から差し引かれるということなので、かなり基準が高額です。46万円を超えるのは会社役員とかそういっ

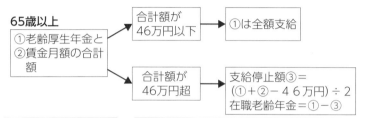

図表Ⅱ-17　在職老齢年金で受け取る総額が減るわけではない

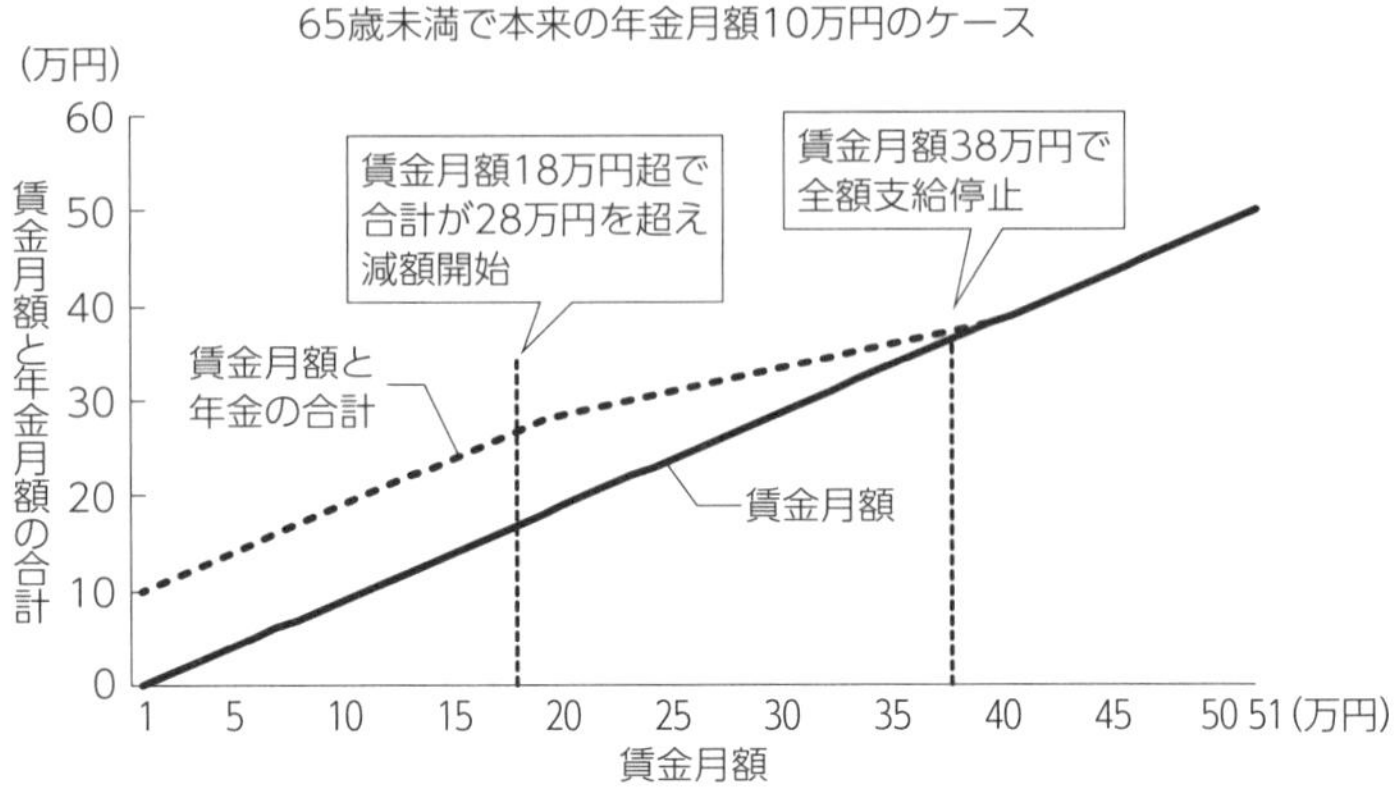

た人たちでしょう。実際65歳以上の厚生年金受給者の1%程度なので、通常は気にしなくてよいと思います。本書で70歳まで働いた場合の試算で在職老齢年金のことを書かなかったのも、そういうことです。

ちなみに在職老齢年金は労働者の就労意欲を落とすとされ、基準の緩和などが検討されています。

年金減額されても働くほうがお得

確かに在職老齢年金のことを考えると、勤労意欲が減退するのは事実です。しかしどうも、「年金減額」という言葉の印象から、あたかも総額そのものが減ってしまうかのようなネガティブイメージが強すぎるような気がします。ちょっとグラフでみてみましょう(図表Ⅱ-17)。

60〜64歳で年金月額が10万円のケースです。横軸の賃金月額が大きくなっていき18万円を超えると、年金月額10万円との合計が28万円を超え減額が始まります。超過額の半分が減額されるので、点線で示した合計の線の上昇角度は半分になってしまいます。しかし合計額は増え続けてはいるのです。賃金月額が38万円を超えると計算上年金は全額停止ですが、その後は賃金月額の増加のまま合計額も増えます。

もし在職老齢年金の対象になるのを嫌がって一切働かなければ、合計額は年金月額だけで10万円のまま横ばいです。

あるいは在職老齢年金の適用になる寸前の18万円で止めればどうでしょう。確かに年金の支給減額からは免れますが、合計額は28万円のまま。そのまま働き続けて38万円の賃金月額を稼ぐのに比べると、合計額は10万円少なくなってしまいます。

そしてなるべく高い賃金月額で働き続ければ、働くのをやめてから厚生年金が再計算され、年金額がアップします。例えば現役時代平均５００万円で38年間働いた人が60歳以降平均月額33万円で10年間働くと、働かないのに比べ、70歳以降の厚生年金は年に27万円増えます。

減額されるのは確かに嫌ですが、在職老齢年金を受けて働いている間も、退職後の年金額も、多く働けば働くほどたくさん入ることを知っておきましょう。

しかも、厚生年金とセットである会社員向けの健康保険の加入になるので、病気やケガで仕事を休んでも最大１年半給与の３分の２がもらえる傷病手当金の対象になったり、配偶者も収入が少なければ社会保険上の扶養にして健康保険料がいらなくなったりするなど、利点は多くあります。

もちろん、必ずしも会社員にこだわる必要はありません。それまでの経験を生かしてフリーランスや自営業などで十分なお金を稼げると思う場合は、厚生年金加入ではないので年金減額はありません。

ただし、これから60歳になる人で厚生年金（特別支給の報酬比例部分です）をもらえるのは63歳からなので、在職老齢年金の対象になるとしても2年間です。１９６１年4月生まれ以降では60代前半の厚生年金受給者はいなくなりますし、前述のように65歳以降では厚生年金受給者のわずか１％しか在職老齢年金は適用されていません。在職老齢年金のことを知っておくのは大事ですが、年金減額を受けないように厚生年金に加入せずバイトにしようと考えたり、加入しても年金減額を受けない程度の収入に抑えたりするのは、長期的に考えて有利ではないと思います。

3　パート主婦は「壁」を越えよう

厚生年金は「避ける」から「選ぶ」へ

厚生年金に関する２０１６年秋の制度改正を受け、厚生年金に加入することを選んだパート主婦など短時間労働者の割合が予想以上に多かったという話は冒頭で書きました。

例えばエイチ・ツー・オーリテイリング傘下の総合スーパー、イズミヤは、制度改正を機に、パート本人の希望を最優先する体制にしました。「説明会を開き将来の年金増などのメリットを解説した」（労働組合の岸本大介中央執行委員長）といいます。結果、対象者のうち短時間勤務にして加入を避けた人は3分の1にとどまり、3分の2が厚生年金に加入したのです。

イオンリテールでは、厚生年金の制度改正が実施された2016年の秋、新たに2万人が加入を選択しました。逆に、厚生年金加入を避けるために時間を短縮した人は1000人強にとどまりました。「店舗ごとに厚生年金加入のメリットやデメリットを丁寧に説明した結果、当初予想より加入が増えた」（広報部）といいます。

パート主婦の場合、これまで目先の保険料負担ばかりが注目されやすく、厚生年金に加入することは避けるべきことだというイメージが強くありました。多くのメディアも、2016年秋に対象となった月収8・8万円（年換算で約106万円）のことを「106万円の壁」などと表現し、ネガティブなイメージで書いてきました。

しかし当然ながら、年金というのは保険料を払うという負担面だけでなく、その反対に将来の給付も存在するわけです。しかも厚生年金保険料の半分は事業主が払ってくれているので、自分の出した金額だけで考えると基本的にはお得な仕組みです。それなら無理に回避せず、むしろきちんと加入しようという意識変化が、少しですが生まれてきているのかもしれません。

それと同時に、長期的な人手不足のなかで、会社側も保険料負担よりも働く人の意向を優先しようという判断が増えています。

図表Ⅱ-18 「106万円の壁」のイメージ

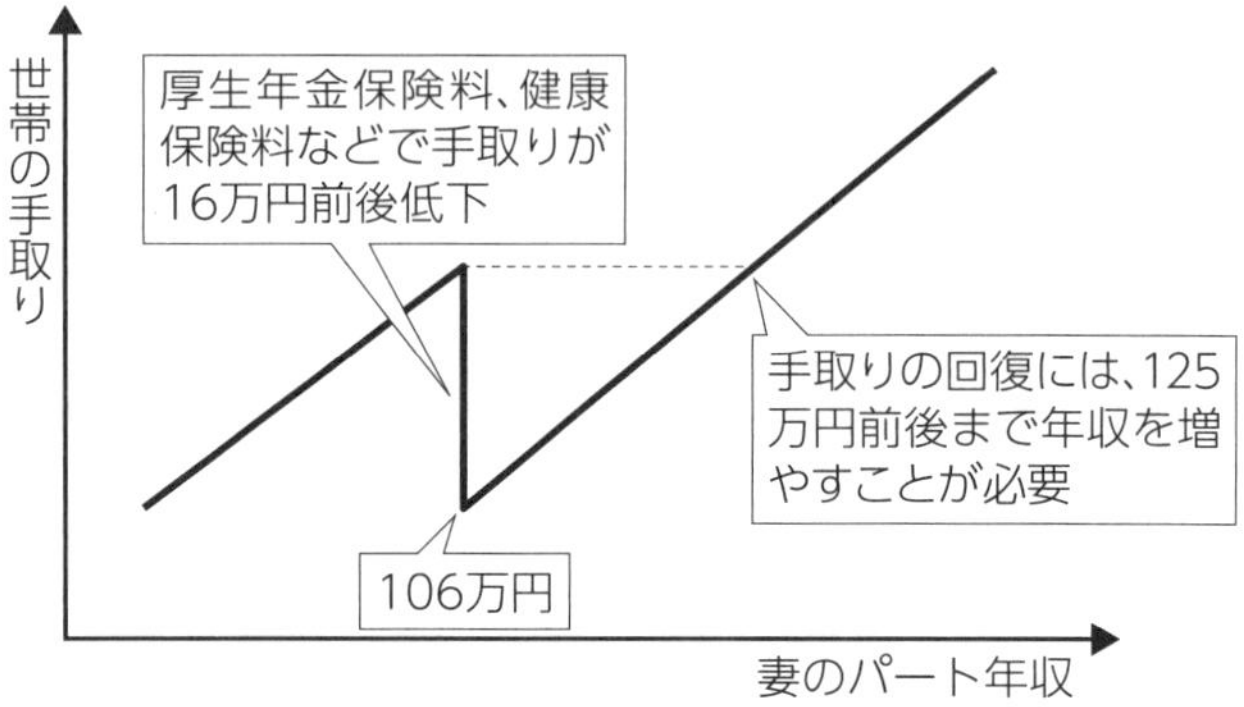

厚生年金加入で15万~16万円の手取り減が発生

そうはいっても目先の手取り減は心配です。そこでパート主婦の年収と世帯の手取りの関係をイメージ図でみてみましょう。年収が105万円から106万円に上がると、収入は1万円増えるにもかかわらず、厚生年金保険料や健康保険料などを引いた手取りは約15万円下がります。つまり短期的には「働き損」なわけです。

手取りが元に戻るには125万円前後まで年収を増やすことが必要になります。だからこそ、多くの人が勤務時間を短縮するなどの就業調整で、106万円未満に抑えるだろうとみられていたわけです。

しかし実際には22ページでもみた通り、労働政策研究・研修機構の調査では働き方を変えた人の58%が、手取りが減らないように時間を延ばしたうえで、厚生年金に加入していました。多くの人が「壁越え」を選んだわけです。ただし、時間短縮などで厚生年金加入

図表Ⅱ-19　パートの妻が「106万円の壁」を越えて厚生年金に加入し10年間働くと……

働く年収	①年収105万円と比べた世帯の手取り増減額（10年間の合計）	②将来受け取る厚生年金の増加（年額）	65歳以降各年齢まで生きた場合の損得（②×65歳以降の年数＋①）				
			70歳	83歳	87歳	93歳	100歳
110	▲111	6.0	▲74	4	32	64	106
125	△0	6.9	42	133	161	203	252
150	△190	8.2	239	346	375	428	482

注：年金の受給開始は65歳、単位：万円、▲はマイナス

を回避した人たちも33％いました。

もちろん、お子さんが小さいなどで時間延長が難しい人も多くいるだろうと思いますが、厚生年金保険料などを支払うのが損だと思って就業調整した人もいるのではないでしょうか。

では、目先支払う保険料と、加入によって将来もらえる厚生年金と、どちらが多いのか比較してみましょう。

まず厚生年金に加入しない直前の年収105万円と、「壁越え」をして年収110万円になった場合を比べてみます。収入は5万円増えているのですが、各種保険料負担が16万円程度発生し、手取りは年に約11万円減ります。このまま10年間働いた場合、負担の総額は111万円となります。

一方で、年収110万円で10年働けば、65歳以降厚生年金が年に約6万円もらえるようになります。

110万円の負担を何年で取り返せるかと考えれば18

年。つまり83歳以上まで長生きすれば、将来の厚生年金増が上回ることになります。

仮に70歳で亡くなってしまえば、年金の受取期間が短いので差し引き74万円の損です。しかし2050年には女性の半分が93歳まで生きるようになります。厚生年金加入時の保険料負担は、多くの女性が将来取り戻せると考えていいでしょう。

しかも、どうせ壁越えをするのならぎりぎり越えるのではなく、大きく越えたほうがお得です。実際、2016年秋の制度変更後、多くのパートさんが手取りを減らさないよう時間を延ばしたうえで、厚生年金に加入しました。

壁越えをしても手取りが減らない年収125万円で10年働いた場合、将来厚生年金は年6・9万円増えます。87歳まで生きれば、差し引き160万円のお得です。

いっそのこと年収150万円で10年働けば、手取り自体も年収105万円に比べて年に19万円増えているので、10年分の手取り増と厚生年金との合計で、87歳までで375万円も得をします。

さきほどの高齢会社員の例と同じで、傷病手当など会社員の健康保険ならではのメリットもさらについてきます。

厚生年金保険料は事業主が折半で払うことになるので、従来は多くの企業が従業員の厚生年金加入に必ずしも前向きではありませんでした。しかし人手不足という状況が、厚生年金加入希望者の追い風になっているといえます。

図表Ⅱ-20　「130万円の壁」のイメージ

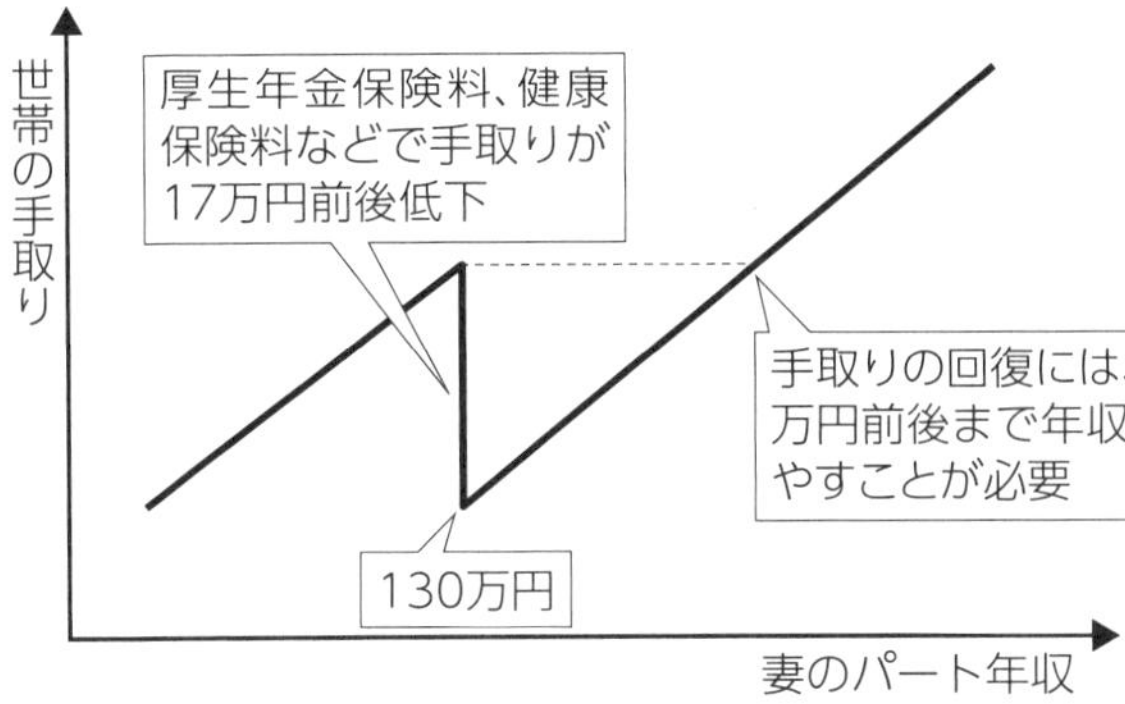

「130万円の壁」も越えるのがお得

週20時間超や年収106万円超で厚生年金に加入となるのは従業員501人以上の会社でした。500人以下の会社では原則的に、従来通り週30時間を超える人が厚生年金の加入対象になります（労使合意がある場合だけ500人以下の企業でも同条件で厚生年金加入可）。

130万円以上なら社会保険上の扶養をはずれ、保険料などで年間の負担が約17万円増えます。元の手取りまで回復するには、155万円前後まで年収を増やすことが必要になります。このため、130万円未満で働くのをやめる人も多くいて「130万円の壁」とも呼ばれます。

106万円の壁と同様に、目先の保険料負担と将来受け取る厚生年金との関係を比べてみましょう。

ただし「130万円の壁」で要注意なのは、500人以下の会社の場合、厚生年金への加入は年収が条件ではなく、あくまでこの週30時間以上が加入条件だということです。

一方で、夫に扶養されている妻（第３号被保険者）の場合、別途年収が１３０万円を超えると夫の社会保険の扶養からはずれて自分で各種保険料を払うことになります（税金上の配偶者控除がなくなる１０３万円と混同しないようにしてください）。

つまり年収が１３０万円を超えても、勤務時間が週30時間を超えていなければ、厚生年金には加入できません。すると、自分で国民年金保険料と国民健康保険料などを払うことになります。この合計は年に30万円弱になります。新たにこの負担が発生する一方で、厚生年金ではないので将来厚生年金が増えるわけではありません（将来受け取る国民年金は定額なので、専業主婦のままでも会社勤めをしてもどちらも同じです）。

将来の年金増がなく目先の保険料負担増だけなので、かなり不利な選択となります。最初から30時間以上であれば問題はないですが、年収が１３０万以上でも時給が高い場合などは週30時間を満たしていないケースもあり得ます。そういう場合は、単に社会保険上の扶養がはずれるだけという不利な事態にならないように、どうせなら勤務時間を延ばして週30時間以上にして、厚生年金への加入を考えるべきでしょう。

あるいは、保険料負担のない第3号被保険者でいたほうがいいという選択もあり得ます。

先ほどの労働政策研究・研修機構の調査では、時間を延ばして雇用保険に入ったのは全体では55％でしたが、第3号被保険者に限れば52％とやや少なくなっています。

図表Ⅱ-21　パートの妻が「130万円の壁」を越えて厚生年金に加入し10年間働くと……

働く年収	①年収129万円と比べた世帯の手取り減額（10年間の合計）	②将来受け取る厚生年金の増加（年額）	65歳以降各年齢まで生きた場合の損得（②×65歳以降の年数＋①）			
			67歳（150万円で10年働くと得になる年齢）	87歳（130万円で10年働くと得になる年齢）	93歳	100歳
130	▲161	7.2	▲139.4	5	48	98.2
150	▲17	8.3	7.9	174	224	281.8

注：年金の受給開始は65歳、単位：万円、▲はマイナス

逆に、第1号被保険者はそれまでも国民年金保険料や国民健康保険料を払っています。厚生年金に加入したほうが、保険料が事業主との折半になって安くすむことも多いでしょう。働き方を変えた人のうち67％が時間を延ばして厚生年金に加入していきます。

ただし第1号でも短時間化で就業調整した人も16％います。何か家庭の事情で勤務時間の延長が難しいというケースでないなら、できれば第1号については厚生年金加入を目指したほうがいいと思います。

やはり厚年加入がお得

さて次は、従業員500人以下の会社にパートで働いていて130万円の壁を越えた場合の損得を計算してみましょう。

年収129万円から130万円に上がると、収入

は1万円増えているのに保険料負担が17万円発生するので、手取りは年16・1万円減ります。10年働けば計161万円の保険料負担です。

ただしこの場合、将来厚生年金が年に7・2万円増えます。87歳で将来の厚生年金が保険料負担の合計額を逆転し、2050年に女性の半分が生き残る93歳まで生きれば48万円のプラスです。

しかしどうせ壁越えをするなら大きく越えるべきで、年収150万円で働けば手取り減は年1・7万円ですみ、10年合計でも17万円です。年金をもらい始めて3年目の67歳ですでに厚生年金の受け取りが保険料負担を上回り、93歳まで生きれば差し引きで224万円ものプラスです。

将来の厚生年金を考えれば壁越えのほうがお得で、どうせ越えるなら大きく越えたほうがいいというのは、106万円の壁と同じです。

さらなる対象拡大へ

厚生労働省は、厚生年金に加入するパート労働者の適用対象のさらなる拡大に動きます。加入要件の月額賃金の下限を6・8万円まで下げることを検討するほか、勤める企業の従業員数の要件は撤廃も視野に入れます。実現すれば200万人規模で新規加入が増えるとみています。2019年中に制度の詳細を詰め、2020年に関連法案の国会提出を目指します。法案が成立すれば、最短で1年後とされる施行時に適用対象が一気に広がります。

厚生年金保険料は労使で折半負担する仕組みなので、過去の適用拡大の議論ではパートを多く雇う流通業などが強く反対しました。今回は、人手不足のなか、過去ほどの反対はないと思われますが、調整が難航すれば、適用拡大の対象が最終的に200万人分から縮小される可能性もあります。

さらなる適用拡大が実現した場合、今回と同じように厚生年金への加入を迷う人も出てきそうです。その際は、基本的に厚生年金への加入を選択するほうが、長寿化のなかではおすすめだと思います。

4 別れる前に知りたい離婚年金分割

制度は2種類、年3万組活用

離婚をするときに、将来の年金を分けられる年金分割という仕組みがあります。2016年度には前年度より約2000組多い約3万組が、この仕組みを活用しました。

ただ、まだ制度をよく知らない人や誤解をしている人が少なくないのも事実です。賢く活用するために、具体的な手続きや注意点を知っておきましょう。

図表Ⅱ-22　離婚時の年金分割って？

合意分割

- 共働きでも専業主婦（第3号被保険者）でも可。
  結婚期間全部を対象に、2人の厚生年金保険料を分割
  （増える側は合計の50％が上限）

3号分割

- 専業主婦（3号被保険者）が2008年4月以降の結婚期間を対象に配偶者の厚生年金保険料を一律50％で分割

共通の注意点

- 分割対象は結婚期間の厚生年金保険料のみ
  （基礎年金は対象外）
- 離婚後2年以内でないと分割請求不可
- 実際にもらえるのは自分の年金の受給年齢になってから

情報請求で額把握

「自分の厚生年金が月4万円強も減るのか」。2018年3月に年金事務所から年金分割の情報提供を受けた大手鉄鋼会社勤務、A男さん（51）の表情が曇りました。A男さんは結婚19年。離婚を検討中といいます。

年金分割は「合意分割」と「3号分割」の2種類があります。共働きでも、会社員や公務員の妻の専業主婦（第3号被保険者）でも、結婚期間すべてを対象に、50％を上限に分割割合を決められるのが合意分割です。

一方、第3号被保険者が2008年4月以降の結婚期間は一律50％の分割が認められるのが3号分割です。3号も2008年4月以前の結婚期間については、合意分割で分割割合を決めることになります。

情報提供は妻に知られず受けられると聞いた

図表Ⅱ-23　厚生年金の合意分割のイメージ

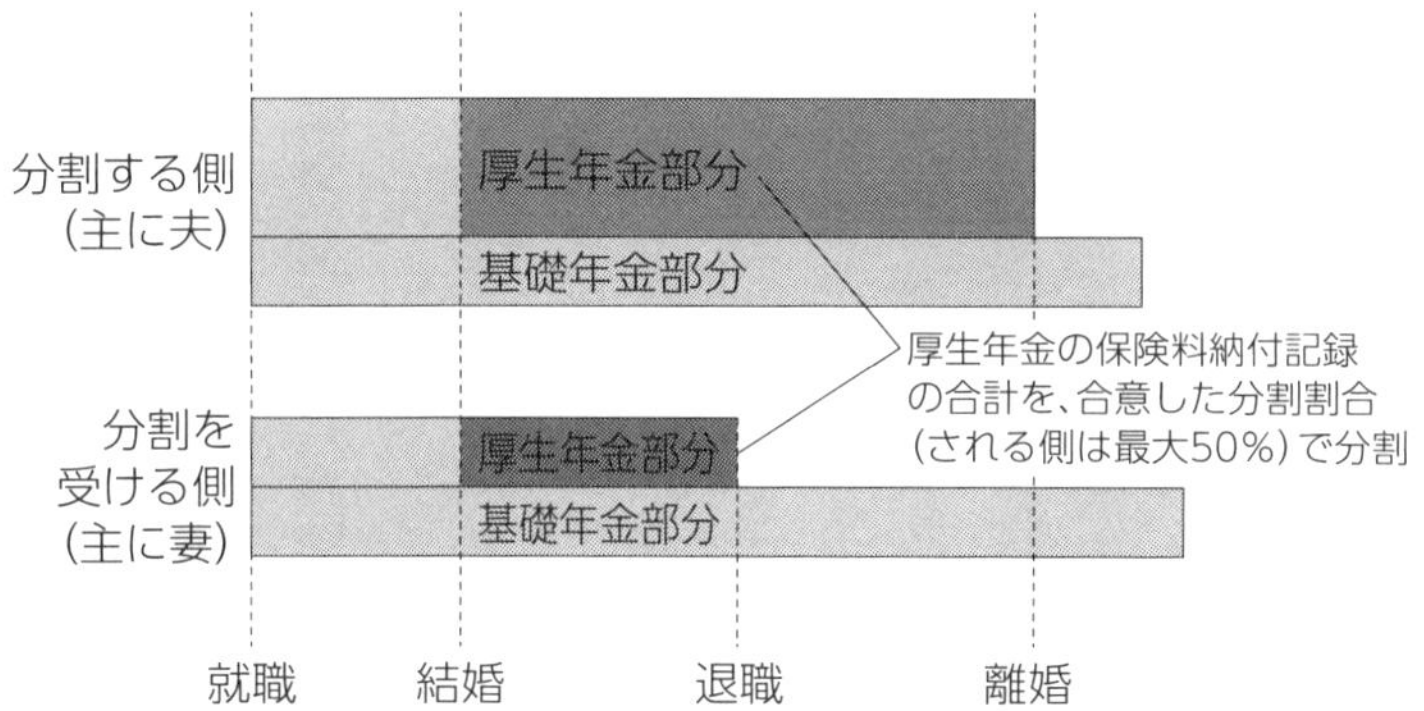

A男さんは、①婚姻期間を明らかにする戸籍謄本、②基礎年金番号——などをそろえて請求しました。試算の際には分割割合をどれくらいで想定するか聞かれるので、「50%」としたそうです。3週間で回答が来た結果が、毎月の年金4万円減というものでした。

A男さんのように、配偶者には知られずに情報提供を受けられるというのは便利ですが、すべてがわかるわけではありません。A男さんが情報提供を求めた理由のひとつは、自分の減額がどれくらいかを知るだけでなく、離婚後の妻の将来の年金額がどれくらいになるかも知りたかったためだそうです。

「その金額を知ることで、他の財産分与をどうするかの判断材料にしたかった。しかし分割後の妻の年金額は教えてもらえなかった」(A男さん)。配偶者の年金額の情報はあくまで配偶者のプライベートなものなので、配偶者本人が情報提供を求めないと教えてもらえないのです。

A男さんが4万円減るのだから配偶者は4万円増え

図表Ⅱ-24　離婚件数に占める年金分割の比率は上昇

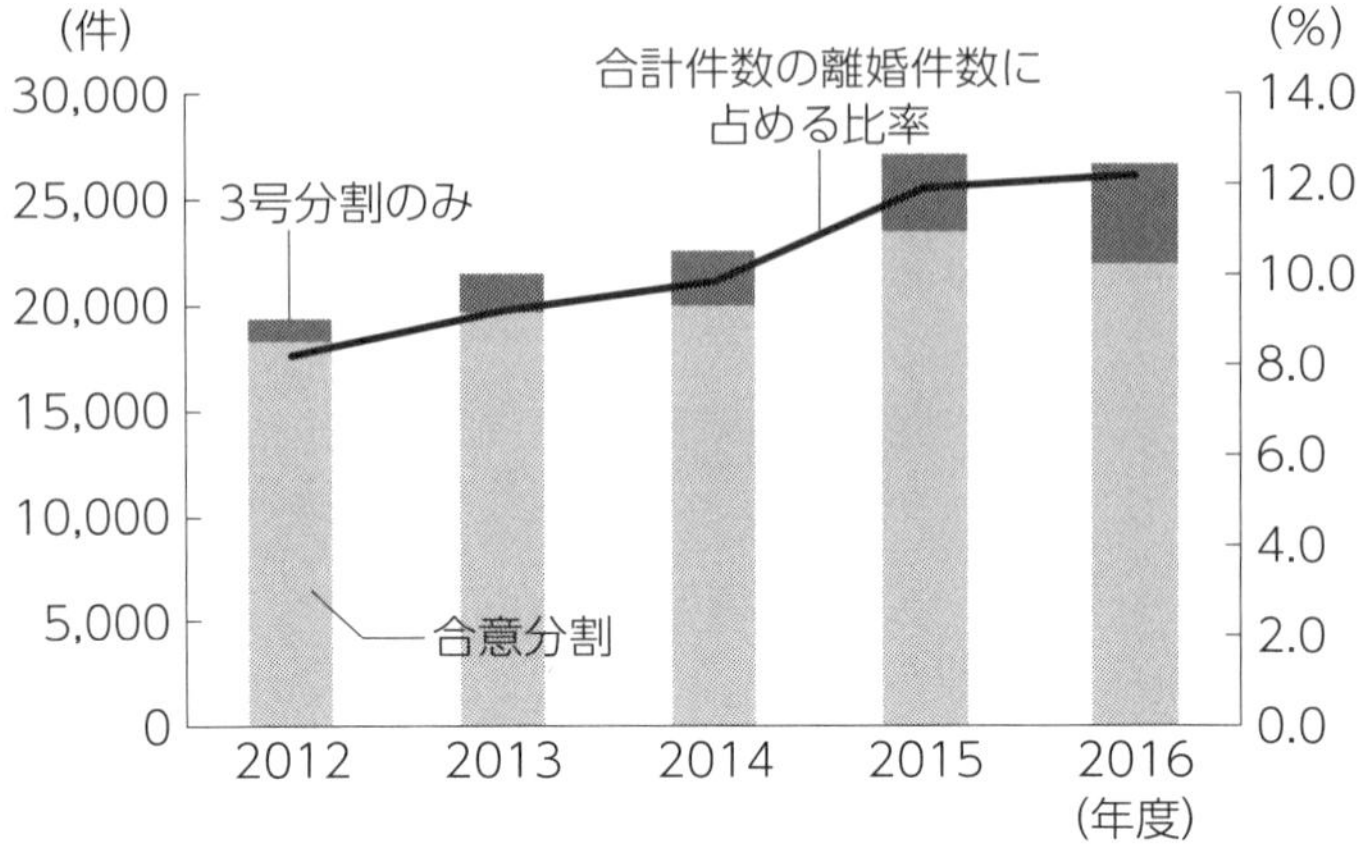

出所：厚生労働省、厚生年金対象者

る、という単純なものではありません。年金分割が将来の年金の給付額を単純に分けるのならこうした計算でいいはずですが、実は年金分割というのは、結婚期間中にそれぞれが収めてきた厚生年金保険料を、夫婦一体で納めたとみなして、分割の際に決めた割合でそれぞれに再配分する仕組みなのです。

厚生年金は「働いた期間の平均的な収入×厚生年金加入期間」で水準が変わります。再配分された保険料に基づいて、各自の年金が再計算されます。とはいえ「自分の年金の減額と妻の年金の増額はかなり似た金額になることが多いと年金事務所の担当者に聞きました。だいたいの目安がわかったことで、他の財産分与などを考える参考にはなりました」(A男さん)。

図表Ⅱ-25　年金分割の「6大勘違い」

×夫の年金の全部が折半される
▶○結婚期間中の厚生年金部分だけ

×妻は例外なく年金が増額になる
▶○妻の収入が高くて厚生年金保険料の納付が夫より多ければ、逆に妻は減額になる

×専業主婦は合意不要で無条件に半分もらえる
▶○無条件で半分もらえるのは2008年4月以降の分だけ。それ以外の時期は合意内容次第

×夫が亡くなったり自分が再婚したりすれば年金分割は終了する
▶○あくまで自分の年金なので、自分が生きている間、再婚しても終身でもらえる

×離婚が成立すればすぐにもらえる
▶○自分の本来の受給開始時期にならないともらえない

×分割割合で合意すれば自動的にもらえる
▶○分割割合を明記した書類を離婚後２年以内に年金事務所に出さないともらえない

合意分割ではほとんどが50％に

情報提供を受けた後は、分割割合について合意を探ることになります。合意すれば請求手続きに入りますが、合意不能なら家庭裁判所の審判や調停などを申し立てることになります。ただし、さきほど書いたように、審判になると大半が50％になります。夫婦が共同で保険料を納めてきた、という考え方が前提にあるからです。

要注意なのは、年金分割の対象は厚生年金部分だけで、基礎年金や企業年金は分割制度の対象外ということです。しかも、

図表Ⅱ-26　合意分割の流れ

情報通知書の請求手続き

- 請求は離婚の前でも後でも、2人でも1人でも可。
  1人でも相手には知られない。
  基礎年金番号や、結婚期間を明らかにできる戸籍謄本などを用意

通知書受取

- 2人での請求なら双方に交付、1人で請求した場合、
  離婚後なら双方に、離婚前なら請求した人だけに交付。
- 50歳以上は分割後の年金見込額も通知

分割割合を決定

話し合いで分割割合を合意

合意できず

家庭裁判所で審判など

- 審判になれば通常は50%分割に

分割請求手続き

- 離婚後、分割割合が明らかにできる書類を添えて年金事務所に
- 話し合いでの合意は2人そろって年金事務所で請求。
  審判なら1人でも請求可

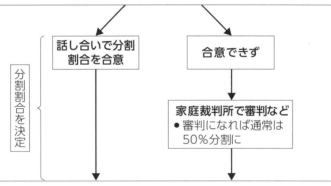

結婚期間だけが分割の対象です。基礎年金や結婚期間以外も含めた夫の年金全体が折半されると思っている女性が多いのですが、これは間違いです。基礎年金が対象外というのは、基礎年金は個人単位で与えられたまさに最低保証にあたる金額なので、これは分割できないという趣旨です。

厚生労働省の2016年度の統計では、増額される側の平均は月約3万2000円です。それほど大きな金額でありません。ただ、配偶者の年収が高い場合などは5万円程度増える人も結構いるようです。

夫が亡くなれば中断されると思っている人も多いのですが、年金分割された金額は、あくまで自分の年金ですから、自分が生きている限りずっともらえます。仮に月3万円強でも終身でもらえるのですから、人生100年時代の大きな支えです。

また、分割された年金は自分が再婚してももらえます。再婚すると中断されると思っている人も多いのですが、これも間違いです（再婚するともらえなくなるのは遺族年金です）。

請求は2年内に

年金分割が成立すればすぐ現金をもらえるわけではなく、年金分割を受けられるのは自分の年金の受給が始まる時期です。早めにお金が欲しい場合、年金分割の割合を減らして合意し、別途他の財産の分与を多くもらう選択もあります。

情報請求や夫婦の合意、審判などで結論が出れば、それで自動的に分割を受けられるわけではありません。離婚後2年以内に、年金事務所での請求手続きが必須です。審判や調停で分割割合が決まったのなら、それを示す審判書や調停調書の謄本などを提出します。この場合は、どちらか1人だけで年金事務所に行けばそれで大丈夫です。

話し合いによる合意の場合は2人で年金事務所に行き、「合意書」を提出することが原則として必要です。でも「もう顔を合わせたくない」として弁護士に委任したり、親に委任したりする人も多いようです。

もうひとつの仕組みである3号分割も、自動的に決まるのは分割割合だけです。やはり2年以内に年金事務所に請求しないと分割を受けられないので気をつけましょう。

年金分割は離婚にまつわるお金の問題の一部にすぎません。分割の対象外の企業年金なども、通常は結婚期間に応じて半分を請求できます。年金分割に気を取られ、その他の財産分与を忘れる人も結構いますので注意しましょう。一般の財産分与も、離婚後2年が請求期限となります。

50歳未満の妻が年金分割後の金額を試算する方法は

ちょっと難しいのは年齢の若いケースです。というのは、年金分割の情報提供でA男さんのように分割額を教えてもらえるのは、50歳以上で自分の年金加入期間が10年以上（つまり受給資格を満たしている）のケースだけなのです。

50歳未満で教えてもらえるのは、分割後自分がどれくらいの保険料を納めたことになるかという納付の記録だけで、その結果、年金給付が月々いくらになるかまでは教えてもらえません。実際の年金給付の時期までまだ期間が長く、その後の働き方などで変動が大きいためです。

そうはいっても、現時点での大まかな目安くらい教えてくれてもいいだろうと思うのですが、どの年金事務所でも拒否されるようです。それが決まったルールになっているのでしょう。

こういう場合は、やはり夫の協力をあおぐことが必要になります。夫の誕生月に年金機構から送られてくる「ねんきん定期便」をみるのです。夫が50歳未満の場合は、定期便に「これまでの加入実績に応じた老齢厚生年金の金額」という項目があります。それに夫の就業年数のうち、結婚してからの期間の割合をかけます。

例えば、夫が20年勤務していて、その時点での厚生年金見込み額が年80万円、このうち結婚してから10年たっているのなら、半分の年40万円が年金分割の対象です。

自分にも厚生年金加入期間がある場合は、自分の「ねんきん定期便」の「これまでの加入実績に応じた老齢厚生年金の金額」をもとに同様の計算をします。例えば見込み額が60万円で、うち結婚していた期間が半分なら30万円です。

さきほど書いたように、正確には金額そのものの分割ではないので、実際にもらえる金額は少し異なりますが、だいたいの目安はこれでわかります。

今のケースでいえば、年金分割の対象は40万円＋30万円の70万円です。あとは合意によって割合を決めますが、合意分割の場合、審判になれば原則半分が認められるので、35万円が年金分割後のあなたの厚生年金ということです。あなたの年金の総額は、この35万円に、年金分割対象外のあなたの年金30万円を合わせた65万円となります。分割により5万円増えることになりますね。もちろん離婚後にあなたが厚生年金加入で働けば、その期間や収入しだいで年金はさらに積み重なっていきます。

【コラム】離婚のその他のトラブル解決は？

離婚が成立した後に、様々なトラブルに追いかけられることもあります。養育費の不払いや時間がたってからの慰謝料請求、住宅ローンに関わる問題などです。直接年金には関わりありませんが、長い一生のうえで重要な問題でもあります。事前にできる予防策や解決法を、妻と夫双方の側から考えてみましょう。

厚生労働省の全国ひとり親世帯等調査（２０１６年度）によると、養育費の取り決めをしている母子家庭は45％。さらに「現在も受けている」という回答はその約半分の24％にすぎません。図表Ⅱ－28でわかるように、「受けている」という回答は離婚後、母子家庭になってからの時間がたつにつれて減ります。

不払いについては口約束や念書などの取り決めだけでは、強制執行できないため、対応が難しいことも多いのが現状。確実にもらうには、後述する公正証書にするか、家庭裁判所（家

図表Ⅱ－27　養育費を現在も受けている比率

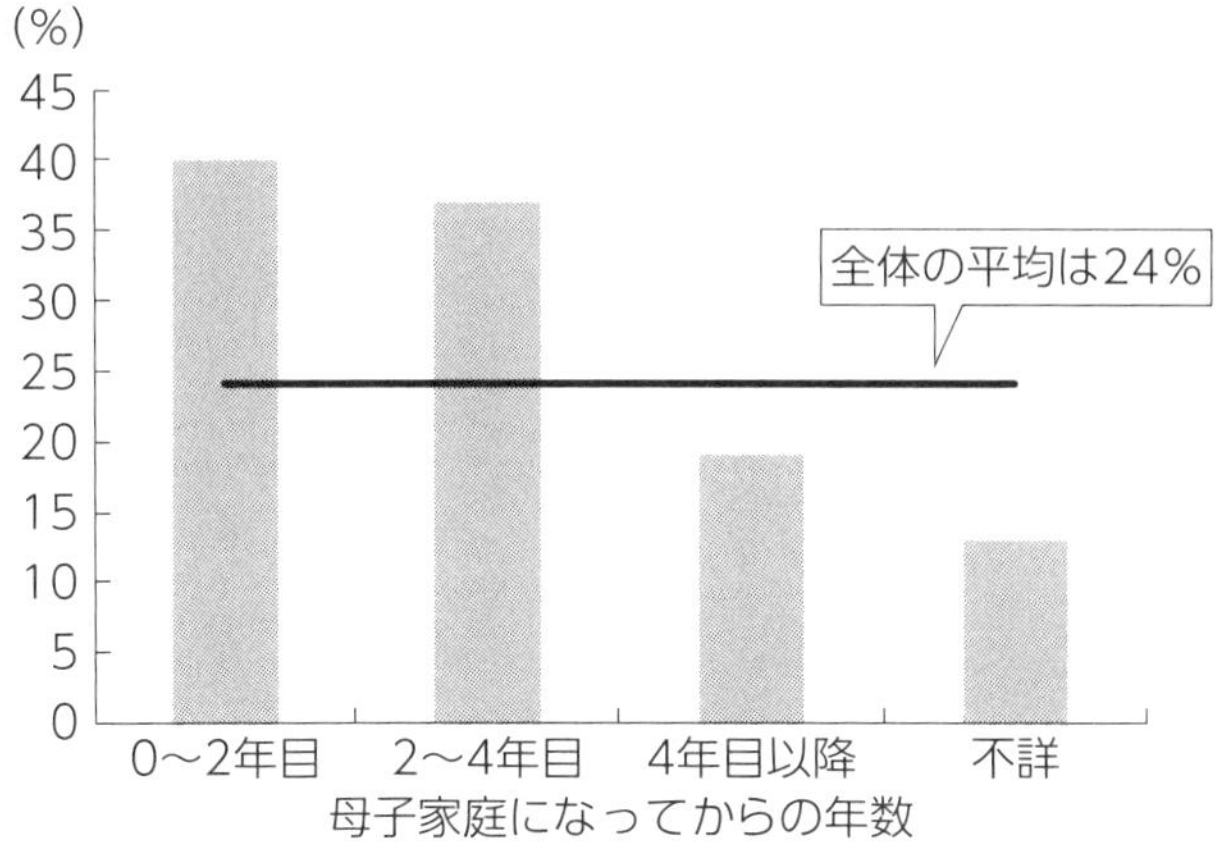

出所：厚生労働省全国ひとり親世帯等調査（2016年度）

裁）で離婚調停の際にきちんと決めておくことが大切です。

公正証書とは、公証人（裁判官や検事などの経験者）が作る公文書です。「強制執行ができる」という趣旨の強制執行認諾条項（図表Ⅱ－29）を入れておけば、調停や裁判をしなくてもいきなり強制執行ができます。例えば夫がサラリーマンなら、給与の原則2分の1を上限に差し押さえることができ、過去の未払い分だけでなく将来分も継続的に会社から支払ってもらえます。

証書を作るための費用は金額によって異なりますが、例えば10年分の養育費が計1200万円なら2万数千円程度と、効力の大きさを考えればそれほど高額ではありません。公正証書は近くの公証役

図表Ⅱ-28　養育費の取り決めをしなかった理由

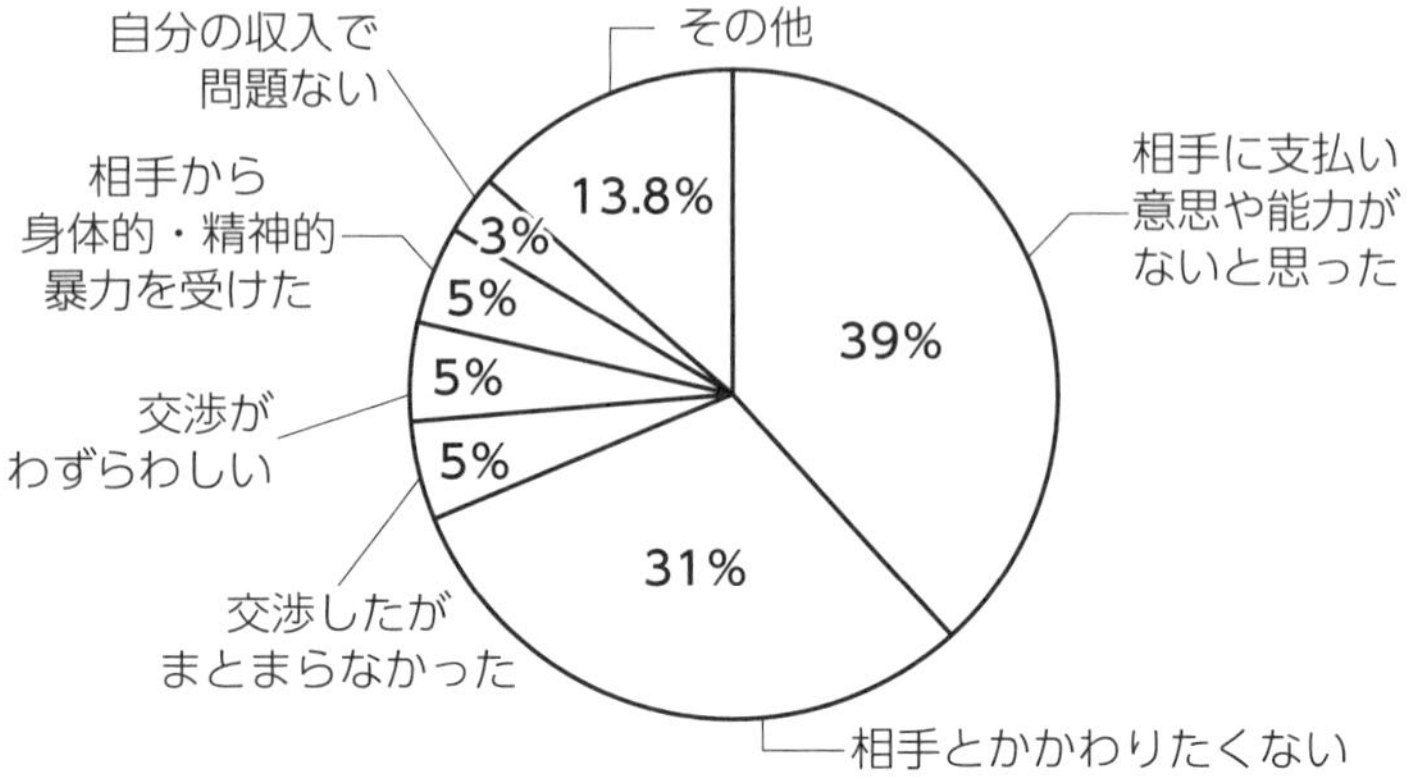

出所：厚生労働省全国ひとり親世帯等調査（2016年度）

場（場所は日本公証人連合会のサイトなどで確認を）で作成できます。

養育費の請求は、子どもが未成年である間はいつでもできます。離婚時に決めていなくても、その後の公正証書作成や家裁での調停・審判などの申し立ても可能です。調停などで決めたのに相手が支払わないという場合には裁判所が履行を勧告してくれ、従わなければ、やはり強制執行できます。不払いがあったときは、養育費相談支援センターや日本司法支援センター（法テラス）などに相談してみましょう。

離婚後、お互いの状況が変わればどうでしょう。例えば元妻が再婚して子どもが相手の養子になったり、元夫が失業したりすれば、元夫側は減額を望むかもしれません。あるいは、子どもが費用の高い私立学校への進学を

図表Ⅱ-29　公正証書の記載例

強制執行認諾

甲は第2および第4条の債務の履行を遅滞したときは、ただちに強制執行に服する旨陳述した

清算条項

甲及び乙は、本件離婚に関し、以上をもってすべて解決したものとし、今後、財産分与、慰謝料等名目のいかんを問わず、互いになんら財産上の請求をしない。

望んだ場合は、逆に増額を求められるかもしれません。

そんな場合は、まず話し合うことが大事です。それでも合意できなければ、新たに家裁で調停を求めれば、公正証書などで決めた内容でも変更が認められる場合があります。逆にいえば、状況に変化がなければ、いったん公正証書などで決めると、その後の増減は認められにくいともいえます。

元夫の側としては、最初から無理のない額に設定しておくことも大事です。離婚後は税金の配偶者控除や会社からの家族手当などがなくなり、夫の手取りは1割以上減ることもあります。以前の収入をもとに養育費を決めたり、離婚したいために無理な養育費を提示したりして、その後の生活に苦しむ男性も少なくないようです。

「やはり、もっと財産分与を」「慰謝料を追加して」――。元の配偶者から、後々になって離婚後に多額の請求がきて生活が破たんしそうになるケースもあります。

しかし養育費と違って、財産分与の請求は離婚から2

年、慰謝料は3年という時効があります。請求された側は、この期間を過ぎていれば「支払い義務はない」と反論できます。逆に何か請求したいことがあるなら、この期間内に請求しないと間に合わなくなることを覚えておきましょう。

お互いに離婚後の新たな金銭の請求を防ぐには、公正証書に、その後は一切金銭の請求をしないという趣旨の「清算条項」（図表Ⅱ－29参照）を入れておくことも有効です。この条項があると、時効に満たない期間中でもお互いに新たな金銭請求はできません。ただし状況に変化があった場合の養育費の増減については、通常は清算条項の対象外になります。

5　遺族年金は家族の形で大差

4700万円超VSゼロ円

公的年金は年をとったときの老齢年金をもらえるだけでなく、人生の様々なリスクを保障する総合パッケージだと何度か書きました。その大きなものが、世帯主が亡くなった後で遺族が受給できる遺族年金です。

人生100年時代だからこそ、遺族年金についてきちんと知っておく必要があります。なぜなら遺族年金がいくらもらえるかは、家族の形態によって千差万別だからです。

図表Ⅱ-30　もらえる遺族年金は？

すべて受給者は年収850万円未満が条件

		亡くなった人			
		会社員など（第2号被保険者）		自営業（第1号被保険者）や専業主婦（第3号被保険者）	
残された人	年金の種類	子あり（注1）	子なし	子あり（注1）	子なし
妻（夫が死亡）	遺族基礎年金	○	×	○	×
	遺族厚生年金	○	○（注3）	×	×
夫（妻が死亡）	遺族基礎年金	○	×	○	×
	遺族厚生年金	△（注2）	△（注4）	×	×

注1：子ありの場合は子が18歳になった年度の末日まで。
注2：夫が55歳未満なら注1の期間だけ子が受給。55歳以上なら注1の期間だけ夫が受給。
注3：夫の死亡時に妻が30歳未満なら5年で打ち切り。
注4：妻の死亡時に夫が55歳以上の場合だけ60歳以降に支給。

例えば、図表Ⅱ－31で示すように、子供のいる会社員の夫がなくなったときに妻の生涯の受給額は4300万円にも達することがあります。逆に、子供のいない自営業者の夫がなくなれば、遺族年金そのものの受給額はゼロ（死亡一時金などを除く）です。

受給が手厚い会社員の妻などは、民間生命保険の金額はそれほど多くは必要ないかもしれません。一方で、自営業者などはそれなりに民間保険で備えておく必要も出てきます。

図表Ⅱ-31　遺族年金はこんなに違う

夫と妻(同年齢)のどちらかが35歳で死亡、子供がいる場合は8歳、夫と妻の死亡時までの平均年収はともに420万円と仮定。年金は一部の制度を省略、年金額は2018年度の金額でいずれも概算

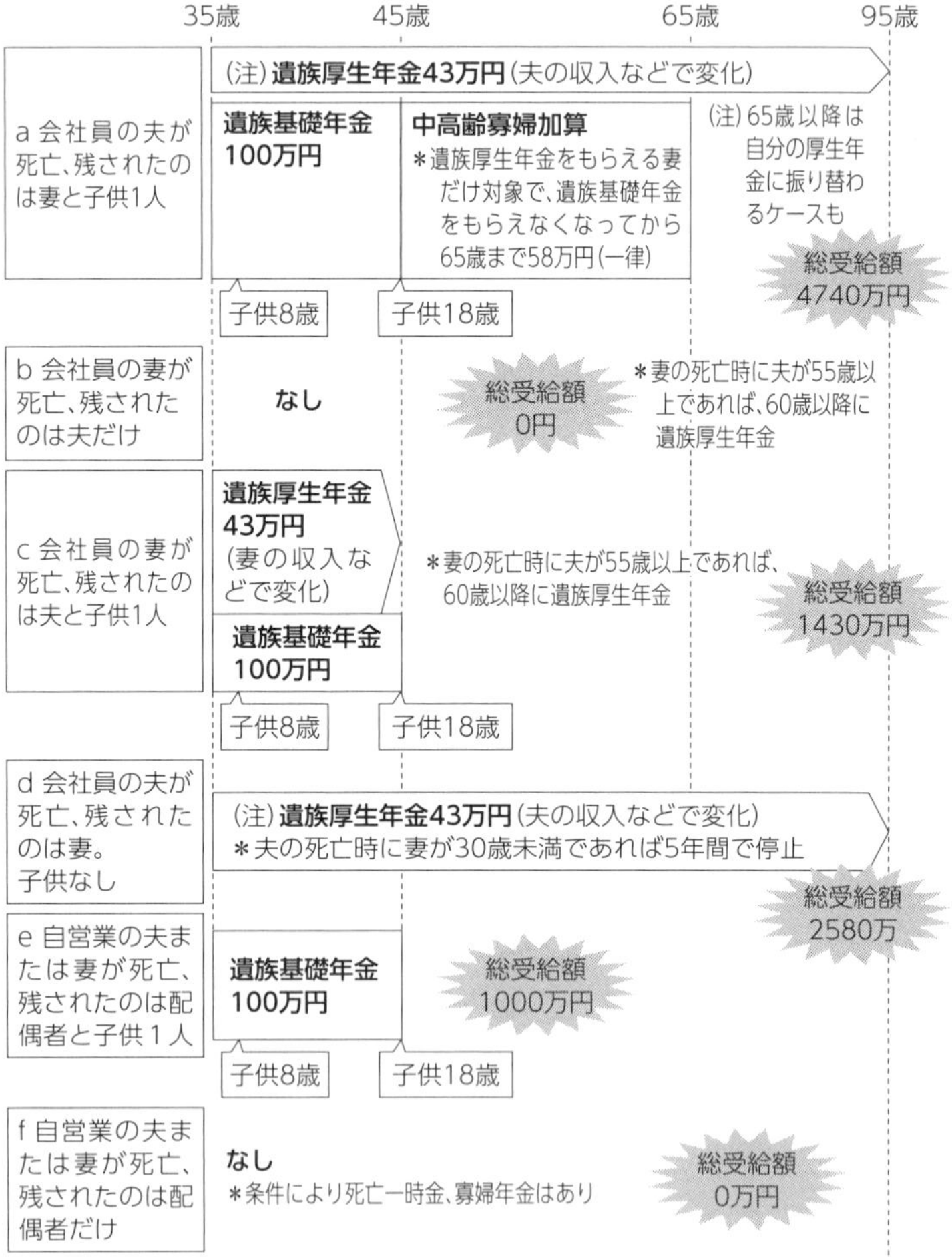

遺族厚生年金は男女差大きく

もうひとつの注意点は、公的年金の遺族厚生年金は、夫が亡くなった場合に比べ、妻が亡くなった場合はかなり手薄いということです。全体の6割超を占めるようになった共働き世帯にとって、生命保険や老後の資金など生活設計に不可欠なのが、妻が亡くなった場合の遺族年金の知識かもしれません。

「自分も生命保険に加入したほうがいいのでしょうか?」

こう話すのは、都内の出版社勤務のA子さん(38)。最近参加したマネーセミナーで、自分が死んだ場合の遺族年金が少ないと知ったからです。

共働きの夫は同業で、子供は6歳の女児1人だそうです。住宅ローンの支払いも、死亡時に残高がゼロになる団体信用保険の契約も夫だけです。「自分が死んでも住宅ローンは残るし、子供の世話や掃除などで家事代行サービスなどの費用もかさむかも」と心配します。

ファイナンシャルプランナー(FP)のなかでは、「共働きが増えているなか、妻の死亡時の遺族年金が少ないことは家計のリスク」と指摘する声が増えています。そもそも遺族年金の仕組みはどうなっているのでしょうか。

遺族基礎年金は子供1人で年約100万円

遺族年金は、遺族基礎年金と、会社員などに上乗せされる遺族厚生年金に分かれます。ともに遺族の年収が850万円未満であれば、亡くなった人に生計を維持されていたとみなされて受給対象となります。

遺族基礎年金は、子供がいる年金加入者の全員が対象です。子供が18歳になった最初の3月末までもらえます。以前は、妻死亡時の夫は受給対象外だったのですが、2014年4月から妻死亡時の夫も対象になりました。金額は一律年77万9300円で、子供1人につき年22万4300円（3人目からは7万4800円）の加算があります。子供1人なら年に約100万円です。

亡くなるのが夫か妻かで大きく違うのが、遺族厚生年金です。子供がいて夫が死亡した場合（図表Ⅱ－31のa）が最も手厚く、妻は再婚しない限り終身でもらえます（65歳以降は妻の厚生年金に振り替わる場合もあります）。

金額は、死亡時までの平均収入と加入期間に応じて変わります。遺族厚生年金の支給額は、亡くなった人の厚生年金の4分の3が原則です。50歳未満は「ねんきん定期便」で現時点の加入実績に応じた厚生年金額がわかるので、その4分の3の金額だとわかります。一方、50歳以上の「ねんきん定期便」では60歳まで加入した場合の見込み額を記載していますので、もし今亡くなれば4分の3をかけた金額よりやや小さいことになります。

支給条件を満たせば、加入25年未満でも25年（300カ月）とみなしてくれます。図のaの場合は、定期便をみると厚生年金が35歳時点で年30万円でした。22歳で大学卒業後就職なら13年加入なので30万円を13で割ると1年分の厚生年金は2万3000円となります。遺族年金の場合、早く亡くなった場合は25年分で計算してくれるので、2万3000円×25年＝57万5000円となります。これの4分の3が遺族厚生年金なので、年約43万円になるわけです。

これに遺族基礎年金100万円と合わせると、年143万円になります。しかも、子供が18歳を超えて遺族基礎年金がなくなった時点で妻が40歳を超えていれば、年に58万円の中高齢寡婦加算（基礎年金の4分の3の金額です）が65歳まで続きます。95歳までの総受給額は4740万円にもなるわけです。

夫が住宅ローンの団体信用生命保険（団信）に入っているケースは多いですから、もし亡くなればローンがなくなります。社会保険労務士の小野猛氏は、「会社員の夫の遺族年金の多さを説明すると、生命保険が過剰だったと気づき、減額して家計の見直しにつながるケースも多い」と指摘します。

子供がいなくても、夫の死亡であれば、再婚しなければ原則ずっともらえます。図表Ⅱ－31のdであれば総額2580万円です。ただ注意点があります。夫の死亡時に妻が30歳未満なら、遺族厚生年金は5年間で終わってしまうのです。2007年3月までは30歳未満の妻でも厚生年金は一生もらえたのが、制度改正になりました。

もし子供がいれば、夫の死亡時に30歳未満でも厚生年金は一生もらえるので、大きな差です（子供が18歳の年度末までは厚生年金に加えて基礎年金ももらえます）。ただ、子供がいても、もしその子が妻の30歳未満のときに亡くなれば、亡くなった時点で「子供がいない30歳未満」にな

図表Ⅱ-32　夫が60歳未満で厚生年金加入中の妻が亡くなれば遺族年金は？

夫55歳以上60歳未満、18歳年度末までの子供あり	夫55歳以上60歳未満、18歳年度末までの子供なし	夫55歳未満、18歳年度末までの子供あり	夫55歳未満、18歳年度末までの子供なし
夫に遺族基礎年金と遺族厚生年金（子供の18歳年度末までで終了）。夫が60歳以上になれば再び遺族厚生年金	夫に遺族厚生年金（60歳以降に支給）	夫に遺族基礎年金、子供に遺族厚生年金（ともに子の18歳年度末までで終了）	なし

ったことになるので、やはりそこから5年で厚生年金は打ち切りです。

超ややこしい妻死亡での遺族厚生年金

さてここからが妻の死亡時の遺族厚生年金の話なのですが、とてもややこしいです。念のため図表Ⅱ-32にまとめてみましたが、こんなもの、実務で年金相談を受けている人以外誰も知らないだろう、と思われます。わからなくても仕方がないので、自分の該当しそうなところだけ読んでいただければと思います。

子供がいなくて共働きの妻が亡くなると、先ほどの子供がいて夫が亡くなるケースとは大違いです。夫が遺族厚生年金をもらえるのは妻の死亡時に55歳以上の場合で、受給は原則60歳からだからです。妻が亡くなったとき夫が35歳である図のbの例では対象外です。つまり、年金の総受給額はゼロ円です。

18歳までの子供がいるcのケースでは、夫に遺族基礎年金が、子供に遺族厚生年金が支払われるというややこしいことになります。夫が35歳なので本来遺族厚生年金はないはずだけれど、子供がいて大変だから遺族厚生年金も支給はする。でも、もらえないはずの夫ではなく子供に払うよ、ということです。子供が18歳の年度末を過ぎれば、遺族基礎年金だけでなく遺族厚生年金もストップされます。子供の大学進学などの資金で家計が圧迫されるかもしれません。

ちなみに18歳までの子供がいて妻死亡時に夫が55歳以上なら、遺族厚生年金と遺族基礎年金がともに夫に払われます。しかし子供が18歳の年度末を過ぎれば両方ストップで、遺族厚生年金だけは夫が60歳になれば再び支給になります。……なんという複雑さでしょう！

ともかく会社員の場合、子供の有無にかかわらず、妻の死亡時の遺族年金は薄いといえます。夫婦が同じような年収で家計を支える状況なら、妻が死亡した場合の影響のほうが大きいということです。妻の収入がなくても家計が維持できるか考え、難しいなら、妻が生命保険で備えるのも選択肢となるでしょう。

自営業者は備えを

自営業者はどうでしょうか。子供がいれば遺族基礎年金は先の例と同じで配偶者のどちらが亡くなっても受け取れます。ただし遺族厚生年金がない分、総額は小さくなります。図のｅのケースでは、総額１０００万円です。

子供がいない自営業者は夫婦のどちらがなくなっても遺族年金はありません（図のｆ）。「自営業者は生命保険が手薄すぎると感じることもある」と、先の小野氏は指摘します。特に住宅ローンの団信に夫しか加入していないケースで、共働きの妻が死亡する場合は注意が必要でしょう。とはいっても、むやみに割高な保険に入ると、これはこれで家計が圧迫されます。加入する場合は、費用をなるべく抑えるため月10万円程度の保険金を確保したいと考えます。ひとつの選択は、収入保障保険です。

収入保障保険は、死亡してから満期まで、年金方式で一定の金額が支払われていく仕組みです。加入当初の保障総額（月額×満期までの期間）は大きくても、時間の経過とともに保障総額が減るので保険料が比較的安くすみます。インターネット生保で35歳の女性が月10万円の年金が出る収入保障保険に60歳満期で加入すると、保険料は月２０００円前後です。

6　障害年金の知識があなたを守る

受給者は15年で3割増

公的年金が様々なリスクに備えるフルパッケージであるという理由のひとつが障害年金です。ケガや病気で障害を負った人がもらえる障害年金の受給者が増えています。２０１６年度は約２００万人に達し、15年間で３割弱の増加です。高年齢化に加え、受給者の半分を占める精神・

図表Ⅱ-33　障害年金の受給者は15年間で3割弱増加

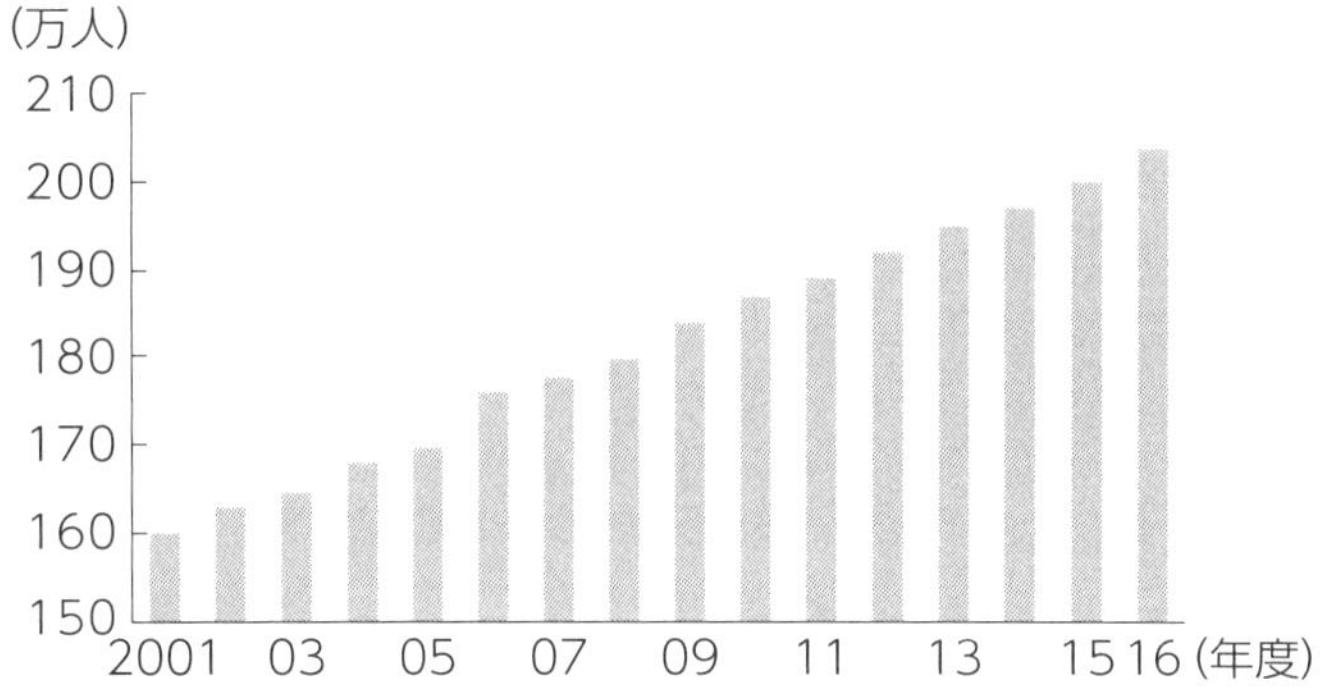

出所：厚生労働省

図表Ⅱ-34　障害年金の対象は外形的なケガに限らない

外形的な障害など	精神障害	内臓などの障害
眼、聴覚、手足の障害など	統合失調症、うつ病、知的障害など	呼吸器や心臓などの疾患、糖尿病、がんなど

注：傷病名に原則制限なく、状態しだいで認定

知的障害者の増加などが背景にあります。

それでも制度の認知度はまだ低く、請求漏れも多いとされています。制度の仕組みと注意点を知っておきましょう。

請求権の時効は5年

50代のB男さんは大企業勤務でしたが、重度のうつ病で8年前に退職したままです。知人から「障害年金の対象かも」と聞いて請求すると認められ、年に180万円ほどの受給が決まりました。

障害年金を遡って受け取れる時効は原則5年。8年前か

図表Ⅱ-35　障害年金の区分と受給額

等級	症状の目安	金額	
		障害厚生年金 (障害基礎年金も同時に受給)	障害基礎年金
1級	・活動範囲が主に寝室 ・日常生活で常に援助が必要	〈平均月額15万3,000円〉 報酬比例の年金額×1.25＋配偶者の加給年金	年97万4,125円＋子の加算
2級	・活動範囲が主に家屋内 ・日常生活に援助が必要なことがある	〈平均月額11万6,000円〉 報酬比例の年金額＋配偶者の加給年金	年77万9,300円＋子の加算
3級	・フルタイム労働に耐えられず軽労働しかできない ・日常生活はできる	〈平均月額5万6,000円〉 報酬比例の年金額	—

注：平均月額は2014年、その他の金額は18年後。配偶者の加給年金、子の加算（第1子と2子）はそれぞれ22万4,300円。

ら受給資格があったと認定されたため5年分の約900万円は受給できましたが、本来もらえるはずだったその前の3年分の500万円強の権利を失ってしまいました。

B男さんの請求を手伝った社会保険労務士の相川裕里子氏は、「障害年金の対象になると知らないために申請しなかったり遅れたりする例が目立ちます」と指摘しています。

障害年金は、目や手足の障害だけが対象だと思う人が多いのですが、実際はうつ病や糖尿病、がんなど、傷病名にかかわらず生活や仕事が制限される状態になれば請求できます。「化学物質過敏症、慢性疲労症候群などによる障害も、病気への理解が進み受給が増えています」（社労士の佐々木久美子氏）。

請求できるのは、障害の原因となった病気やケガの初診日に、国民年金または厚生年金の被保険者か、国民年金の被保険者だった60歳以上65歳未満の人です。

初診日の前々月までの年金加入期間に3分の2以上保険料を納めている（免除を含む）か、前々月までの直近1年間に未納がないことが条件です。20歳前については年金未加入期間が初診日なら保険料の納付要件はありません。

重要なのは、初診日を証明することです。通常、カルテなどを基に所定の書類を出しますが、カルテの保存期間は原則5年なので、長期間たってから障害年金の対象だと知って証明をもらおうとしても、カルテが廃棄され請求を断念する人も多くいるのが現状です。

ただ、診察券やお薬手帳、民間保険会社への請求資料や第三者の証言などで認められることもありますし、「5年以上カルテを保存している病院もあるのであきらめないことが肝心」（社労士の望月厚子氏）です。

退社の前に必ず受診

初診日に厚生年金に加入していれば障害厚生年金、そうでなければ障害基礎年金を受給します。障害厚生年金は基礎年金に上乗せされるので、受給額が増えます。しかし、会社員時代に傷病が始まったのに診察を受けずに退社したせいで、障害基礎年金しかもらえない人も多いようです。

「初診日が厚生年金加入期間になるよう、退社前に診察を受けておくべきでしょう」（相川さん）。

障害の重さは原則、「障害認定日」の状態で判断されます。障害認定日とは、初診日から1年6カ月を経過した日、もしくはそれ以前に症状が固定した日です。重さによって1～3級（3級は障害厚生年金のみ）に分かれ、受給額が異なります。

日本年金機構では、ホームページに、1級の例として「両眼の視力の和が矯正後で0・04以下」「両手に著しい障害」などを挙げています。ただし、精神疾患や内臓疾患など他の傷病でも、生活や仕事が同様に制限されれば同じ等級になります。「1級はベッドの周辺で1日を過ごす」などのイメージでつかむといいでしょう。ちなみに自治体が発行する「身体障害者手帳」とは基準が異なります。

認定は、年金機構による書類審査で医師の診断書を基にします。医師の前で元気そうにしたことが診断書に反映されるケースも多くあります。労働や生活が不自由な実態をきちんと書いてもらうことが大事です。

主治医が障害年金の請求に不慣れで、診断書の状態を軽く書いてしまうこともあります。請求前に診断書に目を通して確認しておきたいところです。患者や家族の「病歴・就労状況等申立書」なども参考にされます。

受給額は、障害基礎年金の2級なら、老齢基礎年金の満額と同額で2018年度は年77万9300円。1級はその1・25倍です。

18歳までの子がいれば加算もあります。障害厚生年金は勤続年数（最低25年で計算）や収入によって変わります。これに一定条件で配偶者の加算がつきます。

意外に「逆転勝利」多い再審査

受給の可否や等級は、判断する年金機構の担当者によって異なることがあります。障害年金に限らず遺族年金や健康保険の傷病手当金など、様々な社会保険の裁定に不満がある場合は「社会保険審査制度」を利用できます（図表Ⅱ－36）。

年金機構の最初の判断に不満なら3カ月以内に請求し、社会保険審査官による審査を受けられます。それでも不満なら、社会保険審査会に2カ月以内に再請求します。審査会では、実に7割程度が障害年金案件です。

容認は毎年1割前後ですが、請求後、当初の判断が違っていたとして年金機構などが判断を変更した結果、請求を取り下げるケースもあります。審査会では、容認と取り下げを合わせて2割以上が認められる年度も珍しくありません。

図表Ⅱ-36　障害年金を含む社会保険の「敗者復活戦」の仕組み

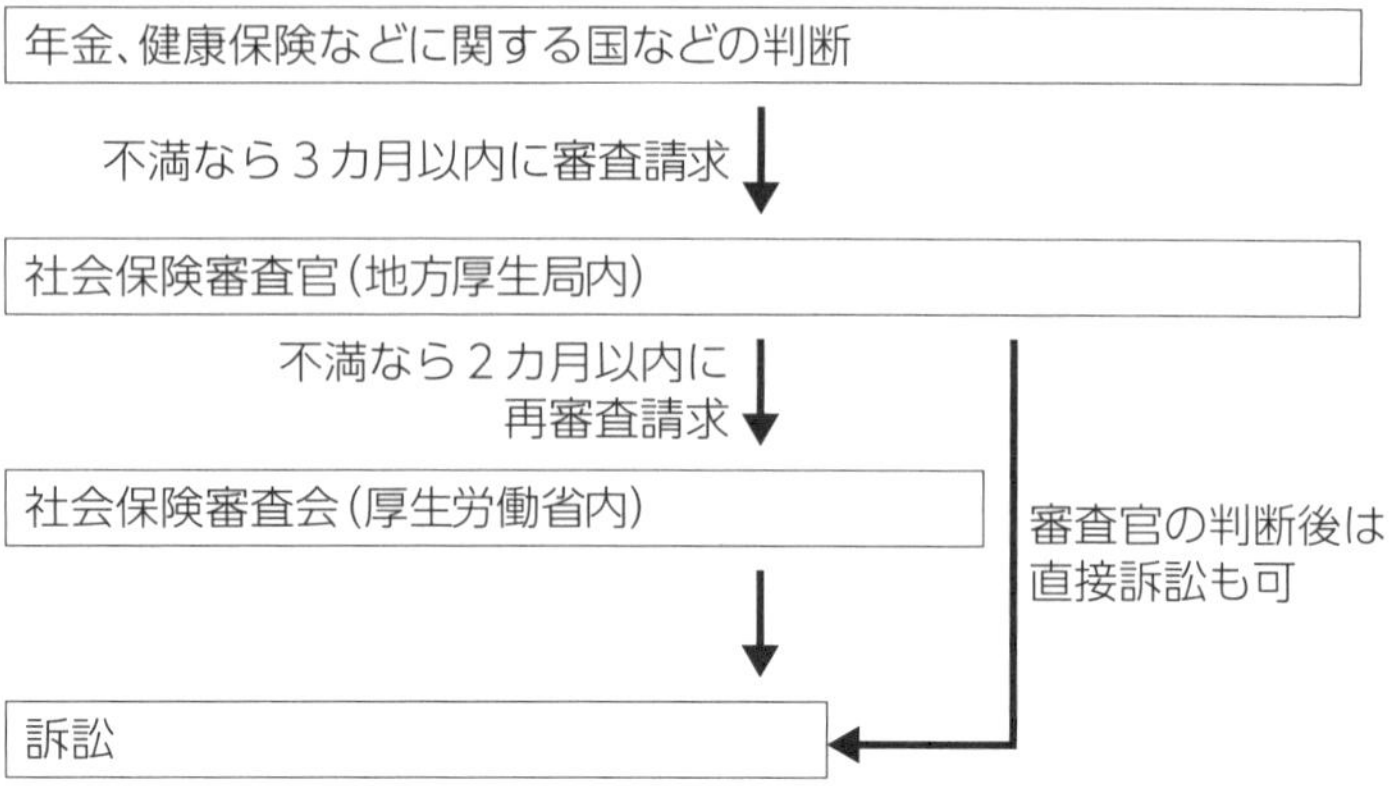

図表Ⅱ-37　社会保険審査会では２割程度の逆転も珍しくない

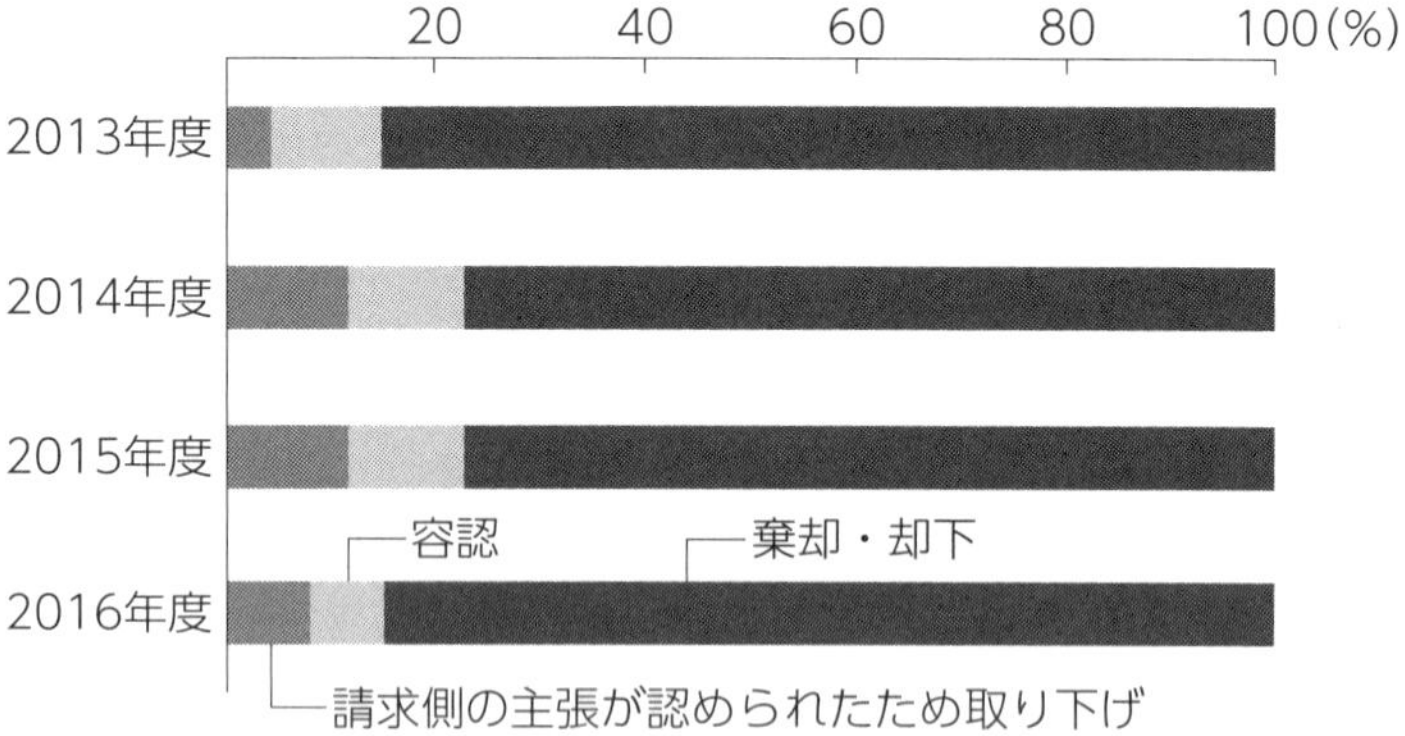

出所：厚生労働省

【コラム】プロの社会保険労務士にサポートを頼むのも大切

再審査も、比率としては棄却・却下のほうが多いのは事実です。入念な準備が必要です。

筆者が少し前に社会保険審査会を傍聴すると、ある母親（Aさんとします）が20歳過ぎの長男の知的障害の件で審査を受けていました。長男は現在2級の認定なのですが、様々な病状から1級が相当だと、Aさんは懸命に訴えていました。参考意見を述べる複数の参与から、「この状態なら1級でしょうね」とする声が相次ぐと、Aさんの表情が少し緩みました。

そのとき連絡先を教えてもらったAさんから、数カ月してメールが届きました。棄却だったそうです。もともと年金機構による最初の判断の際、住んでいる県の市役所の窓口職員からの「障害年金用の詳しい診断書でなく10代のころの略式診断書でいいですよ」という不適切な助言に従ってしまったことが、障害1級を認められなかった大きな原因でした（自治体窓口の担当者は実は障害認定に詳しくないことが多いので要注意です）。再審査の手続きのなかで新たに詳しい診断書を出したのですが、「後から出したものを採用する十分な根拠がない」として認められませんでした。

Aさんからのメールには、「最初に出す診断書がとにかく大事であることを十分知りませんでした。息子の障害は一生治るものではありません。自分の失敗が原因で1級が認められず、守ってやれなかったことが情けなく、自分を責めています」と書かれていました。

最初に不適切な助言をした市役所職員に怒りを感じるとともに思ったのが、このケースでは審査会に臨むにあたって、社会保険労務士さんの助けを借りたほうが良かったのではないかということです。受給が認められた際の数カ月分程度の給付金額にあたる謝礼が通常必要ですし、着手金がかかることもありますが、専門的な知識や経験のある社労士さんの場合、難しくみえる案件で請求が認められるケースも多くあるからです。

ただし、あまり詳しくない社労士さんも、比較的多くの費用を請求できる障害年金の分野にどんどん入ってきています。高い着手金を払って無駄になることも多くみられます。

詳しい社労士さんがわからない場合、社会的な使命感をもって非常に多くの障害年金の認定をサポートしてきたNPO法人「障害年金支援ネットワーク」（電話0120・956・119）に連絡してみるのがいいと思います。無料で電話相談が受けられ、必要なら全国の障害年金に詳しい社労士を紹介してくれます（社労士さんに請求の手伝いを頼む場合は有料です）。ちなみに本書に登場する社労士の相川さんや佐々木さんも、このネットワークに属しています。

Aさんが審査会で棄却された後、障害年金支援ネットワークをご紹介しました。Aさんはネットワークから紹介を受けた社労士さんに面談したそうです。「最初の認定から1年以上たてば、障害の程度が重くなった場合の〝額改定〟という請求手続きがあることなどを教えてもらいました。裁判などは無理なので、審査会で駄目ならもう終わりかと思っていたのですが、あきらめないですむやり方がまだあることを知って、心が少し軽くなりました」というメールが届きました。

7 自営業者　数多い年金増の選択肢

付加年金は払った保険料を2年で回収

自営業者の方などの第1号被保険者は、20歳から60歳になるまでずっと保険料を納付しても、もらえる年金の額は年に78万円弱です。保険料を納付していない時期があればさらに金額が減るので、実際には平均で5万円台です。会社員より低いだけに、自助努力の必要性は高く、国は様々な方法を用意しています。

図表Ⅱ－38から、自営業者のほうが会社員より増額の選択肢は多いことがわかります。まずは上積みして保険料を払うやり方からみていきます。

かなりお得なのが付加年金という制度。払った保険料を、2年で回収できます。この制度は、毎月国民年金の保険料を400円ずつ上積みして払うことで、65歳以降、付加保険料を払った月数に200円をかけた金額を、年間で受け取ることができるのです。

例えば毎月400円の付加保険料を10年、120カ月払えば、4万8000円。一方で、65歳

図表Ⅱ-38　自営業者など（第1号被保険者）の公的年金の増やし方

パターンA——自分で公的年金の掛け金（保険料）を上乗せする				
	付加年金	国民年金基金	個人型確定拠出年金	小規模企業共済
制度の概要	月々400円を国民年金に上乗せして払えば、上乗せした月数に200円をかけた金額が将来、毎年上乗せされる	一定内の掛け金を払えば、将来決まった額の年金がもらえる	一定内の掛け金を払い、運用成果しだいで将来上積みできる年金が増減	一定内の掛け金を払えば、将来決まった額の年金がもらえる。いわば事業主の退職金制度
対象者	自営業者など第1号被保険者。個人型確定拠出年金は企業年金のない会社員や公務員、専業主婦も可			従業員が20人（サービス業・商業は5人）以下の個人事業主又は会社の役員など
税の優遇	拠出額全体が所得控除、運用・受け取り時も優遇			
利回り	2年で元が取れる	年1.5%（確定）	運用次第	年1%（確定）
毎月上乗せできる掛け金の上限	400円	2つ合わせて6万8,000円		7万円
受給開始年齢と受け取り方法	原則65歳。一時金としては受け取れず年金方式だけ		原則60歳。一時金と年金のどちらも可	60歳前にも受け取れるが元本割れも。一時金と年金とどちらも可
手続きの窓口	市区町村など	国民年金基金連合会など	銀行、証券など金融機関	商工会議所、商工会など

パターンB——受給額を満額（納付期間40年分）に近づける
未払い分を納付する。未納期間は2年、免除期間などは10年さかのぼって納付が可能
パターンC——繰り下げ受給
1年繰り下げると年に8.4%、5年繰り下げると年に42%分だけ、受給額が生涯にわたって増える

以降上積みしてもらえる額は、毎年120カ月×200円なので、2万4000円。2年で元が取れます。その後もずっと同額の上積みが続き、10年間なら上積み額は24万円、20年間なら48万円となります。

もっと長く、40年付加保険料を納めると、払った金額が40年で計19万2000円。もらえる金額は1年で9万6000円になり、やはり2年で回収できます。当然、3年目からは毎年9万6000円ずつ負担なしでもらえる計算です。

なぜいつも2年なのかは、数式でわかります。Xカ月払うとすると、払う金額は月400円×Xカ月。もらうほうは1年間につき200円×Xカ月なので、2年もらえば400円×Xカ月なので、ここでもう、元は取れているわけです。

付加年金の申込窓口は市区町村です。ただしこの後で説明する国民年金基金という制度と両方は使えず、どちらか1つを選ばなければなりません。

ひとつ気を付けたいのは、将来増える額は決まっているので、大きなインフレになれば実質的に若干目減りする可能性があること。でも、2年で元が取れるほどの仕組みなので、お得なのは間違いありません。

ちなみに、この章の第1節で書いた繰り下げをすると、付加年金も同じ率で増えていきます。

終身年金という強い味方、国民年金基金

保険料を納付する時期に節税効果が大きいのは、国民年金基金と個人型確定拠出年金、そして小規模企業共済です。この3つの制度には、将来の年金受給額を増やせることに加えて、掛け金を納めている間、掛け金が所得から控除される結果、税金を減らせるという共通のメリットがあります。

まず国民年金基金についてみていきます。国民年金基金の加入対象は第1号被保険者。大きなメリットは掛け金が全額所得控除になり、税金が返ってくること。これは第3章で詳しく紹介する個人型確定拠出年金（イデコ）と同じです。ちなみにイデコは投資信託などで自分で運用し、運用成果しだいで60歳以降の年金額が変わる、非課税効果が大きな仕組みです。

基金の掛け金の上限額は月6万8000円で、イデコと国民年金基金の合計がこの範囲に収まることが必要です。つまり、イデコを月6万8000円拠出したら国民年金基金は拠出不可。逆も同じです。イデコと国民年金基金を3万4000円ずつ拠出ということもできます。

国民年金基金は一度加入したら59歳まで掛け金の払い込みを続け、65歳以降終身で受け取ります。1口目は必ず終身型を選び、2口目以降は終身型や有期型などのなかから組み合わせる自由度の高い仕組みです。

図表Ⅱ－41は、40歳男性が1口目に、65歳以降毎月1万5000円が受給でき40歳加入での掛け金が月1万1040円の終身B型（死亡時に保証期間のないタイプ）を選び、加えて2口目以

図表Ⅱ-39　国民年金やイデコ、小規模企業共済の掛け金で税金が減る仕組み

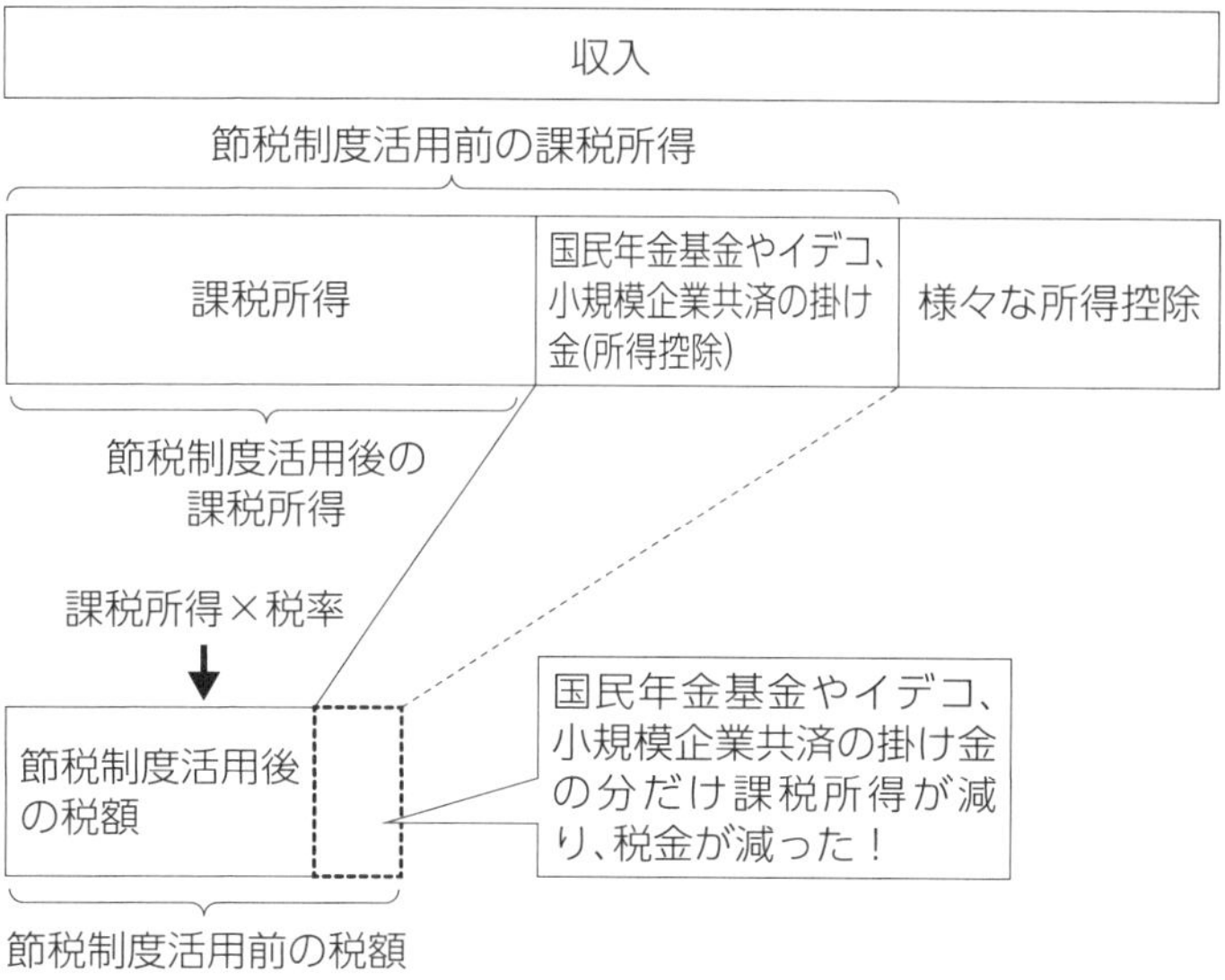

降に、やはり終身で１口あたり月５０００円が受け取れ掛け金が１口３６８０円のタイプを４口選んだケースです。掛け金の支払いは月２万５７６０円、65歳以降は月３万５０００円ずつもらえます。自営業者同士の夫婦で同じことをすると、月に７万円の年金上積みになります。

自営業者の老後の最大の不安材料は、終身で受け取れる年金が基礎年金だけであり少ないこと。国民年金基金という終身で決まった額だけ受け取れる年金をある程度確保してから、さらにイデコなどで上積みを目指す選択も十分ありうると思います。最近はイデコにばかり焦点があ

図表Ⅱ-40　国民年金基金って何？

目的
基礎年金しかない自営業者の上乗せ年金をつくる

対象者
自営業者など第1号被保険者

特徴
①65歳から受け取る終身年金（一部有期型も選択可）
②将来の年金額が確定、掛け金もずっと変化なし
③掛け金は全額社会保険料控除で節税に（上限額はイデコと合わせて月6万8000円）。受給時も公的年金等控除が適用
④死亡時は家族に一時金
⑤年金額や掛け金を自分で選びプラン設計が自由。掛け金や年金の額も口数単位で変更可

利回りは？
表面上の利率は現在1.5％（節税効果を除く）で固定
ただし節税効果を入れると約2.1％（所得税・住民税の合計税率20％の場合＊日経新聞試算）

申し込み窓口
国民年金基金連合会など

注意点
原則65歳になるまで受け取れない

お得に使うには
税率の高い人（例えば夫）が妻など家族の分もまとめて払えば節税効果が大

図表Ⅱ-41　国民年金基金の加入例

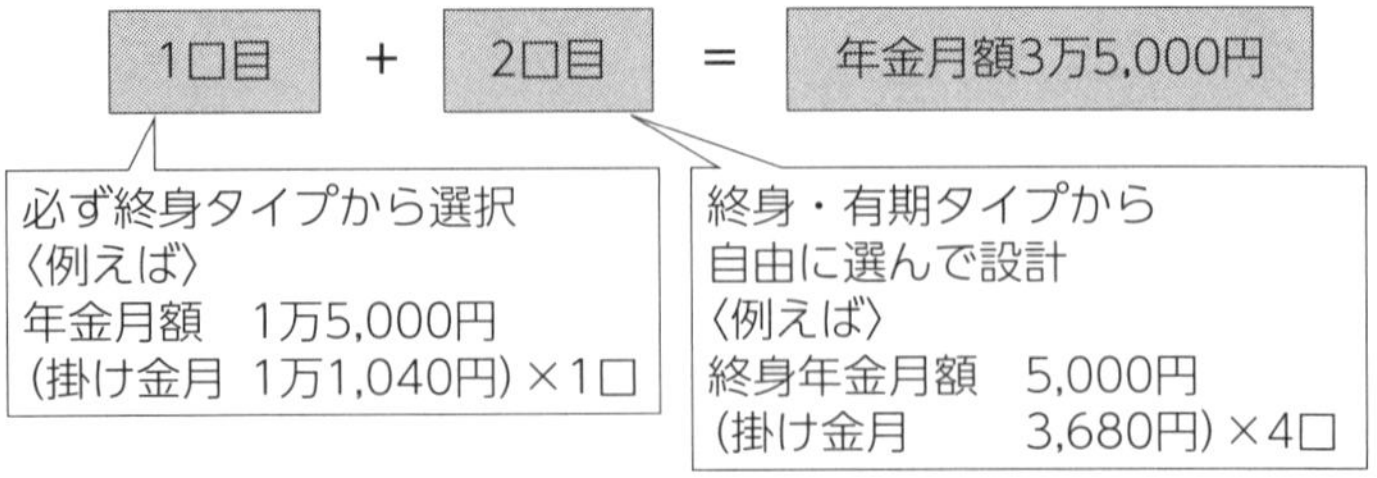

注：年金月額や掛け金は40歳男性のケース

たっていますが、国民年金基金もやはり優れた仕組みだと思います。

かつて5・5％だった利回りは急速に低下、現在は1・5％です。デフレの状況が続くならこの利回りでも大丈夫ですが、今後もそうとはいえません。働き手の減少で特にサービス業界などでは賃上げが相次いでいて、長期の間ではインフレもありうる状況です。ただしここで考え合わせるべきなのが、所得控除による掛け金の実質減額です。

意外に高い実質利回り

1口目の終身年金（保証期間なし）に40歳で加入したケースで計算すると、平均余命（84歳弱）まで生きたケースで、確かに表面上の利回りは1％強です。

しかし、所得控除による節税額を差し引いた金額を掛け金として税率20％の人で計算してみると（IRR＝内部収益率という手法）、年約2・1％になりました。所得が上がれば節税効果が大きくなり、30％なら年2・6％の利回りです。民間金融機関で所得控除のない預貯金をするのに比べ、その有利さが際立ちます。

重要なのは、国民年金基金の所得控除が社会保険料控除という種類であることです。これは同一生計の配偶者や親族なら、誰かがまとめて控除を申告できます。イデコの所得控除が小規模共済等掛け金控除という種目で、配偶者の分は控除できない（次項および225ページ参照）のとは大きな違いです。

例えば、夫婦で終身や有期などを組み合わせて年30万円ずつ国民年金基金掛け金を納めた場合、合計年60万円。妻の税率が20％だとすると、これを妻がまとめて申告しても12万円の節税にしかなりません。しかし、税率30％の夫がまとめて申告すると18万円の節税になります。

小規模企業共済──イデコ・国民年金基金とは別枠で所得控除

国民年金基金・イデコとは別枠で所得控除が受けられるのが小規模企業共済という仕組み。国が作った「経営者のための退職金制度」です。従業員20人（サービス業などは原則5人）以下の個人事業主や会社役員などが加入できます。掛け金の月額は1000円から7万円までの範囲で選べ、全額が所得控除となります。商工会議所や金融機関などで申し込みます。

運用は確定利回りで、退職や事業を廃止したときなどに受け取ります。受け取り方法は「一時金」「年金」「二つの併用」のいずれかを選びます。

受け取り時期は事業の廃業時ならいつでも可能（共済金Aという受け取り方）ですが、事業を続けながら老齢給付として受け取るには、15年以上掛け金を納付して65歳以上になっている必要があります。

例えば35歳から月に3万円ずつ30年拠出（年に36万円、総額1080万円）し、65歳で老齢年金として受け取ると、一時金なら老齢年金である共済金Bという方式で1263万5400円を受け取れます。通常、廃業時にもらえる共済金Aという受け取り方のほうがお得で、もし65歳時

図表Ⅱ-42　小規模企業共済って何？

目的

経営者などの「退職金」を作る

対象者

従業員20人（サービス業などは5人）以下の個人事業主または役員など

特徴

①65歳から受け取る一時金または有期年金。
②事業廃業時などに受給。しかし15年以上掛け金をかけ65歳以上になれば事業を継続中でも老齢給付でも受取可
②将来の年金額が確定、掛け金もずっと変化なし
③掛け金は全額小規模共済等掛金控除で節税に（上限額は月70000円）。受給時も退職所得控除や公的年金等控除が適用
④死亡時は家族に一時金
⑤掛け金を自分で廃業時や老後に備える。掛け金の額も変更可能
⑥掛け金の累計額に応じて借り入れが可能
⑦今後金利が上昇すれば過去の掛け金分も含めて利率が上昇

利回りは？

表面上の利率は現在1％（節税効果を除く）で固定
ただし節税効果を入れると約1.6％（所得税・住民税の合計税率20％の場合＊日経新聞試算）

申し込み窓口

商工会議所や金融機関など

注意点

老齢年金は原則65歳になるまで受け取れない
自分の出した掛け金しか所得控除できない

お得に使うには

非課税枠は国民年金基金やイデコと別枠。余裕があれば国民年金基金を月に6万8000円＋小規模企業共済月に7万円という拠出も可。

点で廃業していれば、共済金Aとして1304万4000円を受け取れます。

小規模企業共済の最大7万円の非課税枠は、イデコ・国民年金基金とは別です。事業がうまくいっているときなどは、両方併用すれば最大で月に13万8000円、年に165万6000円の非課税枠になります。事業が好調で所得が高く税率が仮に30％であれば、年に50万円弱もの節税になります。

ただし、控除の種目は小規模共済等掛金控除。国民年金基金の社会保険料控除と違って、控除対象は本人だけです。夫が妻の分を出したからといって、合わせて控除することはできません。夫が主婦の掛け金も合わせて所得控除できないイデコと同じですね（イデコの控除の種目も小規模共済等掛金控除だからです）。

予定利率は現在1％です。この利率だけみると、やはり長期でインフレについていけるか心配です。ただ、国民年金基金と同じで掛け金は全額所得控除ですから、年36万円拠出で税率20％の場合、実際には年に7万2000円の節税になり、実質的な掛け金は年28万8000円になります。国民年金基金と同様に実質利回りを計算すると、1％台後半になります。

また小規模企業共済の大きな特色として、資産残高の積み上がりに応じて、低利での借り入れも可能ということがあります。いざというときに安心ですね。イデコなどにはそうした仕組みはありません。

イデコと小規模企業共済で10年で500万円の節税も

イデコまたは国民年金基金の上限額は、自営業者は年に81万6000円（月6万8000円）、小規模企業共済は別枠で年84万円（月7万円）です。両方とも上限までやるのはかなり厳しいでしょうが、事業が好調な時期は可能かもしれません。

両方の上限額まで計165万6000円を掛け金とできた場合、さきほど計算したように、仮に所得税20％、住民税10％の人なら、年に約50万円の節税になります。10年続ければ500万円です。そう考えれば、なるべく多く掛け金を使えるよう、仕事そのものもやる気が出るかもしれません。

何度も繰り返しますが、自営業者は公的年金が1階部分しかありません。だから国はこうした上積みの制度を作っています。できれば積極活用したいところです。

自営業者の年金――1年多く納めれば受給10年で回収

次に、納付期間を満期の40年に近づける方法です。

国民年金は40年納付して年に80万円弱ですから、1年足りないごとに受給額が約2万円減る計算です。さまざまな理由で未納期間がある人はかなりの割合に達していて、ただでさえ少ない国民年金がさらに減額されてしまいがちです。

では納付期間を満期に近づけると、どんな効果があるでしょうか。2018年の1年間の保険料は約19万6080円。480カ月納めた満額の基礎年金は77万9300円なので、1年あたり1万9483円です。利息などを度外視して考えると、受給開始後ほぼ10年と1カ月で元を取れることになります。

65歳の男性の平均余命は20年。つまり84歳まで生きる可能性が高いので、10年後の74歳でもとをとったあとも、増額された年金が続きます。

なぜこのようにお得な計算かというと、何度か書いたように、国民年金の財源は、このうち半分が税金でまかなわれているからです。

では、今まで払っていなかった場合、追加で払えるのでしょうか。経済的な理由などで免除申請をしていた期間については10年間さかのぼって払えます。何もせず滞納していた未納期間については、2年しかさかのぼれませんが、その分だけでも支払っておいたほうが将来的には有利になります。

本来の国民年金への加入は60歳になるまでですが、60歳から65歳未満まで任意で加入することも可能ですから、これを使って加入期間を長くして、40年に少しでも近づけることもできます。

1円も払わなくても年金はもらえる

年金保険料を1円も払わなくても年金はもらえる——。「そんなバカな」と思う人も多いでしょうが、これは本当です。

図表Ⅱ-43　第1号被保険者の免除制度

		対象者	老齢年金 受給資格期間への参入	老齢年金 年金額への反映	老齢年金 本来の年金額の何割もらえるか（09年4月以降の計算分）	障害・遺族年金への受給資格期間への参入
免除	全額免除	本人・世帯主・配偶者の所得が少なく保険料納付が困難			2分の1	
	4分の3免除			一部反映	8分の5	
	半額免除				8分の6	
	4分の1免除				8分の7	
学生納付特例		本人の所得が一定以下	○			○
50歳未満納付猶予		20歳から50歳未満で本人・配偶者の所得が一定以下		×	×	

第1号被保険者の場合、所得が少なく保険料納付が困難な場合、免除制度というものがあります。①全額免除、②4分の3免除、③半額免除、④4分の1免除――の4種類です。

例えば申請して全額免除を受けていると、本来もらえる老齢基礎年金の半分が受給できます（2009年4月以降分が対象。その前の分は3分の1）。2018年度価格だと約39万円です。なぜでしょう。

基礎年金の財源は、その半分が税金で賄われているのでしたね。ですから免除申請さえしておけば、せめて税金分は返してくれるというわけです。

同様に4分の3免除（4分の1支払い）なら、税金分である2分の1はもともと受給の権利があり、残りの半分のうち4分の1は払っているので、2分の1＋（2分の1×4分の1）で8分の5をもらえるというわけです。

ちなみに半分が税金になったのは2009年4月以降なので、その前の時期は税金が3分の1でした。この時期の分は全額免除の場合、本来もらえる老齢基礎年金の3分の1がもらえることになります。この時期の分の4分の3免除（4分の1支払い）なら、先ほどと同じ計算で、3分の1＋（3分の2×4分の1）で2分の1がもらえます。

免除の目安となる所得は、単身の場合は全額免除で57万円、半額免除で118万円などと決まっています。自分の所得が免除対象かどうか、ねんきん事務所などに問い合わせてみましょう。

未納で障害年金不支給の例

また、免除申請さえしておけば、病気やケガをした場合の障害年金や遺族年金の受給資格（例えば過去1年間に未納がないこと）の対象期間に算入されます。未納であったばかりに、重大な障害を負ったにもかかわらず障害年金をもらえないという悲惨な状態にならないためにも、必ず免除や猶予の申請はしておきましょう。

ちなみに学生納付特例や50歳未満納付猶予は資格期間の算入対象にはなりますが、老齢基礎年金には反映されません。

これはある社会保険労務士の方から聞いた悲惨な例です。学生のN君が21歳の誕生日にスノーモービルで事故に遭い、左足がほとんど動かなくなる障害を負ってしまいました。完治のメドはたたないそうです。

障害年金の受給要件は、障害を負った初診日の前々月までの加入期間の3分の2以上保険料を納めているか、あるいは前々月までの1年の間に未納がないことです。

N君は学生納付特例の手続きをしないまま、保険料を払っていませんでした。つまり、未納です。N君の症状なら、本来であれば障害2級で77万9300円が毎年支給されるはずでした。障害年金は若くして該当しても、40年間満額保険料を納めたのと同じ金額がもらえるのです。65歳で老齢年金が始まるまでだけの計算でも、45年分3500万円もの金額を失ってしまったことになります。

学生納付特例の申請さえしておけば、1年も保険料を払っていなくてもこれだけの保障を受けられたはずでした。社労士は「なんとかならないか」と相談されましたが、どうしようもなかったそうです。

追納はできる?

将来の老齢年金を多くもらうためにも、障害・遺族年金の権利を得るためにも、きちんと納付しておくことが大事です。

図表Ⅱ-44　本来の保険料と追納の保険料

	本来の保険料	追納の保険料	
2017年度	16,490	同左	
2016年度	16,260	同左	
2015年度	15,590	15,610	加算あり
2014年度	15,250	15,280	加算あり
2013年度	15,040	15,130	加算あり
2012年度	14,980	15,160	加算あり
2011年度	15,020	15,310	加算あり
2010年度	15,100	15,520	加算あり
2009年度	14,660	15,260	加算あり
2008年度	14,410	15,170	加算あり

未納の場合は、2年を過ぎると納付できなくなります。一方で免除や猶予の場合は10年分に限り、後からさかのぼって保険料を払うことができます。これを追納といいます。年金事務所で申込みできます。

追納額は、免除された月の属する年度の4月1日から3年間は利息にあたる加算がありませんが、それより前は加算されます。2018年度に追納する場合の加算額は図表Ⅱ－44のとおりです。同様に学生納付特例も10年間さかのぼって追納できます。

何度も書くように、納めた保険料は本来の納付額の場合、10年と1カ月で取り戻せます。追納の場合は、3年目以降は保険料が少し上乗せされてしまいますが、それでもお得です。できるだけ早めの追納を心掛けましょう。

8 年金生活の手取りを増やす確定申告

過去、年金の手取りは大幅減

年金は額面が昔と同じ場合でも、手取りは大きく減っています。ファイナンシャルプランナーの深田晶恵さんの試算では、公的年金と企業年金で年間計３００万円の収入がある東京都区部在住の人のケースでは、１９９９年には手取りが２９０万円でしたが、２０１７年には２５７万円になりました。

内訳は社会保険料の増加が20万円、税金の増加が13万円です。公的介護保険の導入に伴う介護保険料の天引き開始や厚生年金保険料率の上昇など、社会保険料負担の増加に加えて、老年者控除の廃止や公的年金等控除の縮小などによる税負担増がありました。

このように年金収入の手取りが減っているなかで、税金などを取り戻すとともに社会保険料を減らせる可能性もあるのが、確定申告です。

障害年金や遺族年金は非課税ですが、通常の公的年金は雑所得として税金がかかります。年金額から公的年金等控除や様々な所得控除額を引いた課税所得に税率をかけて計算します。例えば専業主婦（70歳未満）の妻がいる60歳代後半の人の場合、公的年金等控除が最低でも１２０万円あり、自分の基礎控除と配偶者控除がともに38万円なので１９６万円。これを超えると所得税が

図表Ⅱ-45　年金生活者は確定申告で手取りが増えるケースが多い

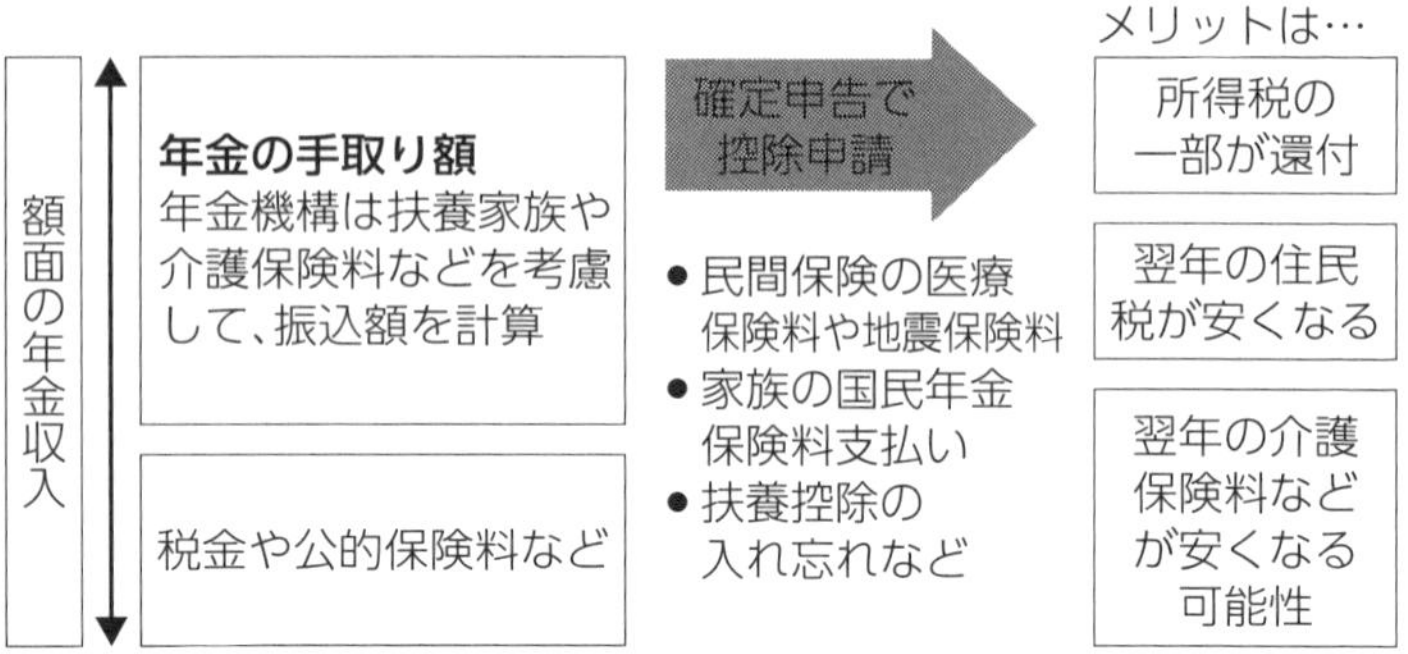

注：深田晶恵さんのアドバイスで作成

図表Ⅱ-46　公的年金等控除を引いた雑所得の金額は？

	公的年金などの金額	雑所得の金額
65歳未満	70万円以下	0円
	70万円超130万円未満	収入金額－70万円
	130万円以上410万円未満	収入金額×0.75－37万5千円
65歳以上	120万円以下	0円
	120万円超330万円未満	収入金額－120万円
	330万円以上410万円未満	収入金額×0.75－37万5千円

かかります。ちなみに妻が70歳以上だと、配偶者控除は48万円に増えます。

税金は年金が振り込まれる際にすでに源泉徴収されています。どうやって源泉徴収されるのでしょうか。

年金の支払いをする日本年金機構から毎年秋ごろに「扶養親族等申告書」が送られてきて、配偶者などを扶養していれば申請します。自治体からは、老齢年金から天引きされている介護保険料など社会保険料も年金機構に伝えられていて、年金機構はそれらに基づいて源泉徴収額を計算します。でも年金機構が把握できない情報もあるので、それらは自分で確定申告すれば税金が戻ります。

年金機構が把握できないのは、例えば民間の医療保険や地震保険などの保険料です。これらは通常、生命保険料所得控除や地震保険料控除の対象です。災害や盗難にあっていれば雑損控除が認められる場合もあります。奥さんや子供の国民年金保険料などを夫が払っていれば、本来は夫の社会保険料控除の対象になりますが、これも年金機構にはわかりません。会社員のような年末調整は年金受給者にはないので、これらは自分で確定申告して取り戻すことになります。

確定申告は申告書に必要事項を記入し、日本年金機構から送られてくる源泉徴収票や保険会社から送付されてくる控除証明書などを添付して、所管の税務署に提出すればいいのです。

年金生活者は、公的年金収入などの合計が年４００万円以下で、それ以外の所得が20万円以下などの条件を満たせば、確定申告はしなくていいことになっています。多くの税理士は、「一部に医療費控除をしている人がいるくらいで、年金生活者の多くは確定申告していない」とみています。

その背景には、会社員時代に確定申告の経験がなかった人が多いことも挙げられます。結果的に、本来なら取り戻せる税金がそのままになっていることも多いのです。

では、確定申告をすればどれくらい税金が安くなるのでしょう。かなり複雑なので、手取り金額の計算に詳しい先ほどの深田晶恵さんに概算してもらいました。例えば、公的年金と企業年金合わせて年金収入300万円の人で、生命保険料控除が4万円、地震保険料控除が1万5000円、奥さんの分を払っている国民年金保険料が19万6080円のケースで考えてみます。この場合、申告すれば所得税が約2万5000円強還付されます。翌年支払う方式である住民税は、申告しない場合より2万3000円強安くなります。合わせて約4万9000円弱の税負担減です。結構大きいですね。

確定申告のメリットは、それだけではありません。公的年金収入が少ない人の場合、申告すれば税金が減って住民税が非課税になることがあります。すると、介護保険料などが安くなるケースもあります。いろいろと連鎖していくわけです。

年の途中退職も確定申告が大事

年の途中まで勤めてそのまま年金生活に入るのなら、その年の確定申告がとても大事になります。

退職金は金額が大きいので、さすがに確定申告していると思いきや、実はそうでもありません。退職金は他の所得とは分離して計算されます。普通「退職所得の受給に関する申告書」というものを会社に出すと、会社が適正額の税金を天引きしてくれるため、その場合は確定申告の必要はありません。多くの人はそれで、税金に関する手続きを終えたと思いがちです。

しかし、例えば3月まで働いた場合、毎月の給与から引かれている源泉徴収額は、1年間そのまま働いたと想定した多額の所得をもとに計算されています。その結果、3月までの給与から本来払う額より大きい税金が引かれています。これについても、確定申告すれば本来の納税額との差が返ってきます。

以上のように、年金生活では確定申告がお得なことを知らない人は多そうですが、知らなかったという場合でも、通常はさかのぼることができます。確定申告していなかった場合は対象年の翌年以降5年間に申告、確定申告していたが他の控除の漏れに気づいた場合は原則、申告期限（通常翌年の3月15日）から5年以内に更正の請求をすれば、還付してもらえます。還付申告は年中いつでも可能です。年金生活をしている人などに伝えてあげれば喜ばれるかもしれません。

会社員も使えるお得な確定申告と年金納付方法

そもそも子供や配偶者などの年金保険料を払う際、お得な払い方も知っておきましょう。

図表Ⅱ-47　保険料はまとめて払うとお得

	1カ月分	6カ月分	1年分	2年分
	16,340	98,040	196,080	393,000
口座支払い	16,290 (50)	96,930 (1,110)	191,970 (4,110)	377,350 (15,650)
現金支払い	—	97,240 (800)	192,600 (3,480)	378,580 (14,420)

注：単位：円、カッコ内は毎月の現金払いに比べた割引額、2018年度のケース

２０１８年度の国民年金保険料は、毎月の現金払いなら１万６３４０円。ただしお得な払い方はいろいろあるのです。例えば２年前納の仕組みです。

２月末までに申し込んで４月分から翌々年３月分までの保険料を納めると、毎月の現金払いより合計で１万６０００円弱も支払額が減るのです。

２年前納の場合も、全額を前納した年の社会保険料控除の対象とできます。それに税率をかけた金額が還付額です。自営業者の場合は、所得が多くて税金が増えそうな時期に２年前納を選べば節税にもつなげられます。

国民年金保険料は、ほかにも様々な納付方法が選べます。例えばポイントをつけられるクレジットカード払いも原則可能です。お得な払い方をいろいろ調べてみると楽しいかもしれません。

第Ⅲ章

運用で堅実に増やす――個人型・企業型DC徹底活用

1　「長期・分散・低コスト」＋「資産の置き場」が大切

個人型・企業型確定拠出年金（DC）とは何か

さて、ここからがらりと変わって資産運用のお話になります。

自分で預貯金や投資信託などを選んで毎月掛け金をかけ、運用次第で将来の年金額が変わるのが確定拠出年金（DC）です。将来の受け取りは運用次第ではっきりしない一方、今、いくら掛け金を出すかという拠出額だけが確定しているのでこう呼ばれます。

長寿化のなかで老後資金を確保するには、DCを運用で増やしていくということが大きなカギを握ります。運用が苦手な人も、基礎的な知識は知っておくべきだと思います。

DCには企業が掛け金を出してくれる企業型と、個人が自分で金融機関を選んで拠出する個人型（愛称「イデコ」）があります。基本的に企業型の加入者は、イデコはできません（企業型

DCの規約変更をしたごく少数の企業は除く)。

最近、イデコの様々な節税効果が注目されていますが、別段企業型が不利なわけではありません。詳しくは各節でみますが、そもそも掛け金そのものはイデコは自分で負担しているのに、企業型は会社負担ですから、基本的には企業型がお得です。

口座管理費用も、イデコは自己負担ですが企業型は会社負担です。もちろん企業型にも、役職が低いと掛け金が月数千円しかないケースがあったり、会社がとりそろえた投信のラインナップが今ひとつだったりするケースがある(イデコは自分で好きな金融機関を選べる)など、一長一短もあります。

しかし、どのみち通常はどちらかしかできないのですから、そのなかで自分が最大限できることをするしかありません。

具体的には、運用時の非課税の仕組みを使って堅実に増やしていくことです。ところが、企業型・個人型ともに、預貯金など元本確保型が資産の6割を占め、せっかくの税制的に有利な仕組みを無駄にしてしまっているのが現状です。

今や低コストで世界全体に投資できる投資信託を、DCのラインナップで豊富に選べるのです。きちんと使いこなすことが大事です。

企業型と個人型の詳しい仕組みや活用策をみていく前に、まずは「長期・分散・積立・低コスト」という簡単なルールを知っておけば、投資は必ずしも怖くないということをデータでみてい

図表Ⅲ-1　イデコ（個人型DC）と企業型DCはどう違う？

	企業型DC	イデコ	違いや共通点
上限額（年）	33～66万円	14.4～27.6万円(会社員)、81万6,000円(自営業者)	会社員の場合は満額なら企業型DCが多い。役職が低いと月数千円の場合も
掛け金の拠出	会社	本人	掛け金が会社拠出なので企業型DCが得
口座管理費用の拠出	会社	本人	口座管理費用が会社もちなので企業型DCが得
金融機関や対象商品の選定	会社	本人	企業型は自分で金融機関を選べないため好きな商品が選べないことも。一方で会社が優れた投信を選んでくれる場合も
掛け金の所得控除	掛け金は企業負担	全額所得控除	イデコは自分で出す掛け金が全額所等控除で節税効果。企業型は掛け金は会社負担だが、その分を給与（課税になる）でもらうのと比べると節税効果があるともいえる
運用時の課税	非課税		ともに税金抜きで大きく増やせる
受給時(原則60歳以降)の課税	退職所得控除や公的年金等控除などで減免		非課税枠は退職金やDC以外の公的年金や通常の企業型年金と共通

きましょう。

世界経済の成長の波に乗る

図表Ⅲ－2のアミのかかった部分は世界のGDP（国内総生産）の合計。つまり世界経済の規模です。過去も経済規模は拡大してきたし、今後もそれは続きます。新興国を中心に人口は増えていくし、先進国でもより豊かな生活を望むことが背景です。

実線は世界の先進国全体の株価を反映する指数（MSCI　WORLD）です。日経平均株価の先進国版のようなイメージです。株価なのでジグザグはしますが、基本的には世界経済の拡大に合わせて右肩上がりです。1980年末から2018年7月までに実に42倍に上昇しています。

世界経済が拡大するということは、世界全体の企業の利益も増えていくということ。株価は長期的には利益を反映するので、右肩上がりになるということです。

ひとつのカギは、こうした世界全体を対象にした投信を買って長期で持つということです。例えばブレグジットで、イギリス企業は今後、儲けそこなうかもしれません。しかしその分、ドイツの企業が儲けるかもしれません。ならば世界全体を買っておけばいいのです。DCの投信のラインアップには、こうした世界全体に投資できる投信があります。世界全体をまるごと買い、長期で持ち続ければそれでいいのです。

日本株も同じです。今後も日本株が相対的に不調かどうかはわかりません。しかし、今や日本

図表Ⅲ-2　世界の株価は長期では経済成長に連動、しかし市場に居続けないと成績は大きく悪化

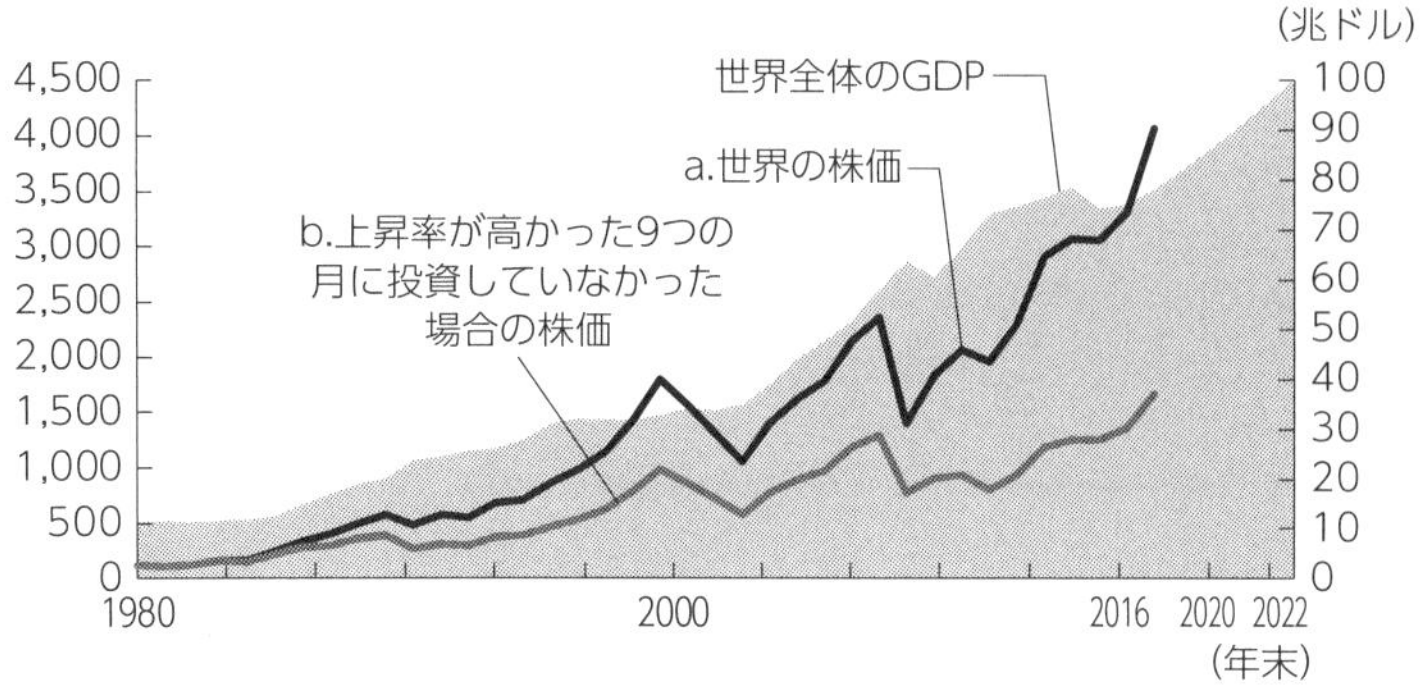

注：aはMSCI WORLD、GDPは出所IMF、いずれもドルベース。bは著者試算

株は世界の時価総額の7％程度。小さなものに集中してまた外れると、後で後悔するかもしれません。大事なのは幅広く世界全体に投資をすることです。

積立効果でDCは好成績

2018年の夏、金融庁が一見不思議な調査を発表しました。銀行29行で投信を買って3月末に保有していた顧客の46％が評価損だというのです。過去5年ほど、アベノミクスで相場は大きく上がった時期だけに、違和感をもって受け止められました。

2018年3月末時点で投信を持っている顧客に限定した調査だったので、金融機関からは、「その前に利益を出して売却済みの顧客が含まれていない」という不満の声も上がりました。

では、その前の売却済の顧客も含めた全体の損

図表Ⅲ-3　投信は高値買い・安値売りの傾向

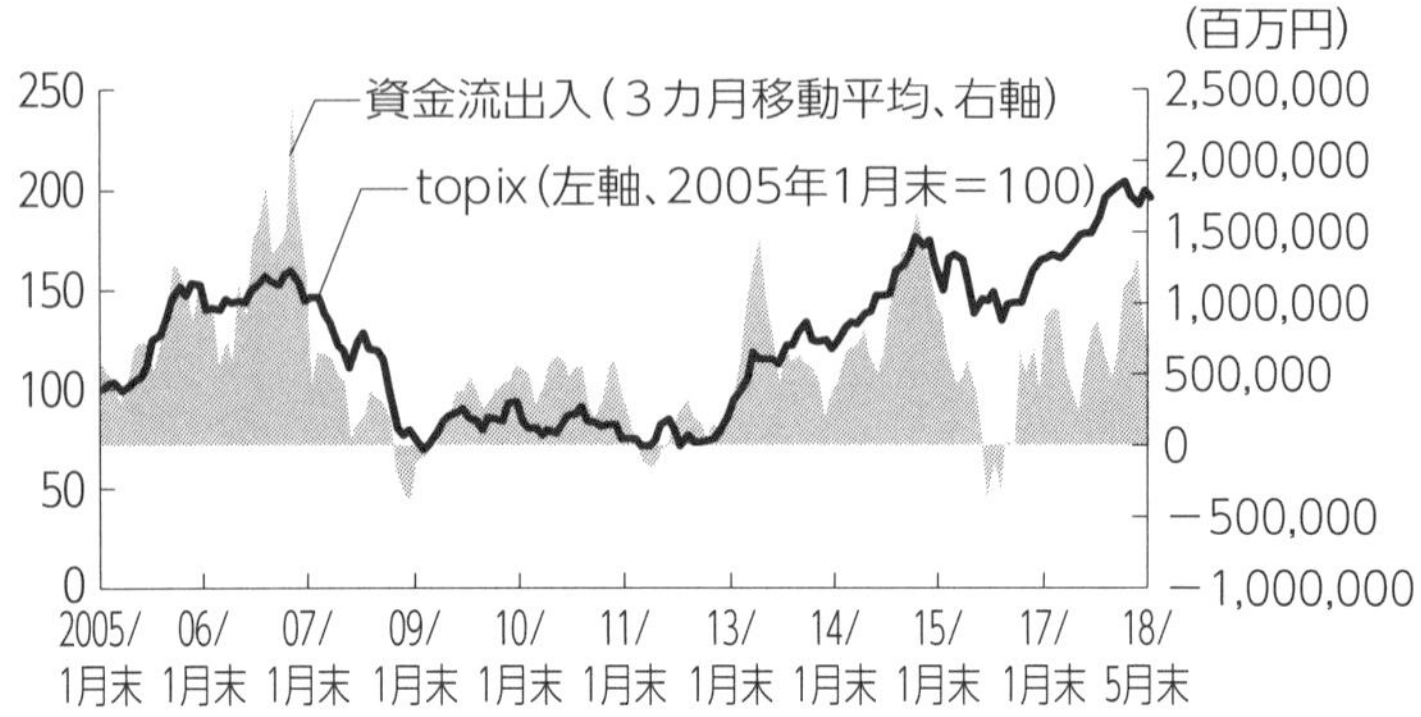

出所：投資信託協会のデータから作成

益は出せないのでしょうか。実はインベスターリターン（ＩＲ：顧客の平均損益）という、アメリカでよく使われるデータがあります。

価格帯ごとの売買の量から一定期間全体の投資家の損益を推計するものです。投信の基準価格が長期ではジグザグしながら最終的に上昇しても、途中の高値で買った顧客が多く、安値で売った顧客が多ければＩＲは小さくなります。

投信評価会社モーニングスターに依頼して２０１８年３月時点で集計すると、株式投信全体では、期間10年でも３年でも、ＩＲは基準価格の上昇率（投信の成績、分配金再投資ベース）の半分しかありませんでした。

より大きく儲けようとして売買を繰り返し、結局は相場がいいときにムードに流されて多く買い、相場が悪い、本当は買い場であるときに売って、儲け損なっているのです。

ところが、毎月定額で買うDC専用投信に限って集計すると、逆に10年でも3年でもIRが基準価格上昇率を上回っていました。定額で積み立てるので、安値で多くの量を買い、高値では少しの量しか買えないので、結果的に損益が改善しやすいのです。

相場の動き方にもよるので、いつもDC投信のIRが投信の成績を上回るとは限らないと思います。しかし、「投信全体ではIRが基準価格の動きを下回り、DC専用では逆にIRが基準価格の動きを上回る傾向はアメリカでもみられる」（モーニングスターの朝倉智也社長）のだそうです。

もちろん、積立投資と一括投資のどちらがいいかは、何を目的とするかによっても異なり一概にいえません。手元に資金がたくさんある人は一括投資のほうがより有効に使えるともいえます。一方で、ある時期にまとめて投資するということは、それが高値の時期であったりするとその後長い間評価損に苦しんだりすることも起きます。

このように一長一短はありますが、タイミングを見計らって一括投資するよりも、DC専用投信のような積立のほうがIRがよくなりやすいことは、覚えておくべきだと思います。

特に若い資産形成層の場合、タイミングを当てるのがよほどうまいという自覚がないのであれば、DCを使った積立をお勧めします。

ちなみに株価は突然急伸します。図表Ⅲ－2のbの線は、1980年以降462カ月のうち、上昇率上位だったわずか9つの月に投資していなかった場合の成績です。下手に予想して投資を

図表Ⅲ-4　IRでみたDC投信の状況

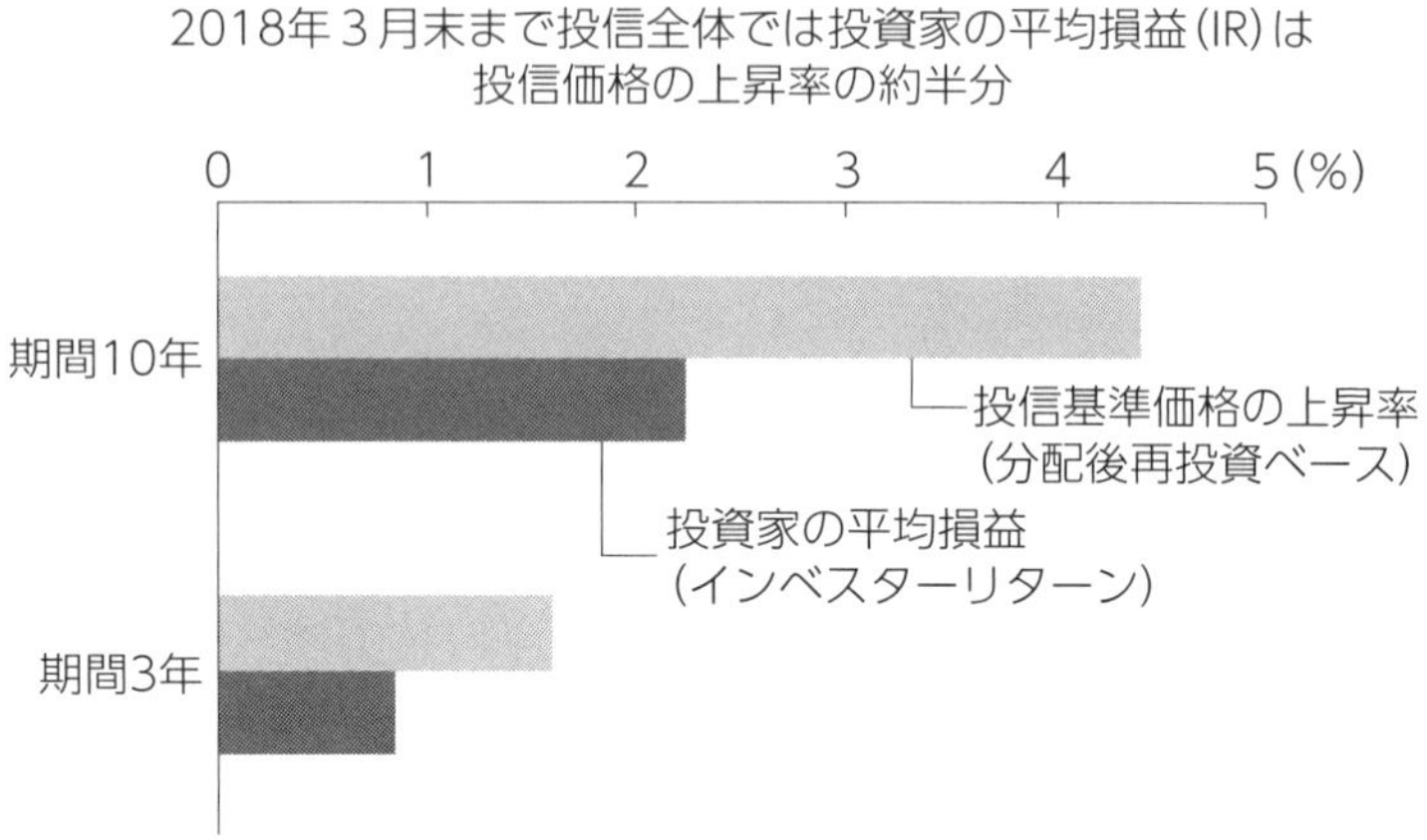

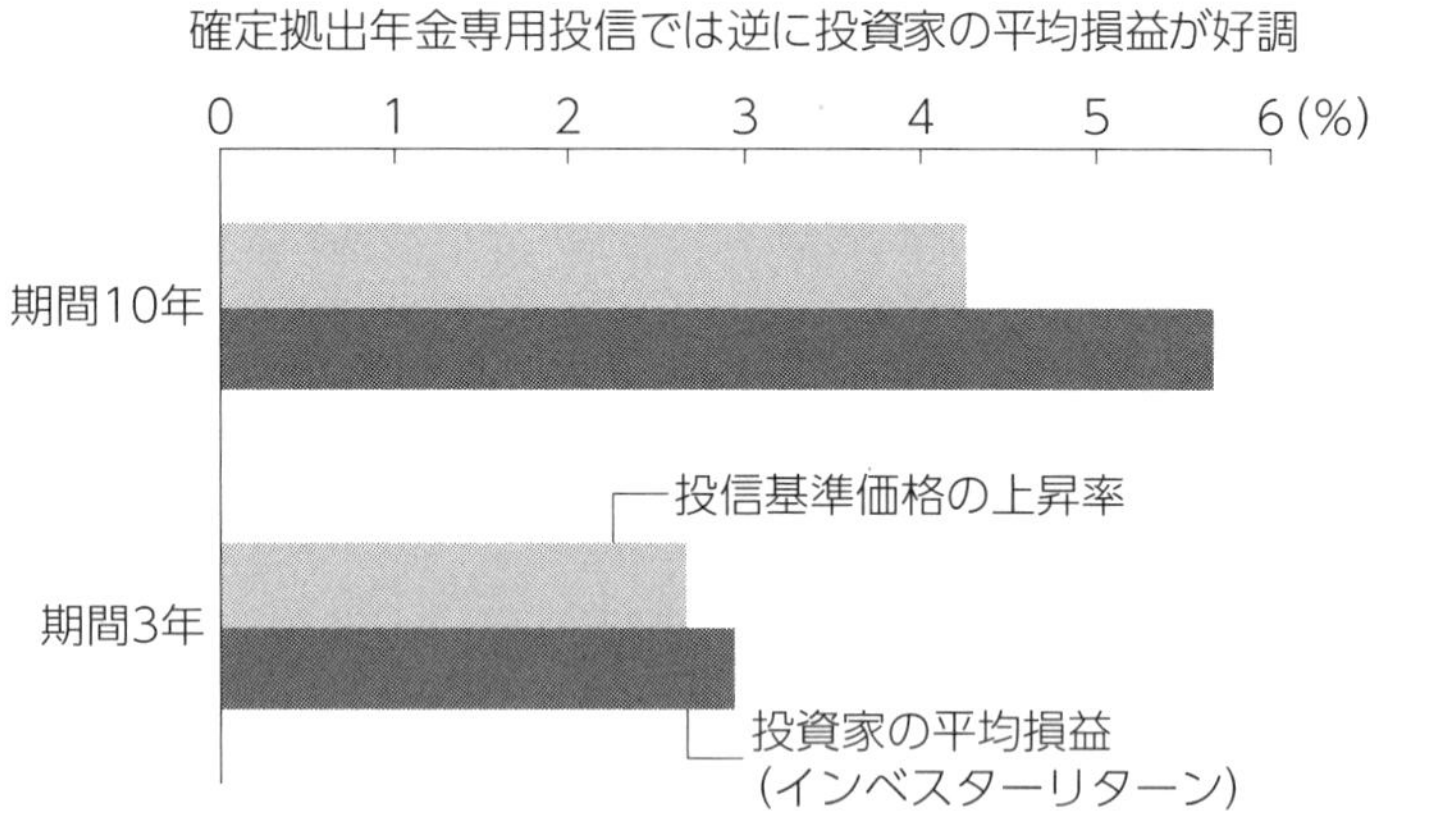

注：年率、モーニングスター集計、対象はETFや確定拠出年金専用投信を除く株式投資信託

図表Ⅲ-5　バブル崩壊後、各指数の連動投信に月１万円積立投資していたら…

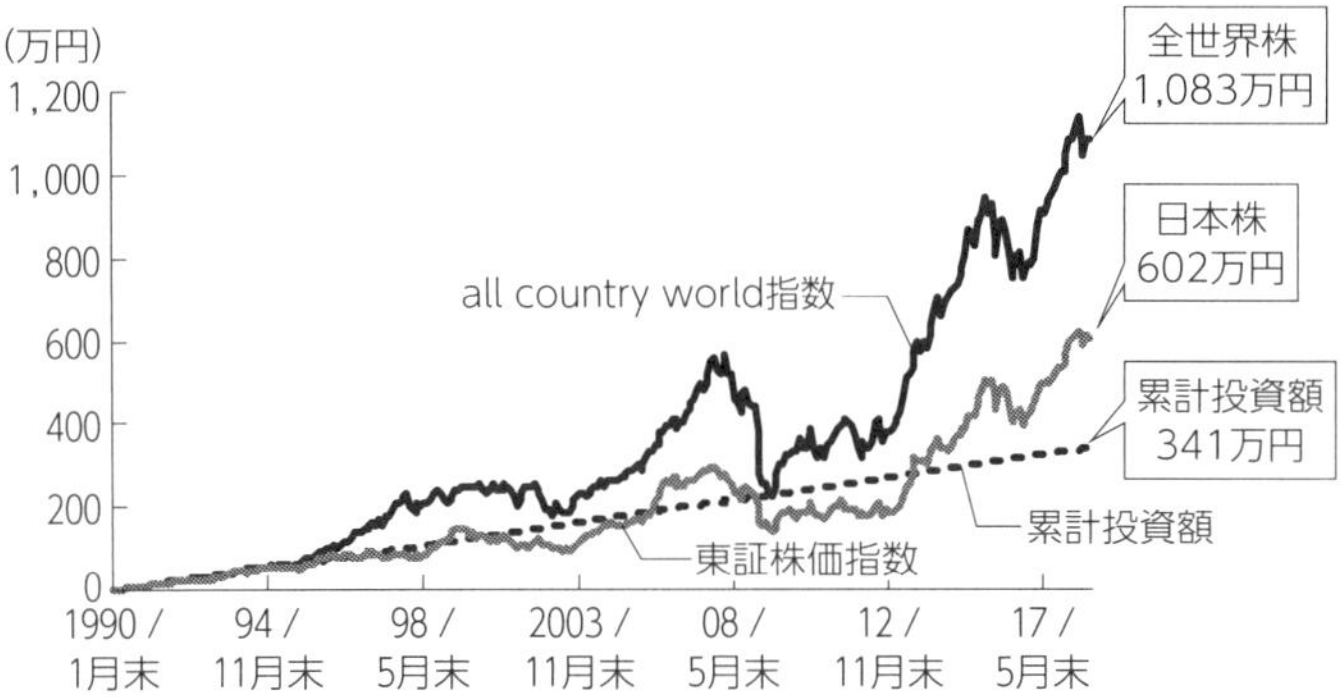

注：株式は配当込み、円ベース。著者試算。

そのときにやめていれば、上昇率は4割弱に急低下しています。急伸する時期を事前に当てることは不可能なので、市場に居続けることが大切です。

長期下落の日本株でも積立ならすでに利益

実際の例でみてみましょう。例えば、日本株バブルが崩壊した１９９０年以降、日本株は低迷を続けました。アベノミクスで上向いたとはいえ、１９８９年末のピークの６〜７割の水準です。

しかしそんな日本株でさえ、日経平均株価に連動する投信に１９９０年以降積立投資をしていれば、今や資産は累計投資額を7割強も上回っています。安い時期にも定額投資を続けた結果、コストが低くなったからです。

ただし、27年かけて7割強の利益では、今ひとつ不満が残ります。この間、世界株に同じ時期から積立投資をしていれば、資産は累計投資額の3倍です。

DCを使って、できれば世界全体の株価に連動する投信で積立投資をしていくことが長期的には成功しやすく、「人生100年時代」に必要な資産形成につながるのではないでしょうか。

投信のコスト差、長期で数百万円

次は、堅実な資産形成のための重要なルール「低コスト」です。

投資信託は運用担当者の腕で平均を上回ることを目指すアクティブ型と、様々な株価指数に連動するだけのインデックス型に大きく分かれます。アクティブ型は、いろいろな調査が必要なのでコストがかかることが多いのが難点です。

投信のコストは主に2つ。買うときに一度だけかかる販売手数料と、持っている間毎日少しずつとられる保有コスト（信託報酬）です。ただし、DCで扱う投信では原則販売手数料はかからないので、信託報酬だけ考えればいいことになります。

最近、指数に連動するインデックス型投信の信託報酬がうれしいことに急低下、選びさえすれば、世界全体に投資できる投信でも年に0・2％程度のものが増えています。

一方、同じインデックス型での古いものは年1％くらいかかりますし、運用担当者が銘柄やタイミングを選んで平均に勝とうとするアクティブ型といわれる投信では、年に1・7％ほどもか

図表Ⅲ-6　投信の種類

	アクティブ（積極運用）型	インデックス（指数連動）型
運用の狙い	市場平均（指数）を上回ることを目指す（ただし実際は下回る投信の方が多い）	市場平均（指数）に連動
販売手数料（購入時に一度だけかかる）	0～3%	0%が多い
信託報酬（運用期間中毎日かかる）	平均で1.3%程度	0.2～0.4%程度

注：日本株投信の一般的なケース、コストは年率

図表Ⅲ-7　世界株（MSCI　コクサイ）の連動投信に1990年に100万円投資したら…コストの差で大違い！

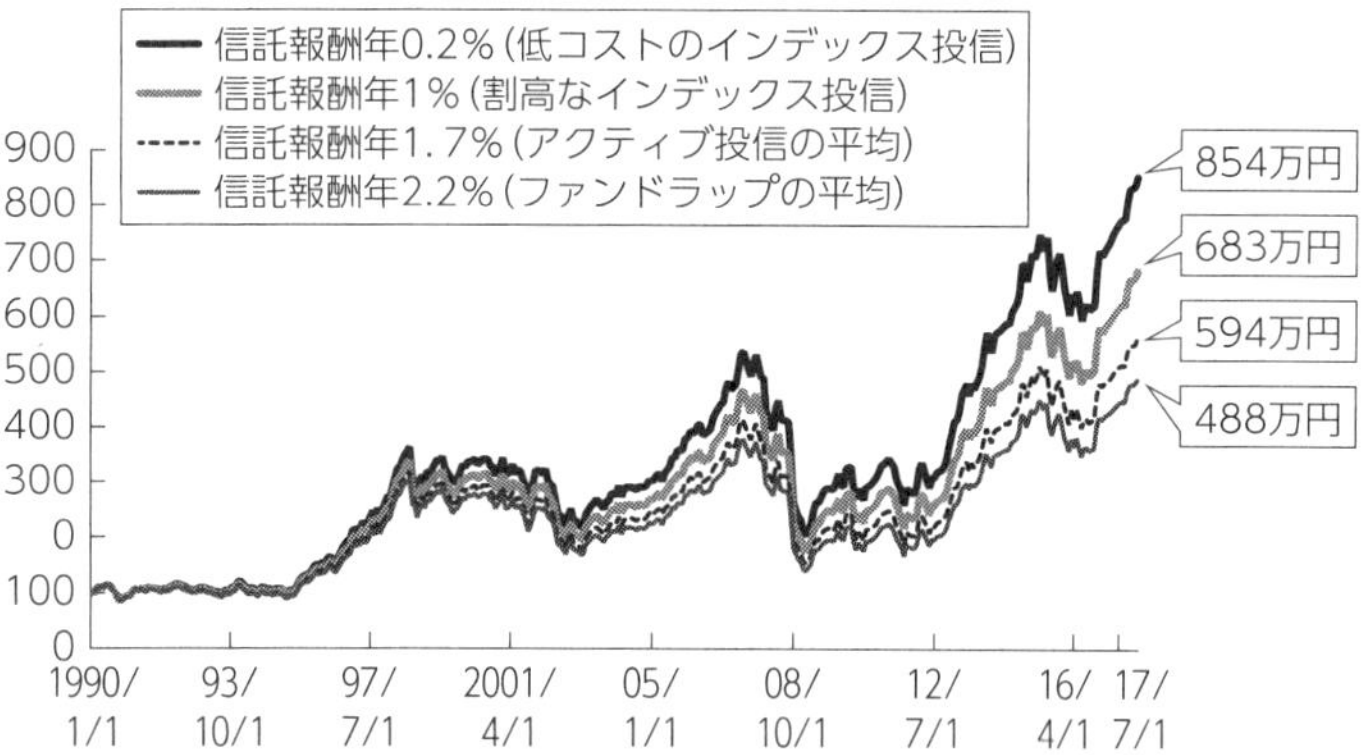

注：成績は円ベース、配当込み、筆者試算

図表Ⅲ-8　各年まで5年間保有して平均を上回ったアクティブ型日本株投信の比率

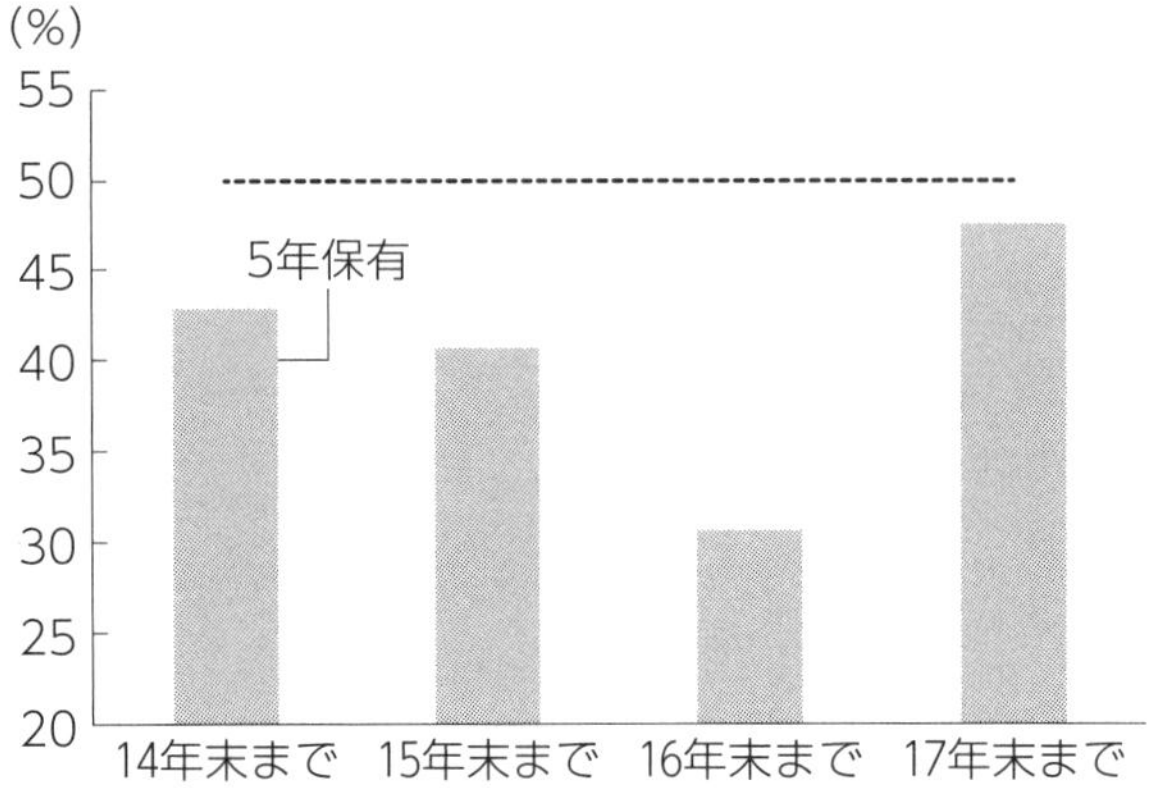

出所：S&Pダウ・ジョーンズ・インデックス、大型株投信は大型数指数、小型株投信は小型株指数と比較

かります。さらに、投信選びをお任せするファンドラップといわれるものでは、年に2・2%が平均です。

このコスト差は、長期ではとても大きなものになります。投信の成績というのは、運用成績そのものから信託報酬を差し引いたものだからです。

図表Ⅲ－7は、先進国株式全体の株価指数に1990年に100万円に投資していた場合です。運用成績はすべてMSCIコクサイという先進国株価指数と同じだったと仮定しました。

信託報酬0・2%の投信を使うと854万円に増えていた資産が、古い割高の信託報酬1%のインデックス投信を使うと683万円に、1・7%のアクティブ型投信なら594万円に、そしてファンドラップなら488万円に目減りしてしまいます。

ちなみにアクティブ型は、運用担当者が平均を上回ることを目指すのだから、成績そのものが良ければコスト差は補えると考えがちです。しかし、図表Ⅲ－8をみてもわかるとおり、各年末までの5年間でみて、平均を上回ったアクティブ型投信の比率はいずれも50％未満でした。

今や市場はプロ同士の戦い。勝ったり負けたりの繰り返しで成績そのものは長期では同じくらいになりやすく、一方で、アクティブ型は高いコストが積み重なるので、5～10年程度でみれば7割くらいのアクティブ型がインデックス型に負けるというのが、国内外で多くの時期に共通にみられる現象です。

10年くらいの期間では平均を大きく上回るアクティブ型も過去多くありました。しかし10年間好成績だった投信が次の10年もいいかというと、まちまちであるという分析結果が日米ともに多く出ています。過去の好成績が続くとは限らないのが難しいところです。

「自分は良いアクティブ型を選べる」という自信がある人以外は、インデックス型を選んだほうがいいと思います。

節税効果の大きな口座は株式投信中心で

資産形成に重要な要素となる「低コスト」は、単に投信のコストだけではありません。税金のコストをいかに抑えるかも重要です。ＤＣは運用時の税金が非課税です。この非課税効果をなる

図表Ⅲ-9　アセット・ロケーションで課税後の利益が変わる

株式投信（利回り6%） 100万円→課税口座	預貯金（利回り1%） 100万円→DC口座

利益4.8万円（2割課税後）　＋　利益1万円（非課税）　＝　利益5.8万円

株式投信（利回り6%） 100万円→DC口座	預貯金（利回り1%） 100万円→課税口座

利益6万円（非課税）　＋　利益0.8万円（2割課税後）　＝　利益6.8万円

べく大きく使うには、長期でみて値上がり期待が大きい資産をＤＣ口座にまとめることが大事です。

具体的にみてみましょう。ある人が株式投信（期待利回り年６％）、預貯金（期待利回り年１％）をともに１００万円ずつ運用するアセット・アロケーション（資産配分）を考えているとします。

年６％の株式投信１００万円分を課税口座で運用すると、６万円の利益のうち２割が課税され、税引き利益は４万８０００円です。一方、非課税であるＤＣ口座で預貯金を運用すると利益１万円が非課税でまるまる残るので、合わせた利益は５万８０００円です。

口座を逆にしてみましょう。ＤＣ口座で利回り６％の株式投信１００万円を運用すると６万円がまるまる残ります。一方、課税口座では預貯金の利益１万円が２割課税され税引き後で８０００円しか残りませんが、合計利益は６万８０００円です。

資産の置き場を入れ替えるだけで、税引き利益の合計額が増えるのです。このように、どの資産をどの口座で運用するかを、アセット・アロケーション（資産配分）とは1文字違いで、アセット・ロケーション（資産の置き場）といいます。

ＤＣ口座のように、運用時非課税の口座には長期の値上がり期待が大きい株式投信中心で運用、預貯金は課税口座で運用し、資産全体で自分の考えるアセット・ロケーションになっていればいいのです。

しかし現実には、イデコも企業型ＤＣも資産の6割が預貯金など元本確保型資産で運用されています。せっかくの節税口座の利点を生かせていないのが残念なところです。

ＤＣは長期・分散・積立・低コストの仕組み

基本的に毎月定額で掛け金をかけていくＤＣは、積立の仕組みがもともと備わっています。60歳まで引き出せないので、自動的に長期運用になります。ＤＣで選べる投信には、世界全体に分散できる低コストの投信もそろっていますし、仕組み的に税金コストも低くなります。人生100年時代に向けた、長期・分散・積立・低コストの仕組みを、ＤＣはまるごと備えているわけです。資産形成をＤＣできちんとやっていきましょう。それでは、個人型と企業型の2つのＤＣの仕組みをみていきます。

2 現役時代に税金負担を減らしながら老後資金を作れる「イデコ」

イデコは、預貯金や投信などの運用先を自分で選び、その成績によって将来の年金受取額が決まる制度です。2016年までは自営業者など第1号被保険者と、会社員のうち勤め先に企業年金のない人の合計4100万人が加入対象でした。

2017年からは、会社員などの妻である専業主婦（第3号被保険者）や公務員、勤め先に企業年金のある会社員など合計で2600万人も対象になり、対象者が6700万人にふくらみました。

対象者拡大とともに制度の有利さが広く報道され、2017年以降は加入者が大きく伸びました。2018年8月時点では100万人を突破、32万人だった2016年末の3倍強に急拡大しています。しかし、それでも加入対象者（6700万人）のわずか1・5％しか使っていないのが現状です。

イデコ活用で老後資金は600万円の差も

イデコの最大の特徴は、個人が掛け金を出すと、所得税や住民税の対象から、掛け金の分がまるまる差し引かれ、その結果、所得税や住民税が安くなることです（仕組みは183ページの国民年金基金と同じです）。

例えば、所得税と住民税の合計税率が20％の人が、企業年金のない会社員の上限額である年27万6000円（月2万3000円）を拠出すると、本来この27万6000円にかかっていた20％分の税金、5万5200円がいらなくなるのです。

しかも、運用期間中は値上がり益や分配金に課税されないので長期間複利で大きく増やせます。60歳以降の受給時には原則税金がかかりますが、このときも税金を軽減、あるいはゼロにしてくれる優遇制度があります。ただし受給時は、人によってはもらい方次第でそれなりの税金がかかることは要注意です。決して「まるもうけ」の仕組みではありません（この点は後述します）。

イデコを使うのと使わないのとで、どれくらいの差がつくか試算してみましょう。所得税と住民税の合計税率20％の会社員のケースです。①イデコを使い投信で20年間・年3％で非課税で運用しながら掛け金の節税額の恩恵を受ける、②課税口座を使い投信で20年間・年3％で2割課税で運用する、③課税口座を使い預貯金で20年間・年0・5％で運用する――の3ケースです。

同じように投信で3％で運用できた場合も、イデコと通常の課税口座とでは157万円弱の差が出ます。内訳は、運用益が非課税である効果が47万円、掛け金の節税効果が約110万円です。また、課税口座の預貯金と比べると290万円の差になっています。老後資金作りには、まずイデコを優先して使う大切さがわかります。

図表Ⅲ-10　イデコの掛け金上限額と節税効果

		2016年までの対象者		2017年以降新たに対象に				
		自営業者など	企業年金がない会社員	企業型確定拠出年金（DC）だけの会社員*1	企業型DCと確定給付年金（DB）のある会社員*2	DBだけの会社員	公務員	主婦
	掛け金の上限額	年81・6万円（月6万8000円）	年27・6万円（月2万3000円）	年24万円（月2万円）	年14・4万円（月1万2000円）			年27・6万円（月2万3000円）
所得（年収換算）と年間の節税額	150万円（年収500万円弱）……税率15%	122,400	41,400	36,000	21,600			41,400
	300万円（年収700万円前後）……税率20%	163,200	55,200	48,000	28,800			55,200
	500万円（年収950万円前後）……税率30%	244,800	82,800	72,000	43,200			82,800

注：＊1は企業型DCの上限を42万円に、＊2は18.6万円にすることを規約で決めた場合だけイデコを併用できる。

図表Ⅲ－11　イデコを使うと20年でどれだけお得？

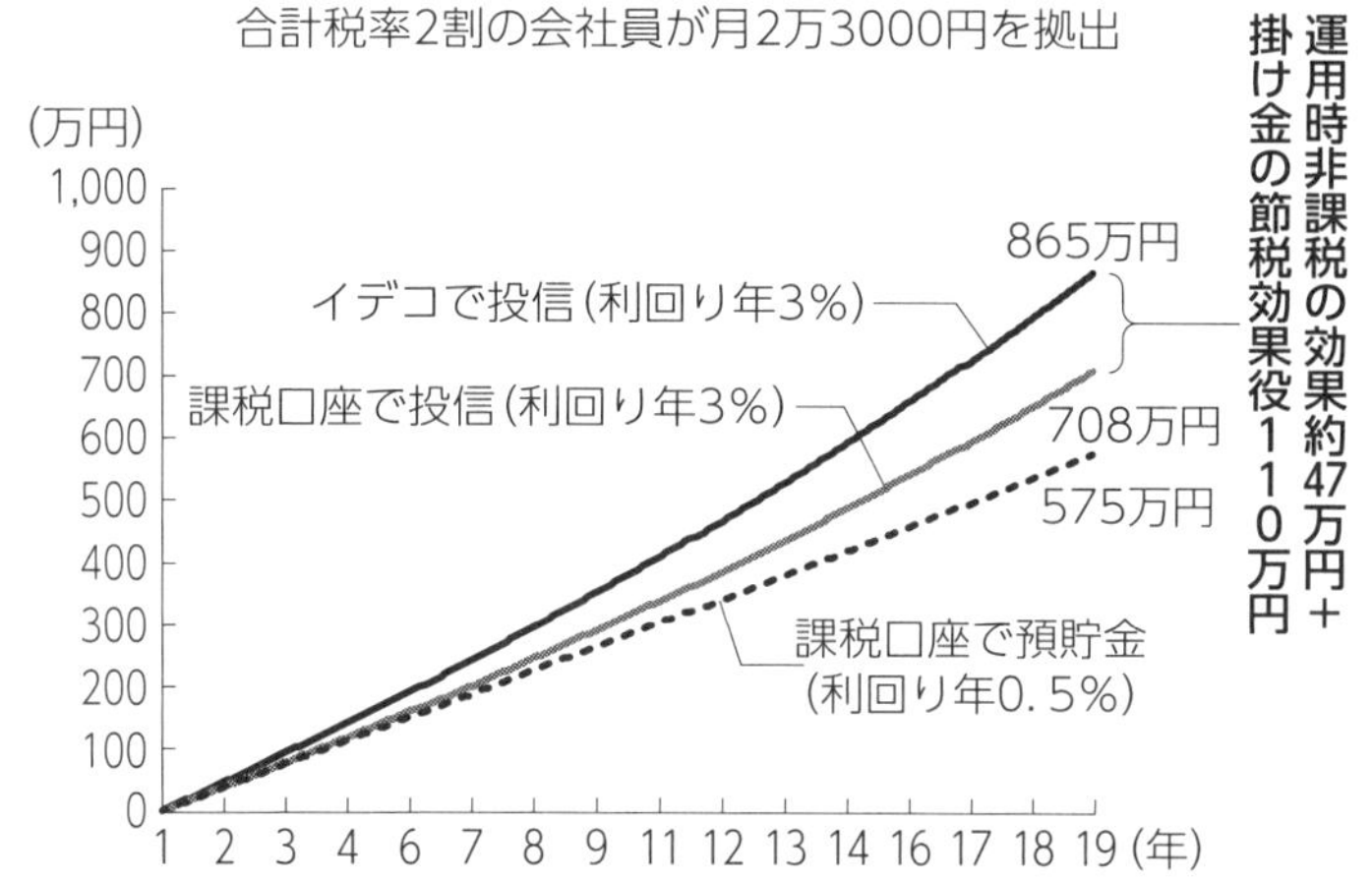

出所：著者試算

企業型ＤＣ加入者は原則対象外

イデコの仕組みについてよくある疑問を、図表Ⅲ－12に一覧にしておきました。まず主な点を解説していきます。

まず対象者（Q1）。「現役世代の原則全員が入れるようになった」とよくメディアなどで書かれます。しかし、企業型ＤＣ導入企業の加入者（2018年2月で648万人）は通常、イデコには入れません。正確にいうと、企業型ＤＣ導入企業でも企業型の掛け金を一定額以下に下げる規約変更をすれば併用できるのですが、そうした企業は極めて少数です。

「イデコに入れないのは悔しい」という企業型導入企業の加入者の声を結構聞きますが、少し勘違いがあるようです。そもそもイデコと違って、企業型は掛け金も口座管

図表Ⅲ-12　イデコの仕組みについてよくある疑問

17の疑問で知るイデコのツボ
Q1　本当に現役世代の全員が入れるの？
A　企業型確定拠出年金（DC）加入者は通常入れない。国民年金の未納・免除者もだめ
Q2　自分の節税額はどうやってわかる？
A　サイトなら中央労働金庫のシミュレーションがおすすめ
Q3　預貯金や個別株も対象？
A　預貯金は対象。個別株は制度上は禁じられていないが、実際にはどこも取り扱っていない
Q4　毎月同じ額しか拠出できないの？
A　18年からはボーナス時の集中拠出も可能に
Q5　最低の拠出額はいくら？
A　毎月拠出なら月5,000円、集中拠出なら年6万円に
Q6　途中の掛け金の変更も可能？
A　12～11月までの期間で1回は変更可能
Q7　運用の中身は変えられる？
A　掛け金のなかでの比率を変える配分変更、残高の比率を変えるスイッチングが可能
Q8　所得のない主婦もお得？
A　所得がなければ掛け金の節税効果はない。しかし運用時非課税の恩恵は受けられる
Q9　事業主も掛け金を上積みできる？
A　従業員100人以下の企業なら18年5月から上乗せ拠出可能に
Q10　金融機関はどこでも同じ？
A　口座管理費用や商品の品ぞろえ、サービスに大差
Q11　金融機関は変えられる？
A　変えられるが数か月時間がかかり、いったん売るのでその間の相場状況次第では不利に
Q12　金融機関が破たんしたら？
A　投信は分別管理されているので資産は減らない。預貯金は元本1,000万円までとその利息が保護
Q13　節税になったお金はどんな形で返ってくる？
A　会社員で自分が金融機関を通じて拠出していれば年末調整で。自営業者なら確定申告で。無駄使いに注意
Q14　必ず60歳から受け取れる？
A　60歳から受け取れるのは10年以上加入していた場合。加入期間が短いと受け取り開始時期が最大5年遅れる
Q15　受け取り開始時期はいつまで延ばせる？
A　70歳まで受け取り開始を延ばせる。そこから最大20年、90歳まで運用可能
Q16　途中で亡くなれば資産はどうなる？
A　遺族に渡される。3年以内の請求がお得
Q17　受給時も非課税？
A　原則は課税だが、一時金なら退職所得控除、年金なら公的年金等控除という優遇制度あり。ただ控除枠を超える場合は受給方法に工夫が大事

理費用も会社が出してくれています。自分で払うイデコよりお得です。企業型ＤＣ導入企業の従業員は、企業型ＤＣをなるべく効率的に使うことを考えましょう（２４０ページ）。

節税額計算のおすすめは中央ろうきん

自分の節税額はいくらなのでしょうか（Ｑ２）。

節税額は「掛け金の額×税率」なのですが、税率は課税所得によって変わるので、まず課税所得を知らなければなりません。年収から給与所得控除や基礎控除、配偶者控除、社会保険料控除などさまざまな控除を引いたのが課税所得なのですが、年収はだいたいわかっても課税所得はわからない、という人が大半です。

年収と課税所得の関係を、より正確に知りたい場合に簡単なのは、金融機関のサイトを使う方法です。おすすめサイトのひとつが、中央労働金庫（ろうきん）です。中央労働金庫のイデコのページ（検索で「中央労働金庫」「イデコ」と打つと出てきます）の「節税シミュレーター」というところにあります。年収や家族構成、掛け金額などを打ち込めば、自分の課税所得、年間の節税額がすぐにわかります。

多くの金融機関のサイトでは、単に年収だけ打ち込ませて税率を計算させています。このため実際には、所得税率５％の人が20％と表示されることもあります。家族構成によって控除も課税所得も税率も変わるので、かなりミスリードです。気を付けてください。

イデコの投資対象は、投資信託などリスク性資産だけでなく預貯金など元本確保型商品も対象です（Q3）。どうしても投資が怖いという人であれば、預貯金でも節税の恩恵を受けられます。しかし、せっかく長期で運用時に非課税になるのですから、株式を組み込んだ投信で、長期で増やすことを考えるのがおすすめです。

年1回12月だけも可能に

イデコは毎月拠出しかできませんでしたが、法改正で2018年からは年単位で計算されることになりました（Q4）。ただし、年の初めにイデコを1年間の上限額まで一括拠出することはできません。「拠出限度額は、経過月の限度額を積み上げていく」という仕組みだからです。

例えば、企業年金のない会社員の掛け金の上限額は月に2万3000円。1～11月にずっと0円にしておいて、12月にまとめて27万6000円ということもできるようになります。一方、1月にまとめて27万6000円とはできません。その時点では2万3000円分の積立可能額しかないからです。

なるべく上限額を目指そう

イデコでは上限額ばかりが注目されるので、なかには「必ず上限額を拠出しなくてはいけない」

と勘違いして、「自分は余裕がないので無理」と思っている人もいます。しかし、もちろんそんなことはなく、出せるだけでいいのです。ただし最低金額というものはあります。

2017年までは加入している期間の掛け金は月5000円が最低でした。2018年からも拠出する月の最低額は5000円のままですが、まとめて拠出する場合は年に6万円が下限になりました（Q5）。

2018年からの年単位化で、拠出しない月があってもよくなりました。ただし、それを繰り越して、例えば12月に1度だけ拠出するときは、下限額も12カ月分の6万円に積み上がります。きちんと老後資金を作ってもらうための制度なので、月換算の下限5000円（年の下限6万円）というのは変えず、時期だけをずらせるようにしたというイメージでしょうか。

ただし、こうした最低限の額でするよりも、おすすめはやはりできるだけ多くの掛け金をかけることです。イデコの節税額は「掛け金×その人の税率」だからです。

掛け金額下げも可能

掛け金の額は年に一度変更できます（Q6）。例えば、家を購入して住宅ローンが始まったとき、金利や返済期間などによってはイデコの掛け金に回すより住宅ローンの返済額を増やしたほうがいいケースもありえます。そうしたときは掛け金を減額できます。

毎月の掛け金拠出の際、例えば従来は日本株投信と外国債券投信を50％ずつ買っていた人が、日本株投信が大きく値上がりしていてさらに買い増すのが怖いと思えば、次の掛け金を例えば外債投信100％へ変更できます（Q7）。このように新規資金の運用対象の割合を変えることを、「配分変更」といいます。

それだけでなく、過去に運用していた資産についても、大きく値上がりした日本株を売って割安になった外国債券を買い増すといった指示を出せます。このように、資産全体の比率を変えるために売買することを「スイッチング」といいます。

通常の課税口座では値上がりした資産を売ると税金が発生しますが、イデコは運用期間中は非課税でしたね。税金を取られずに配分を変えられるのです。

主婦（夫）は掛け金の節税効果はない

主婦（夫）など所得がない人は税金も納めていませんので、掛け金拠出による節税効果はありません（Q8）。一方で、口座管理費用はかかり続けます。ほとんど金利ゼロの預貯金で運用するようなら、管理費用の分だけマイナスです。

ただし運用時の非課税という効果は受けられますので、投信で長期運用して資産を大きく増やすことを狙うなら意味はあります。イデコの加入期間に応じて退職所得控除という非課税枠が積み上がっていきますから、受給時も非課税で受けられる公算が大きいといえます。

ちなみに主婦がイデコをする場合、夫が実質的に掛け金を出している場合でも、夫が妻の分の所得控除を使うことはできません。イデコの所得控除は小規模企業共済掛金等控除という種類で、これは本人しか使えないルールです。

事業主による掛け金上乗せ「イデコプラス」が始動

２０１８年5月からは、従業員１００人以下の企業なら、事業主が上積みで掛け金を出すことができるようになりました（Ｑ９）。この仕組みは２０１８年秋に「ｉＤｅＣｏ＋（イデコプラス）」と名付けられました。ただし、本人の掛け金と事業主掛け金の合計は、本人の年金の種類に応じた掛け金上限額（例えば企業年金のない会社員なら月2万３０００円）の範囲内である必要があります。

事業主の上乗せ拠出は給料とはみなされないので、従業員にとって税金も社会保険料もかかりません。福利厚生の一環として広がることが期待されます。

地域情報サイト「枚方つーしん」を運営するmorondo（大阪府枚方市）はこの制度の活用に踏み切る方針です。「近くイデコプラスを入れ、掛け金の半分以上を事業主が負担したい」と原田一博社長は話します。社員数は12人。全員にイデコを薦めるといいます。「小さな会社なので自力では企業年金を作れないが、社員が安心して老後を迎えられるよう環境を整えたい」（原田社長）。厚生労働省によると、すでに全国で申請が出始めているそうです。

Ｑ10～12の金融機関選びについては後で少し説明しますが、口座管理手数料、商品の品ぞろえ、サービスなどに大きな差があります。預貯金での運用の場合は、特に口座管理手数料の低さが大事ですが、投信での運用なら、信託報酬（保有コスト）の低い投信の品ぞろえが豊富な金融機関を選びましょう（詳しくは233ページ）。

いったん選んだ金融機関でも、その後の変更ができます。しかし、資産をいったん現金化したうえで数カ月かかるのが一般的です。その間に資産価格の上昇などがあれば大変です。できれば変更しなくてもすむように、最初から満足のできる金融機関を選びたいところです。

イデコは基本的に郵送・ネットで手続きができ、質問があればコールセンターなどが答えてくれます。地元金融機関で加入する必要性はありません。ですから、口座管理費用が安くて低コスト投信が多いネット証券で口座を開くのも考えていい選択肢です。

所得税は年末調整などで還付、住民税は翌年安くなる

イデコで節税になった金額は、結構ムダ遣いしてしまうリスクがあります。それは税金が減る仕組みに一因があります（Q13）。

イデコの掛け金は、金融機関から引き落とす方法と、会社が天引きしてくれる方法があります。金融機関から引き落としされていることが大半ですが、この場合、所得税については引き下ろされた掛け金の額を年末調整または確定申告で申告すると、還付されます。会社天引きの場合は、源泉徴収の額を自動的に減らしてくれる場合もあります。

一方、住民税は、翌年以降の住民税が、住民税の還付分だけ、本来払う額より少なくなる仕組みです。

年末調整などの還付は、ほかのさまざまな還付と一緒につい使ってしまいがちですし、毎月の源泉徴収や翌年の住民税は、これまでいくら払っていて、イデコ開始後はどれだけ減ったかなど意識しないことが通常でしょう。この結果、つい浪費し、せっかくの節税額が、知らず知らずのうちに消えてしまう可能性も十分にあります。

これを防ぐには、例えば中央労働金庫のサイトなどを使って「自分の節税額は年5万5200円（税率20％の会社員が上限額の年27万6000円をかけた場合）」などとしっかり把握し、個別の通帳を作るなどして、節税額分を毎年きちんと貯めていくことが大事です。

70歳まで受け取りを延ばし90歳まで運用を継続も

次にQ14～15を説明します。イデコは10年以上の加入でも60歳からしか受け取れないし、加入期間などによって受給開始の時期はさらに後ずれします。例えば、4年以上6年未満の加入なら63歳から、2年未満の加入なら65歳からしか引き出せません。最大5年遅れるのです。

原則60歳まで引き出せないことを「イデコの弱点」という人もいますが、基本的にはこれはむしろ長所でしょう。あくまで老後のための制度なのですから、安易に引き出せないことがむしろプラスだからです。老後資金はイデコ、教育資金や住宅資金は途中で引き出せるＮＩＳＡと使い分ける手もあります。

もともと60歳で受け取ろうと考えていても、リーマン・ショックのような出来事があって株価が暴落していれば、そんなときに金融商品を売りたくない人も多いと思います。イデコは、60歳で必ず受け取らなければならないものではなく、そのまま運用を70歳まで続け、受け取りを先に延ばすことも可能です。

そこで受給方法を選ぶわけですが、一時金と年金受け取りがあり、両方を併用できる場合もあります。年金は受け取りながら、残った資産の運用を続けるのが一般的で、その期間は制度上、5～20年と決まっています。つまり、70歳直前で年金受け取りを選択すると、制度上は最長90歳までは年金を受け取りながら、運用を続けることが可能というわけです。

具体的な受け取り期間はＤＣの運営管理機関で違いがありますので、運営管理機関の選定の際にはそこもチェックしておきましょう。

ただし、60歳以上は新たに掛け金の拠出はできず、運用を続けるだけの運用指図者になります。掛け金拠出の節税メリットはなくなっている一方、口座管理費用（加入者よりは安くなります）はかかり続けるというデメリットも知っておきましょう。

Q15については、途中で亡くなれば資産は遺族に受け継がれます。死亡から3年以内に受け取れば「みなし相続財産」という扱いになり、法定相続人１人５００万円までの控除の仕組みが使えて有利です。迅速に家族が受け取るためには、イデコをしていることをきちんと伝えておきましょう。
Q16～17の受給時の課税は、あとで考えることにします。

口座管理費用の引き下げ競争相次ぐ

企業型DCと違って、イデコは自分で銀行、証券会社、保険会社などの運営管理機関を選んで加入を申し込みます。運営管理機関の比較一覧は確定拠出年金教育協会の「iDeCoナビ」、モーニングスターの「iDeCo総合ガイド」が便利です。

選ぶポイントは、主に、①口座管理費用、②投資信託の品ぞろえ、③窓口やコールセンターでの対応などサービスの違い――です。一番大事なのは②の投資信託の品ぞろえですが、まずは口座管理費用からみていきます。

イデコの費用は主に3つです。加入時にかかるのは国民年金基金連合会への手数料で2777円です。

年間の口座費用は国民年金基金分、運営機関分、信託銀行分に分かれます。

運営機関分の口座管理費用は、イデコの加入者増と機を合わせるように激しい引き下げ競争が起きました。当初は資産規模が大きい場合だけ低くするところが目立ったのですが、徐々に資産規模関係なしに一律0円にするところが増えてきました（図表Ⅲ－13）。新たに管理費用0円の松井証券なども参入し、2018年7月現在では、期間限定のキャンペーンなどを除いて、6つ

図表Ⅲ-13　口座管理費用は金融機関によって大きく違う

口座管理費用（年、円）は大違い					
イオン銀行	2004	中央労働金庫	5664	ソニー生命保険	5892
大和証券	2004	三井住友海上火災保険	5664	損保ジャパン日本興亜DC証券	5892
松井証券	2004	京葉銀行	5664	東邦銀行	5892
マネックス証券	2004	中国銀行	5664	筑波銀行	5892
楽天証券	2004	明治安田生命保険【シンプルコース】	5688	足利銀行	5892
SBI証券	2004	北越銀行	5724	群馬銀行	5892
みずほ銀行（資産50万円以上）	2004	池田泉州銀行	5724	常陽銀行	5892
野村證券（掛金1万円以上）	2004	富国生命保険	5736	八十二銀行	5892
第一生命保険（資産150万円以上）	2004	住友生命保険	5760	損保ジャパン日本興亜アセットマネジメント（資産100万円未満）	5892
損保ジャパン日本興亜アセットマネジメント（資産200万円以上）	2004	東京海上日動火災保険	5760	三井住友信託銀行【プランN】	5904
損保ジャパン日本興亜アセットマネジメント（資産100万～200万円未満）	3684	日本生命保険	5760	山梨中央銀行	5940
岡三証券	4464	みちのく銀行	5760	青森銀行	6144
ジブラルタ生命保険	5064	第四銀行	5760	あいおいニッセイ同和損害保険	6276
三井住友銀行	5064	北國銀行	5760	明治安田生命保険【スタンダードコース】	6408
三菱UFJ銀行／三菱UFJ信託銀行【ライトコース】	5064	大垣共立銀行	5760	栃木銀行	6408
ゆうちょ銀行	5064	十六銀行	5760	大分銀行	6408
みずほ銀行（資産50万円未満）	5064	静岡銀行	5760	秋田銀行	6444
荘内銀行	5244	百五銀行	5760	三菱UFJ銀行／三菱UFJ信託銀行【標準コース】	6540
スルガ銀行	5244	南都銀行	5760	百十四銀行	6540
さわかみ投信	5244	紀陽銀行	5760	岩手銀行	6924
野村證券（掛金1万円未満）	5400	伊予銀行	5760	SBIベネフィット・システムズ	6948
北洋銀行	5400	愛媛銀行	5760	肥後銀行	7176
北海道銀行	5400	鹿児島銀行	5760	信金中央金庫	7188
北陸銀行	5400	第一生命保険（資産150万円未満）	5784	山口銀行	7188
横浜銀行	5436	りそな銀行	5796	福岡銀行	7188
お金のデザイン（MYDC）	5496	西日本シティ銀行	5844	宮崎銀行	7188
滋賀銀行	5496	ジャパン・ペンション・ナビゲーター	5892	十八銀行	7404
広島銀行	5640				
琉球銀行	5640				

注：年12回拠出の例、2018年7月時点、DC教育協会の「iDeCoナビ」を基に作成

の金融機関が資産残高関係なしで0円です。この場合、毎月拠出の場合で国民年金基金連合会（国基連）分と信託銀行分だけの2004円ですみます。

口座管理手数料に関してたまに「高いところはサービスもいいのだろう」と勘違いしている人がいますが、基本的に関係ありません。地方銀行などを中心とした口座管理費用が高い金融機関の多くは、「単にやる気がない」だけです。やる気がないので投信の品ぞろえも高コストのものが大半だったりします。できれば費用の安いところを選びましょう。

年に1度の掛け金なら国基連分を含めても口座費用年800円台に低下

国民年金基金連合会分も2018年からは変化がありました。掛け金の年単位化が行われたので、例えば年に1度だけ拠出する人は、国基連分は103円、2回なら206円ですむようになりました。

ボーナス年に1回拠出なら、運営機関分が0円の場合は103円＋0円＋信託銀行分768円の871円ですむようになったのです。つまり、毎月拠出に比べて年の合計額が1133円下がります。

ただし、この金額の節約を狙って回数を減らすのはおすすめできません。積立で高値づかみのリスクを減らして投資をするということのほうが大事だからです。実は積立の頻度（例えば毎日積立とか毎週積立とか毎月積立とかです）でそれほど成績に差は出ないという分析もあるのです

図表Ⅲ-14　投信の種類

<table>
<tr><th rowspan="2"></th><th rowspan="2"></th><th>加入時の費用</th><th colspan="4">年間費用</th><th>年金で受け取るとき</th></tr>
<tr><th>国民年金基金分（一律）</th><th>国民年金基金分（毎月拠出の場合）。
＊1回につき 103円×12回</th><th>運営機関分</th><th>信託銀行など（一律）</th><th>合計（毎月拠出の場合）</th><th>1回当たり</th></tr>
<tr><td rowspan="2">ネット証券など</td><td>年1回拠出</td><td rowspan="3">2,777円</td><td>103円</td><td rowspan="2">0円</td><td rowspan="2">768円</td><td>871円</td><td rowspan="3">432円</td></tr>
<tr><td rowspan="2">年12回拠出</td><td rowspan="2">1,236円</td><td>2,004円</td></tr>
<tr><td>地方銀行A校</td><td>5,400円</td><td>768円</td><td>7,404円</td></tr>
</table>

が、時期によっては集中投資が高値づかみになることもありえます。

口座管理費用の安い金融機関を選ぶことは、特に預貯金で運用したいという人や所得のない主婦（夫）の場合は重要です。預貯金は利回りがほぼゼロですので、口座管理費用が高ければ節税効果がかなり食われてしまうからです。

所得のない主婦（夫）はそもそも掛け金拠出による節税効果がありませんから、投信で増やすにしても、できる限りコストを抑えることが特に重要です。投信の品ぞろえやそのほかのサービスなど全体を見渡したうえで、なるべく口座管理費用の低いところを選びましょう。

図表Ⅲ-15　信託報酬と口座管理費用の30年間の累計額

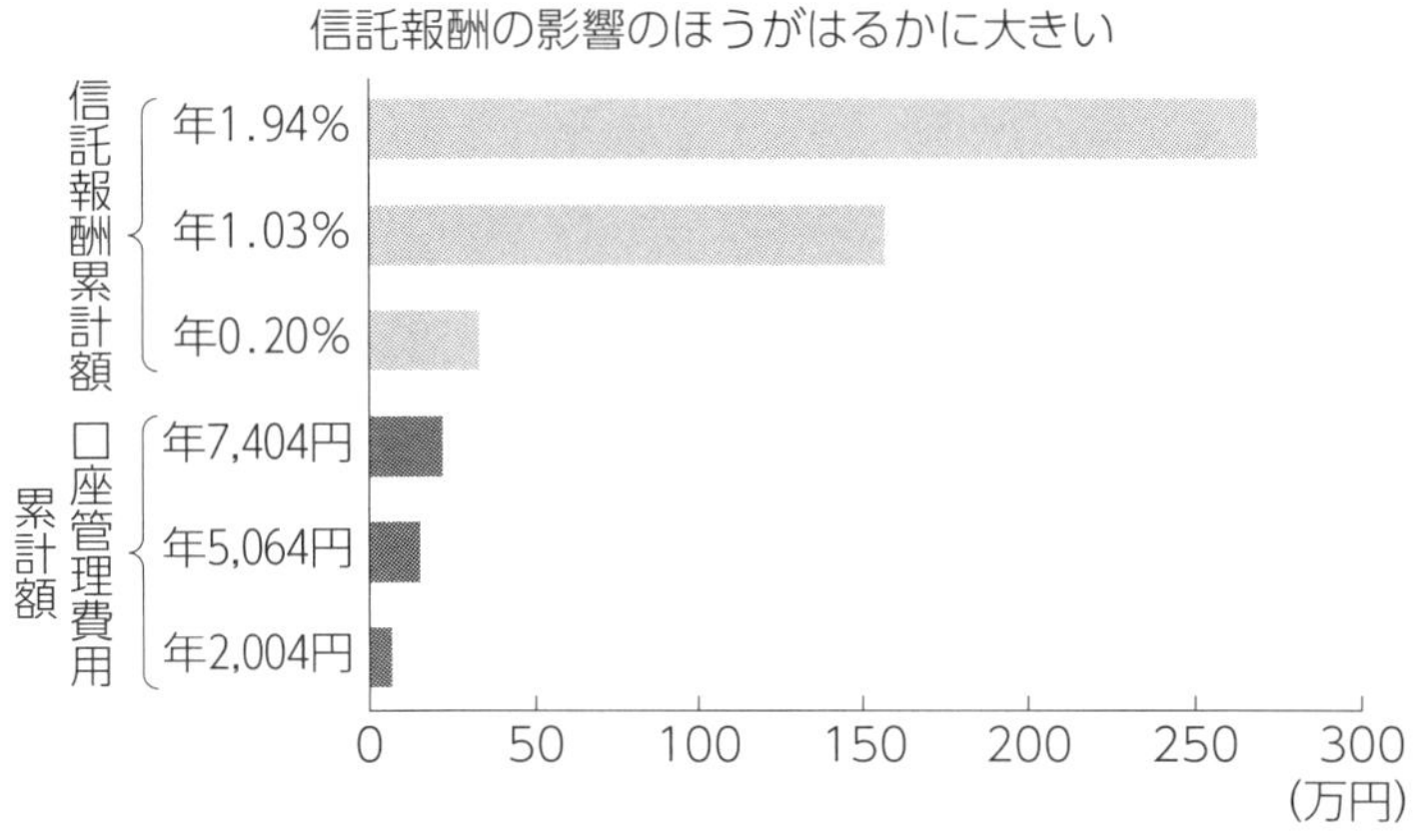

注：年27.6万円を拠出、年3%で運用したケース

最大のコスト要因は口座管理費用ではなく投信の信託報酬

ただしコスト差の最大の要因は投信の信託報酬です。

イデコの競争激化で、多くの金融機関は信託報酬の下がったインデックス型投信を品ぞろえに加えました。この結果、イデコの加入者は今までとは見違えるような低コスト投信を活用できるようになりました。

これらの共通する特色は、日本株、日本債券、外国株、外国債券という主要4資産で、信託報酬が0・1〜0・2%台というものです。

超低コスト投信ならネット証券

投信の品ぞろえ競争は続いています。

SBI証券は2018年11月から「セレク

トプラン」という、超低コスト投信を組み込んだ新ラインナップを始めました。特にうれしいのが「eMAXIS Slim」という三菱UFJ国際投信のインデックス投信のシリーズを国内外の株や債券など各資産で使えることです。「eMAXIS Slim」は、他社が同じジャンルでより低い信託報酬の投信を出せば追随して引き下げることをうたっています。実際に何度も引き下げを実行してきました。「eMAXIS Slim」を選んでおけば、自動的に最安になることを期待できるわけです。ちなみに同じ運用会社が「Slim」のつかない「eMAXIS」というシリーズも出していて、こちらは必ず引き下げるわけではないので区別しておきましょう。このセレクトプランでは、これまで信託報酬引き下げの先陣を切り続けてきたニッセイアセットマネジメントの超低コスト信託も3本組み込まれています。

ＳＢＩは日本株のアクティブ型では好成績をあげてきた独立系のレオス・キャピタルワークスのアクティブ型投信「ひふみ投信」や、やはり好成績だったＳＢＩアセットマネジメントの中小型株投信「ジェイリバイブ」も選択できます。ただしアクティブ型は、過去の好成績が今後も続くかどうかはわからないのが難しいところで、基本的にはインデックス型をお勧めします。

マネックス証券も先進国や新興国の株で「eMAXIS Slim」が使えますし、やはりアクティブ型で「ひふみ」「ジェイリバイブ」が選べます。松井証券は「eMAXIS Slim」のシリーズを中心としたシンプルな品ぞろえです。

楽天証券も、主要資産に「たわらノーロード」シリーズなど低コストのインデックス投信のほ

図表Ⅲ-16　イデコの金融機関はどこを選ぶ？

	金融機関	理由
全般的におすすめ	マネックス証券、楽天証券、SBI証券、松井証券などのネット証券	低コストの投資信託の品ぞろえが豊富で、よりよい投信が出れば早期に品ぞろえに加わる。口座管理費用も金融機関分は無条件でゼロ

- SBI証券…18年11月からの「セレクトプラン」では、「他社が信託報酬を下げれば最安にする」ことをうたっている「eMAXIS　Slim」や、絶えず低コスト化を進めるニッセイアセットマネジメントのインデックス投資のシリーズを主要資産に配備。成績良好なアクティブ型「ひふみ投信」「ジェイリバイブ」も。
- マネックス証券…「eMAXIS　Slim」をバランス型、先進国株、新興国株、先進国債券で使えるのが強み。ロボアドバイザーの無料の資産配分シミュレーションあり。
- 楽天証券…主要資産に低コストで有名な「たわらノーロード」シリーズや「三井住友DCシリーズ」などのインデックス投信。独立系のセゾン投信の「セゾン・バンガード・グローバルバランスファンド」「セゾン資産形成の達人」も。中小型株も含めて非常に幅広く投資できるインデックス投信「楽天全世界株式」「楽天全米株式」も。
- 松井証券…投信が12本と絞り込まれ使いやすい。バランス型と先進国株、新興国株で「eMAXIS　Slim」のシリーズを使える。

	金融機関	理由
やり取りを重視したい人におすすめ	大手金融機関のうち野村証券、大和証券、みずほ銀行、三井住友銀行、りそな銀行など	新規商品の取り込みは遅いが、低コストの投資信託の品ぞろえがそこそこそろっている。三菱UFJ銀行は投信の品ぞろえに割安感が薄い。 昔から企業型DCを手掛けていたので、ネット証券に比べコールセンターの対応やwebの使いやすさに一日の長がある。三井住友、りそなは店頭で相談や申し込みが可能。
注意が必要	地方銀行、大手損害保険会社など	信託報酬の高いアクティブ型中心で、主要資産で低コストのインデックス投信がそろっていないケースも多い。口座管理費用も高いことが多い。

か、中小型株も含めて非常に幅広く投資できるインデックス投信「楽天全世界株式」「楽天全米株式」も取り扱っています。独立系で人気のセゾン投信のインデックス型投信「セゾン・バンガード・グローバルバランスファンド」や、同社の世界株で運用するアクティブ型投信「資産形成の達人ファンド」も選べます。やはり独立系のコモンズ投信の人気アクティブ日本株投信「コモンズ30ファンド」も対象です。

様々な金融機関で2017年以降品ぞろえは改善されたとはいえ、まだおすすめしづらい金融機関も多数あります。特に、地方銀行や損保系の金融機関は、口座管理費用も割高なうえ取り扱い投信も信託報酬の高いところが目立ちますので、注意が必要です。

イデコは基本的にネットで手続きを行うのですが、何かわからないときはコールセンターに問い合わせるのが一般的です。できれば土日などもコールセンターが対応してくれるところが便利です。ただ、受付時間が平日は午後9時までと長く、土日も対応するのは金融機関の3割弱にしかすぎません。確定拠出年金教育協会のサイト「iDeCoナビ」では、各金融機関のコールセンターの休日や受付時間の一覧が載っていて便利です。

イデコのお得な受給方法を考える

イデコのたくさんある税制優遇のひとつが受給時のものです。まず、税金の仕組みを知りましょう（図表Ⅲ－17）。一時金でもらえば所得税の計算上は「退職所得」の扱いとなります。退職

図表Ⅲ-17　税金・社会保険料の扱いは異なる

	一時金で受け取り	年金で受け取り
所得税の区分	退職所得＝（一時金額－退職所得控除額）×1／2 ●20年まで1年あたり40万円 ●21年目は以降は1年当たり70万円	雑所得＝年金額－公的年金等控除額 ●65歳未満で年金額130万円以下なら70万円 ●65歳以上で年金額330万円以下なら120万円など
社会保険料	かからない	国民健康保険・介護保険料の対象

所得控除という非課税枠が加入期間20年まで年40万円、それ以降は年70万円ずつ積み上がるのです。

例えば30年間イデコで積み立てると、「40万円×20年＋70万円×10年」で１５００万円。つまり、イデコの掛け金を運用した結果生み出された金額がこの控除額を上回らない限り、一時金で受け取る際の税金はゼロなのです。ちなみに退職所得控除を超えた場合も、税金の計算上、超えた額を半分にしてくれます。

一方、イデコの資産を年金方式で受け取ると、公的年金などと同様に雑所得となります。60歳代前半は年間で70万円、後半は１２０万円までは公的年金等控除により非課税となりますが、超えた分は課税対象です。

ただし、退職所得控除は会社の退職金の非課税枠と共有ですし、公的年金等控除も公的年金の非課税枠と共有です。

退職金や公的年金がある程度大きい会社員の場合、退職金や公的年金でこの非課税枠を使い切ってしまい、イデコの資産はまるまる課税されることも仕組み上起きます。これを防ぐには工夫が必要です。

おすすめは公的年金の「空白時代」の活用

その人によって状況は違いますから、以下はあくまでひとつの例として考えてください。ただし、多くの人にとって有利になりやすい例ではあります。

それは60歳代前半の年金の「空白の5年間」を使った手法です。すべてを一時金で受け取るのではなく、60歳の定年後、公的年金の支給が始まる64歳までの期間を活用するのです。この間の公的年金等控除の額は年70万円。これ以下なら税金はかかりません。

例えばイデコの資産が600万円貯まっていたとします。このうち年金形式で70万円ずつ計350万円を受け取ります。残り250万円を5年後に一時金で受け取ると、これは退職所得扱いなので課税対象は半分の125万円の退職所得となり、税金は非常に少なくてすみます。

他に所得がない場合、実際は公的年金等控除だけでなく、基礎控除(所得税なら38万円)を加えた108万円までは税金がかかりません。

ちなみに税制改正で公的年金等控除が10万円縮小になる見通しですが、一方で、基礎控除は10万円引き上げられます。2つを合わせた控除枠が大きく減らない限り、この手法の有効性は続くでしょう。

多くの金融機関ではこのような「年金＋一時金」という併用が選べますが、ＳＢＩ、大和、さわかみ、損保ジャパン日本興亜などでは年金か一時金のどちらかしか選べません。基本的には受給時に併用できる金融機関のほうが便利です。

究極は受給繰り下げとの組み合わせ

同様の考え方を発展させて、「究極の受給時税負担減＋将来の公的年金増額」という方策を考えてみましょう。

それには第Ⅱ章1節でみた繰り下げの仕組みのことを思い出してください。公的年金は、本来の65歳である受給開始年齢を繰り下げてもらうと、1カ月ごとに0・7％、5年後の70歳まで繰り下げると42％も増えるのでした。

つまり、本来は65歳からもらえる公的年金を70歳まで繰り下げすれば、60歳からの10年間は公的年金はなし。つまり60代の10年で、年60万円ずつ年金方式でもらえば、まるまる非課税ということになります。

ここではイデコの金額を600万円としましたが、この方式であればもっと金額が大きくても大丈夫です。60代前半の350万円（公的年金等控除70万円×5年）＋後半の600万円（120万円×5年）の計950万円まで、年金方式で非課税で受け取れることになります。

しかも70歳以降は、本来もらえた金額の42%増の公的年金が死ぬまでもらえます。イデコの資金と合わせて、かなり大きな老後の安心感となるのではないでしょうか。

3 企業型確定拠出年金――有効活用が老後を左右

会社員の6人に1人が企業型に加入

企業型確定拠出年金（ＤＣ）が使える会社員は、２０１８年2月で６４８万人にも達しています。会社員の６人に１人程度です。２０１６年末からの伸びは、実はイデコ加入者の伸びを上回っています。

２０１７年から、企業型ＤＣがある人も制度上はイデコの併用ができることになりました。しかし実際には、企業型ＤＣの上限額を下げる規約変更が必要なため、実行する企業は非常に少数です。現役世代のほぼ全員が、イデコもしくは企業型ＤＣのどちらかが使えるようになったというのが実態に近いでしょう。

「なんで自分はイデコに入れないのか」――。イデコの税制優遇が知られるようになってから、企業型ＤＣ加入者からこんな不満も聞くようになりました。

しかし、基本的に企業型ＤＣはイデコより有利な仕組みです。「掛け金の所得控除がないじゃないか」といいますが、当たり前です。企業型ＤＣの掛け金は、原則会社が出すものだからです。

自分で出さずに会社が出してくれているのですから、これがそもそもイデコよりお得な最大の理由です。

実際、もし企業型ＤＣがなくて、代わりにこの掛け金を給料でもらったとしたら、その分税金を取られていたはずです。給与でなく掛け金を払ってもらうことで、実質的にはイデコと同じ税金の控除を受けているともいえます。

運用時に非課税で増やせ、受給時に一時金なら退職所等控除、年金なら公的年金等控除が受けられるという点では、イデコと同じです。

そしてイデコよりお得なのが、さまざまな手数料も会社が出してくれているという点です。イデコでは最安でも年２００４円、金融機関によっては７０００円台（毎月拠出の場合）の口座管理費用を自分で払わなければなりません。企業型ＤＣはその負担がないのです。

ただし、掛け金は企業によっては若手社員の掛け金が月数千円など少ないことがあります。これではなかなか資産形成になりません。このわずか数千円のためにイデコができないのは残念です。とはいえ、嘆いていてもしかたがありません。

節税効果がある資産形成手段としては、ほかに積み立て方式の少額投資非課税制度（つみたてＮＩＳＡ）もありますから、企業型の掛け金が少ない人はとりわけそちらも併用するようにしましょう。

市販の投信より割高な品ぞろえも

企業型DCですが、課題も多くあります。ひとつは投信の品ぞろえです。

2018年から始まったつみたてNISAの対象商品を、金融庁が低コスト投信に絞ったことをきっかけに、市販の投信は信託報酬がどんどん低くなっています。今や外国株投信でも、年に0・1~0・2%台も珍しくなくなってきました。

企業型DCでは、会社が選んだ投信を使うしかありません。超優良企業のなかには、ずっと以前から金融機関と交渉して、既に現在の超低コスト投信と同じレベルの投信を早くから選んでいるところもあります。しかし、いまだにインデックス型にもかかわらず、信託報酬が年1%というかなり割高になったものしか選べない会社もかなりあります。

そうなっている理由は、①企業型DCの担当が人事部門出身などで、金融商品の動静にうとい、②仮に加入者のためにはならないとわかっている場合でも、会社と取引のある金融機関なので仕方なく使っている――などです。しかし、投信の信託報酬の差で、数十年後には数百万円もの差になるのは212ページでみたとおりです。

企業型DCで良い商品を選べるかどうかは、二極化しているのが実情です。組合などを通じて良い商品を入れられないか交渉してみるのも大切です。

図表Ⅲ-18　18年3月までの企業型DC加入者の通算年利回り

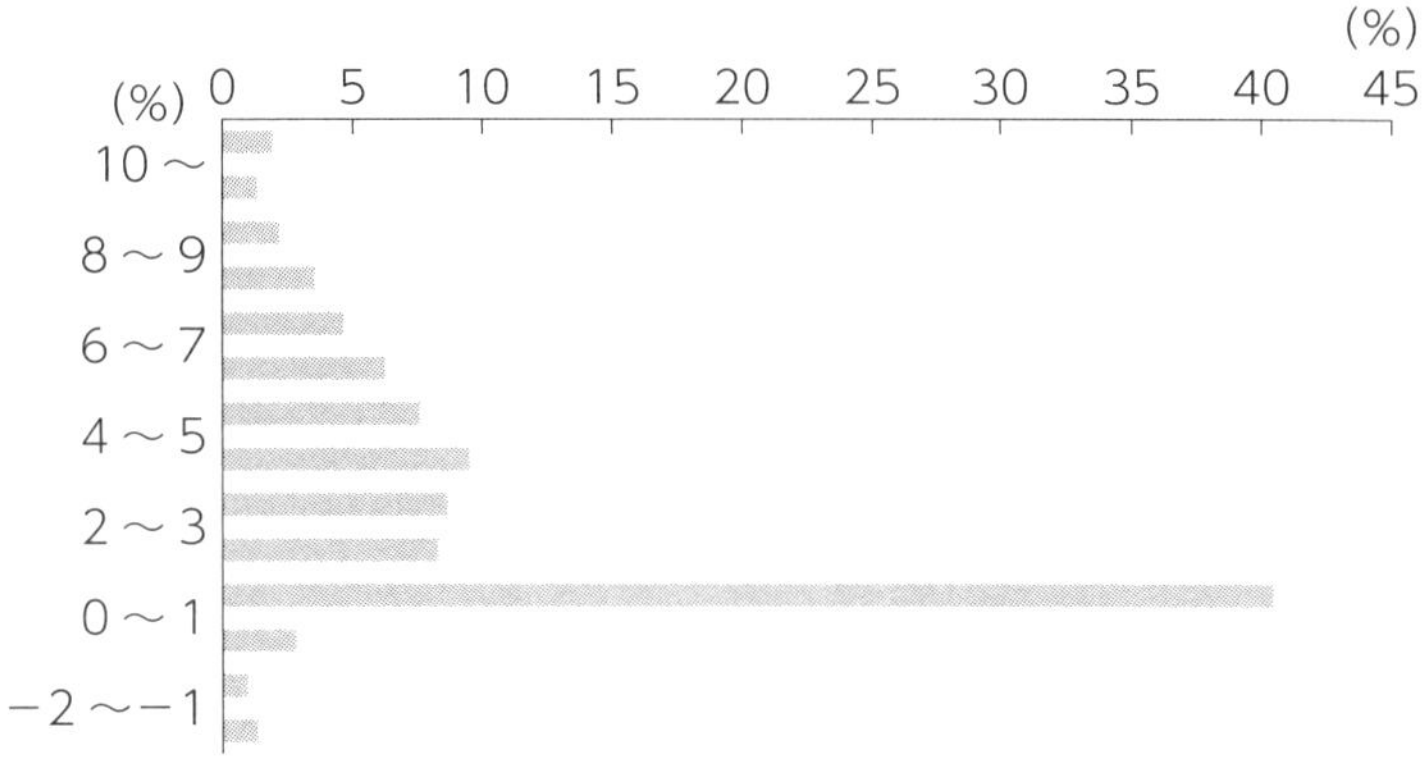

出所：「年金情報」（R&I）

通算利回りが1%未満の人が多数

現在の企業型ＤＣの最大の課題は、十分に活用されていないということに尽きます。アベノミクスで株価が26年ぶりの高値になるなか、加入者の４割は、通算で１％未満のリターンしか上げられていません（２０１８年３月時点）。なぜかというと、企業型ＤＣの残高の６割弱が、ほぼゼロ金利である預貯金など元本確保型の商品で運用されているからです。投信などでの運用は４割強にしかすぎません。通算利回りが０～１％の人は、元本確保型商品で運用している人です。

企業型ＤＣの多くは、退職一時金や確定給付型企業年金（ＤＢ）のお金を原資として、ＤＣに衣替えしています（確定給付のままだと、運用に失敗したら会社が穴埋めしなくてはならないという事情もあり、ＤＣへの移行が世界的に進んでいます）。

その際に、ＤＣの加入者がどれくらいの利率で運

図表Ⅲ-19　マッチング拠出の仕組み

マッチング拠出の仕組み

- 会社掛け金と本人掛け金の合計が企業型DCの範囲内（他の企業年金がなければ5万5,000円（図はこのケース）、他の年金があれば2万7,500円）
- 本人掛け金は会社掛け金を上回れない

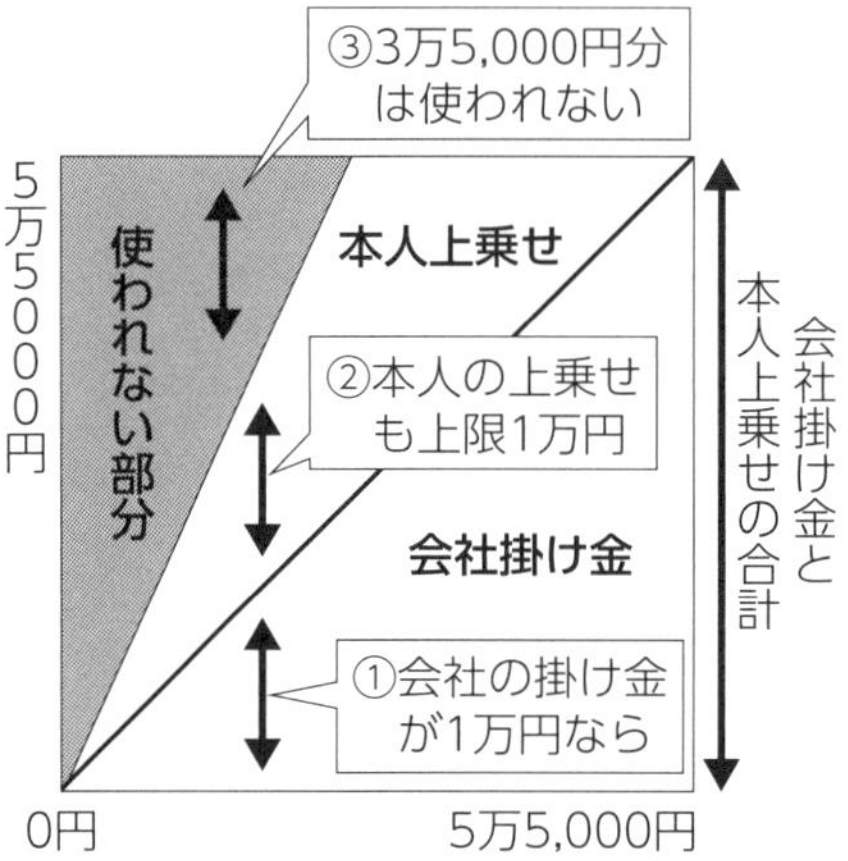

用できればもともとあった一時金やＤＢの水準に到達できるか、一定の前提を定めます。これは「想定利回り」といい、会社によりまちまちですが平均は年２％です。企業型ＤＣ加入者は平均では２％で回さないと、もともとあった一時金やＤＢの水準に届かないということです。

もちろん株式を中心にした運用では、資産価格が大きく変動します。しかし、ＤＣは老後に向けた長期の商品です。２０５ページでみたように、世界全体の株式で長期で運用するのも有用な選択肢です。

マッチング拠出なら掛け金に応じた税金が返ってくる

企業型DC導入企業の4割は、マッチング拠出という仕組みを入れています。企業型は企業が掛け金を出すのですが、そこに従業員自身も上積みで掛け金を出すことを認める仕組みです。上積みで出した掛け金については、全額が住民税と地方税の計算の対象から外れて節税になります。節税額は、自分が上積みした掛け金×その人の税率、です。イデコと同じですね。

ただし、①自分が上積みできるのは企業が出した掛け金以下、②企業が出した掛け金と自分が上積みした合計額が、企業型DCで認められた上限額を超えない――という制約があります。

図表Ⅲ-20　マッチングは会社掛け金以下で、会社掛け金との合計額が5万5000円以下

（単位：円）

会社掛け金	マッチングでの本人掛け金（会社掛け金以下）
5,000	5,000以下
10,000	10,000以下
20,000	20,000以下
27,500	27,500以下
30,000	25,000以下
40,000	15,000以下
50,000	5,000以下
55,000	0

注：限度額55,000円のケース

企業型DCの掛け金の上限額は、他に企業型DBがない企業なら月5万5000円、DBがある企業なら同2万7500円です。しかしこれはあくまで上限で、通常は役職などが上がるにしたがってこの上限額に近づきますが、年齢が若いと数千円しかないこともあります。例えばDC

だけの企業の上限額は5万5000円なのに、会社掛け金が5000円しかないとマッチングも5000円しかできず、計1万円。せっかくの枠が4万5000円も残されます。

そうであるなら、企業型DCの掛け金上限額を下げる規約変更をしてイデコの併用も認めてほしいという人もいるでしょうが、上限額を下げると役職が上で上限額まで拠出されている人が困るので、規約変更はかなり難しいのが通常です。

①長期運用の効用を高めるため株式主体で運用する、②マッチング拠出を積極的に使う、③別途つみたてNISAで運用する——などできる範囲でがんばるのが現実的です。

【コラム】不十分だったDC大改革——厚労省に足りない資産運用への知見

貧しくなる日本の家計

日本の家計は相対的に貧しくなっています。1997年からの20年で家計金融資産はアメリカが2・9倍、イギリスは2・6倍になりましたが、日本は1・5倍。とりかえしがつかないほどの大差がつきました。

差の大半を左右したのが、株や投信などの運用による資産増です。リスクはありますがリターンも高く見込める株や投信の保有比率は、2017年末でアメリカ50%、イギリス42%

図表Ⅲ-21　各国の家計金融資産構成比（2017年末）

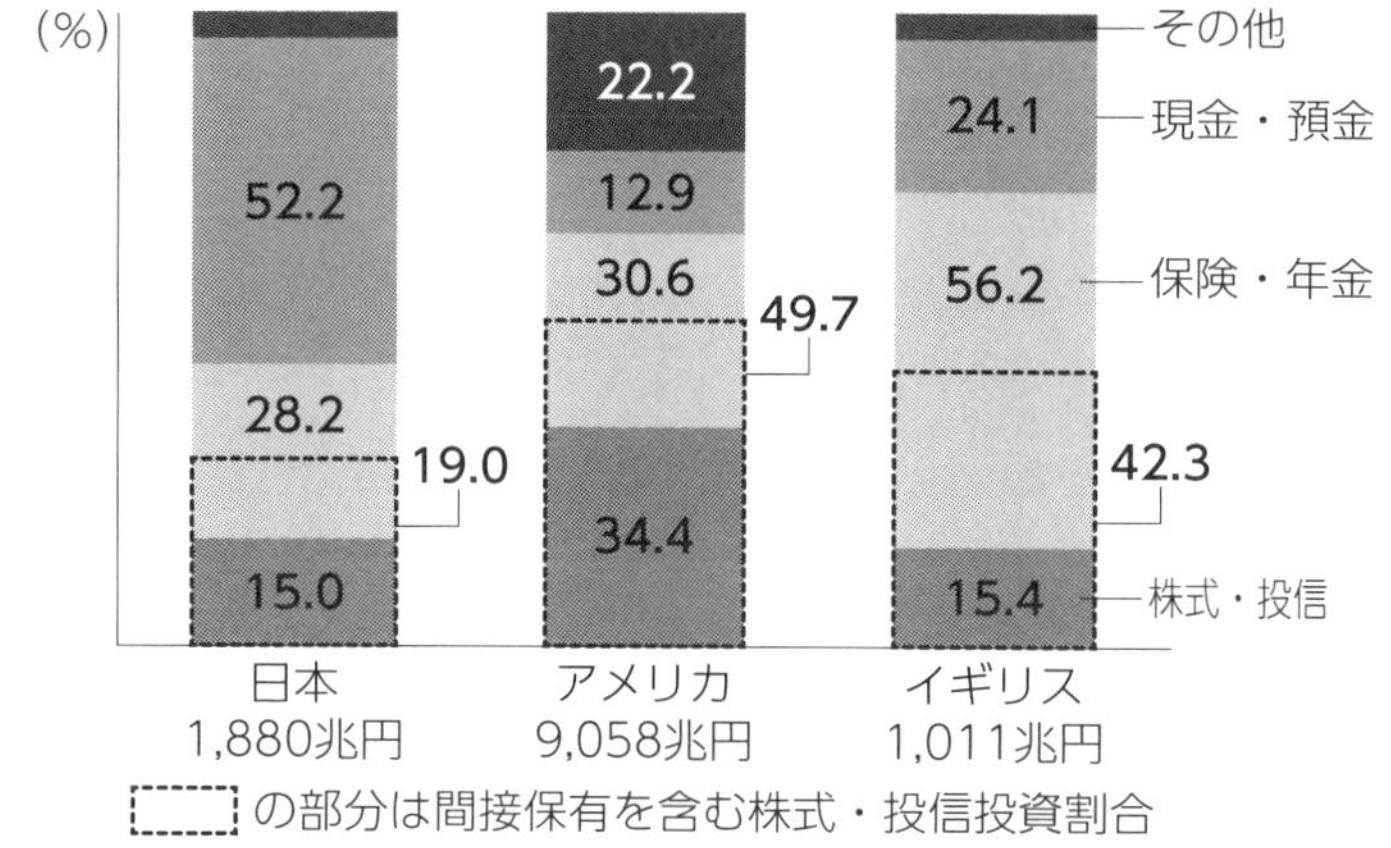

出所：FRB、BOE、日本銀行より、金融庁作成
注：17年12月末の為替レートにて換算（1ドル＝112.67円、1ポンド＝152.24円）。

に対し、日本は19％です。

米英でも個人が自分で積極的に株や投信を買っているとは限りません。株や投信の比率を高めているのは、実はDCを通じた間接的な保有です。アメリカでは投信残高の半分が、DC経由で買われています。

それを促しているのが、DCで運用対象を選ばなかった人の資産を「デフォルト（初期設定）」としてターゲット・デート型と呼ばれるバランス型投資信託にする仕組みです。ターゲット・デート型は若い時期は株の比率を高く、高齢になるにしたがって債券の比率を上げる投信です。

強制力はないのですが、多くの人はデフォルトとして設定された投信を

「中心的な位置づけの商品」としてそのまま選び、結果的に投信での運用が増える傾向があります。

イギリスも直接的な株・投信の保有は15％ですが、間接保有が27％を占め、結果的に株・投信の比率は42％です。現在も全ての勤労者に企業年金に加入させる試みを実施中です。それを支える「ＮＥＳＴ」と呼ばれる仕組みでは、やはりターゲット・デート型投信をデフォルトにしています。

「貯蓄から資産形成へ」の1丁目1番地はDC改革

米英の成功例などをみると「貯蓄から資産形成へ」の動きを進める1丁目1番地は、実はＤＣ改革であることが明らかなのです。

２０１５年度末のＤＣ資産に占める元本確保型資産の比率は、アメリカが6％に対し日本は55％。日本の企業型ＤＣ加入者の通算利回りは、アベノミクスによる株価の大幅上昇にもかかわらず1％未満しかない人が大半です。せっかくの非課税で資産を増やしていけるメリットが、うまく活かせていません。

実は日本でも、「一連の経緯から、多くの関係者は２０１６年半ばまで、２０１８年5月施行の制度改正で米欧のように投信をデフォルトにするとみていた」（確定拠出年金総合研究所の秦理事長）と多くの関係者は証言します。高齢化が進むなかでは、ＤＣで投信を長期運用して資産を大きく増やすことが不可欠だからです。

それが覆ったのが、厚生労働省の専門委員会の2016年6月の報告書でした。投信をデフォルトとして明示する案は消え、デフォルトは引き続き元本確保型商品でもよくなってしまったのです。2017年末の政省令改正もおおむねこの報告書に沿ったものになりました。

大改革はなぜ潰えたのでしょうか。

投資ということにいまだに不信感を持っている労使の反対が大きな要因でした。DCのデフォルトは、労使が相談して決めます。投信に誘導した形でもし運用損が出れば、非難を浴びかねないと恐れた一部企業が、さまざまなルートで反対しました。自社の元本確保型商品を残そうとする一部金融機関も強く抵抗しました。

複数の専門委員会委員は「厚生労働省自身にも、投信での長期投資で老後の資産を増やしていけるという、しっかりした知見がなかった。我々もじくじたる思いだ」と振り返ります。

今後はさらに大きな格差も

抜本改正にならなかったもうひとつの背景は、古くからのいわば理想論です。「選択自体は元本確保型も含めて広く与えるべき。そのうえで投資教育によって自ら投信を使った長期投資を選ばせるべきだ」（厚労省幹部）というものです。しかし実際は、個人に任せると投資が怖く、元本確保を選んでしまいがちなことが、人間心理を分析する行動経済学でわかってきています。

米モーニングスターのクナール・カプールＣＥＯは「米英は行動経済学の知見を生かし、自ら選べない人でも半ば自動的に投信を選ばせ、長期で資産を増やせる仕組みにした。結果的にそれは正しかった」と話します。日本もギャップジャパンなど一部の企業が自主的にデフォルトを投信にし、従業員は高い利回りを得ています。

デフォルトが適用になるのは運用商品を指示しないままの人であり、実際にはそれほど多くないかもしれません。しかし投信をデフォルトに指定しているアメリカで起きたような、投信こそがＤＣの〝おすすめの〟運用方法だとの強い「アナウンスメント効果」が日本でも期待できたはずでした。

金融庁の複数の幹部や多くのＤＣ関係者は、「積立方式の少額投資非課税制度（ＮＩＳＡ）の開始などと併せて個人金融資産の在り方が変わる非常に大きな機会だった。我々は何度も厚労省に再考を促したが駄目だった。なぜ米英の知見を生かさないのか」と共通して悔しがります。日本は、ＤＣを通じて健全な資産運用への背中を押す千載一遇の機会を逸してしまいました。

抜本改正は幻と終わりましたが、改正政省令では、「なぜデフォルトをその商品にしたのか説明責任を課すなど、前進した面もある」（野村資本市場研究所の野村亜希子氏）のは事実です。改正法は、全般的に長期分散投資を促す内容にはなっています。ただし、そういうやんわりとした玉虫色の改正では、これだけの長寿化のなかで、老後資産形成が間に合わなくなることが危惧されます。現状を一気に変える抜本改革こそが期待されていたのですが……。

そんななかでごく少数ではありますが、企業型DCの運営を支援する一部の運営管理機関は「担当企業にデフォルトを投信にする意義を真剣に考えてもらい、半数程度はその方向で準備中」と話します。そのなかには、かなりの巨大企業も含まれています。

ただ、「デフォルトを投信にするほうが従業員のためと思うが、リスクを恐れる経営者や組合の説得には限界がある。ルール化してくれなかったのが極めて残念」と話す企業型DC担当者は数多くいます。企業の対応は分かれると思いますが、おそらく多数派は、現状維持で元本確保型をデフォルトにするのではないかと思います。

運管と企業、加入者自身の選択で、今後企業型DCの運用内容と老後資金には一層大きな格差が生じそうです。

4 NISAもできる限り併用

NISAは2つのタイプ

将来年金を繰り下げ受給するためにも、早いうちから資産に余裕をもたせておくことが大事で

図表Ⅲ－22　DCのほかにNISAもなるべく併用を

＊企業型加入者はイデコ加入は通常不可　　　毎年どちらか選択

	個人型DC（イデコ）	企業型DC	つみたてNISA	一般NISA
対象者	20～59歳	従業員	20歳以上	
お金の負担者	本人	会社（原則）	本人	
上限額（年間、円）	公務員14.4万、会社員14.4万～27.6万、専業主婦27.6万、自営業者81.6万	33万（他の確定給付DBがある場合）または66万	40万（新規に投資できるのは37年まで）	120万（新規に投資できるのは23年まで）
税制優遇	掛け金は全額控除、運用時非課税、受給時も優遇	運用時非課税、受給時に優遇	運用益が20年間非課税	運用益が5年間非課税
運用対象	預貯金、投信など		金融庁承認の投信	株式、投信など
引き出し時期	原則60歳以降		自由	
口座管理費用	個人負担	会社負担	かからない	
引き出し時期	原則60歳以降		自由	
注意点	60歳まで引き出さない資金を充当。所得のない主婦などは掛け金の節税効果なし	マッチング拠出があればなるべく活用。会社が用意した商品に不満なら変更要求も	個別株や幅広い投信群から選びたい人は不向き	高リスクで高コストの投信も。非課税期間が短いため損失に注意

注：＊は企業型の掛け金を基準額以下にすると規約で決めた場合などにイデコも可能

す。

そのためにはＤＣだけでなく、やはり税制優遇が大きな少額投資非課税制度（ＮＩＳＡ）も併用したいところです。この本は年金の本なのでＮＩＳＡについて詳しく説明する紙幅はないのですが、概要だけ書いておきます。

ＮＩＳＡはイデコと違って、掛け金の所得控除はありません。しかし、運用益がまるまる非課税になります（イデコも企業型ＤＣも運用期間中は運用益は非課税ですが、受給時に非課税の控除枠を超えた分は課税対象）。

ＮＩＳＡは大きく2つに分かれます。ひとつは２０１４年から導入されていて、毎年の非課税枠が１２０万円と大きいものの、非課税期間が5年と短い一般ＮＩＳＡ。もうひとつは２０１８年から始まった、毎年の非課税枠は40万円と少ないものの、非課税期間が20年間と長いつみたてＮＩＳＡです。

つみたてNISAの投信は150本強に金融庁が「厳選」

投資対象も大きく違います。一般ＮＩＳＡは個別株もできますし、投資信託も特に制限なく幅広く対象です。しかし、つみたてＮＩＳＡは、金融庁が対象商品を厳しく制限し、２０１８年8月現在で１５０本強だけが認められています。いずれも金融庁が「長期の資産形成に向いている」と判断した低コストでシンプルな投信で、その9割はインデックス型です。

投信選びに自信がない人は、つみたてNISA対象商品であればそんなに悪くないという判断はしていいいと思います。とはいえ、このなかでもやはりコストは大きく違います。国内外の株や債券という主要投資対象で信託報酬が年0・1~0・2%台という超低コストのものが対象に含まれているので、コスト重視で判断する場合は、慎重にそうしたものを選ぶことが重要になります。

ネット証券の優位目立つ

ただし、多くの金融機関はこの150本強の投信をすべて品ぞろえしているわけではなく、むしろ5~6本に絞り込んでいるところが大半です。

「つみたてNISAは初心者が多いので、絞り込んだほうがわかりやすい」というのもその理由のひとつです。ただ、それだけではなく、つみたてNISAはあまりに低コストの投信が多いので、金融機関は収益を上げづらく、選択肢を広げて販売員の説明負担を重くしたがらないのも背景です。しかも、資産ごとの「最安投信」は、経費がかかる対面金融機関ではなかなか扱えません。

SBI証券、楽天証券、マネックス証券などネット証券であれば、各資産ごとの「コスト最安投信」を含めた対象の投信の大半を選べますし、より有利な投信が、金融庁に認められれば早い時期に品ぞろえします。

図表Ⅲ-23　MSCI WORLD（円ベース、配当込）を各時点まで20年と5年保有すると何倍になったか

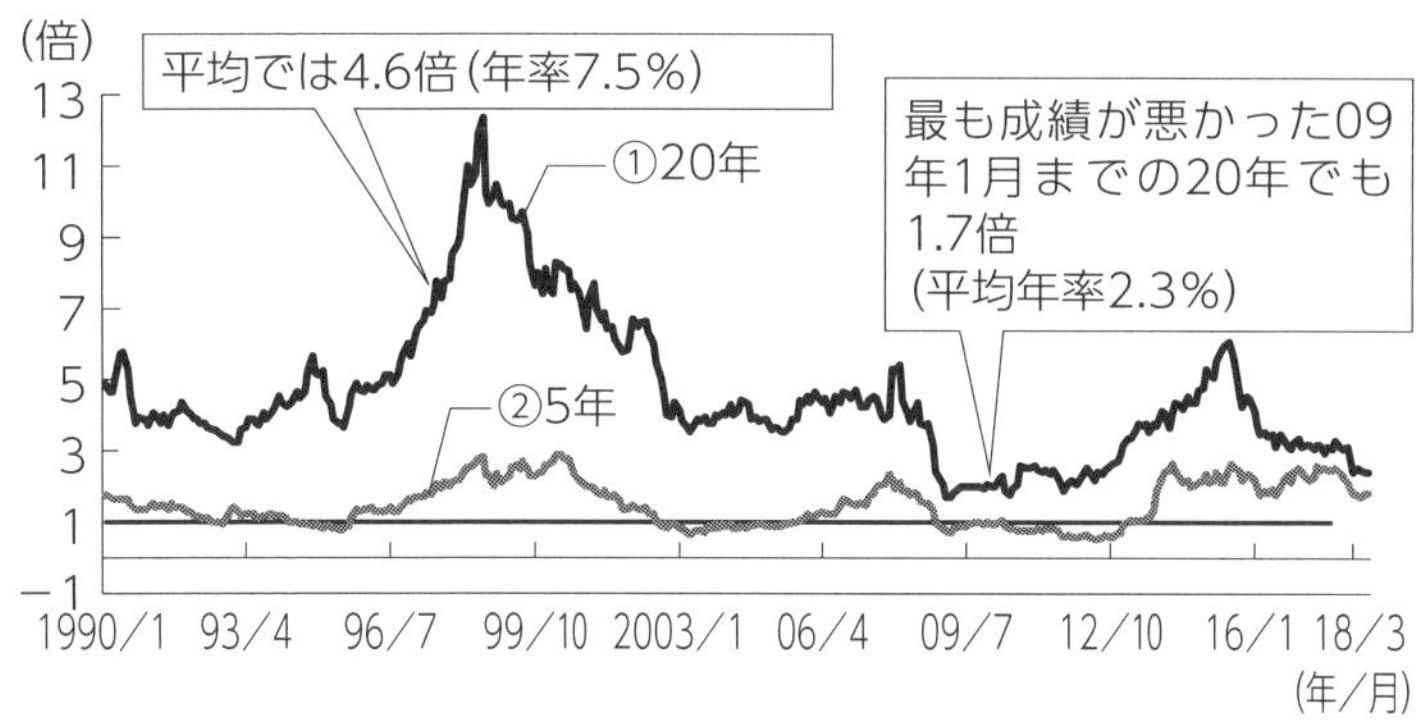

出所：筆者試算

一般ＮＩＳＡでも、ネット証券のほうがもちろん商品選択は幅広いのですが、つみたてＮＩＳＡは商品数を絞り込んでいる金融機関が多いだけに、迷った場合はネット証券を選択すべきです。

資産形成層は「つみたてＮＩＳＡ」で

一般ＮＩＳＡとつみたてＮＩＳＡは、同じ年に両方は選べず、どちらかを選択することになります。今年はつみたてＮＩＳＡ、来年は一般ＮＩＳＡ、などと、1年おきに変えることも可能ですが、管理が大変です。

つみたてＮＩＳＡは年40万円が上限とはいえ、月に直すと３万３０００円強。資産形成層であれば、毎月はこれくらいしか出せないという人も多いでしょう。そういう場合は、つみたてＮＩＳＡでいいと思います。

何しろ非課税期間が20年というのは大きな強み

です。過去、さまざまな資産と期間で分析すると、世界全体の株式に投資して20年持っていれば、ほぼ損失は出ません（図表Ⅲ－23の線①）。ゆったりした気持ちで長期積立投資を続けましょう。

なお、グラフの20年保有の場合、平均年率は7・5％でしたが、今後はこんな数字は難しいでしょう。世界全体でも高齢化などで、成長が鈍化しているからです。ただ、世界全体の株式に投資して長期で持てば年率で5～6％程度は見込めるというのが、今も多くの運用期間の予測です。

一方、手元資金が潤沢だったりする場合は、一般ＮＩＳＡで新たに資金が入れられる期限は23年までなので、２０１８年から6年、計最大７２０万円を一般ＮＩＳＡに投入するのも手です。その後２０２４年以降は、つみたてＮＩＳＡに年40万円を新規でお金を入れられる期限である37年まで投入し続けていくと、全体で最大１２８０万円の非課税枠を使えます。

ちなみに、一般ＮＩＳＡの最大累計投資額は非課税期間である5年分の６００万円と多くの人が思っていますが、それは誤解です。６００万円というのは、あくまで同じ時期に使える非課税枠の最大額のことです。２０１８年分の投資額は２０２２年で5年間の非課税期間を終えていますから、最後の２０２３年には新たに一般ＮＩＳＡに最大１２０万円を入れられます。２０１８年から一般ＮＩＳＡに最大限投資続けた場合の累計額は７２０万円になります。

ただし、一般ＮＩＳＡの非課税期間は5年。たとえ世界全体に投資していても、時期によっては過去、損失が出ていました（図表Ⅲ－23の線②）。２０１２年までの5年では約半値になっています。

ＮＩＳＡは儲かったときだけメリットのある仕組みです。損が出れば、他の課税口座と違って損失を翌年以降に繰り越せなかったり、他の課税口座の利益と通算できなかったりなど、かえって不利なのです。つまり、ＮＩＳＡの投資はなるべく損を出さないように、という視点が大事になります。

さきほどつみたてＮＩＳＡの20年という時間であれば、世界全体に投資しておけば損が出にくいことをみました。しかし、期間5年の一般ＮＩＳＡの場合は、最初に例えば「4割の利益でい い」などと目標を決め、それを達成したらその時点で利益を確定するなどの工夫をする必要もあります。5年間最後まで持とうとしていると、再び下落してしまうことも多くあるからです。非課税期間が短いがゆえに、長期投資の本質から少し歪む対策も必要になってしまうということです。

イデコ＋つみたてＮＩＳＡで20年で2000万円弱も

図表Ⅲ－24は、イデコで企業年金がない人の場合の上限額年27万6０００円と、つみたてＮＩＳＡ年40万円を20年間、毎年積み立てた場合の結果です。

両方を合計した投資額は年67万6０００円なので総額１３５２万円。これを年率3％で運用できたとします。さきほどみたように、世界全体の株式での運用なら、3％はむしろ堅実な見通しです。

図表Ⅲ-24　つみたてNISAとイデコを年67万6000円積み立てて、年3%で20年間引用できた場合の資産額は？

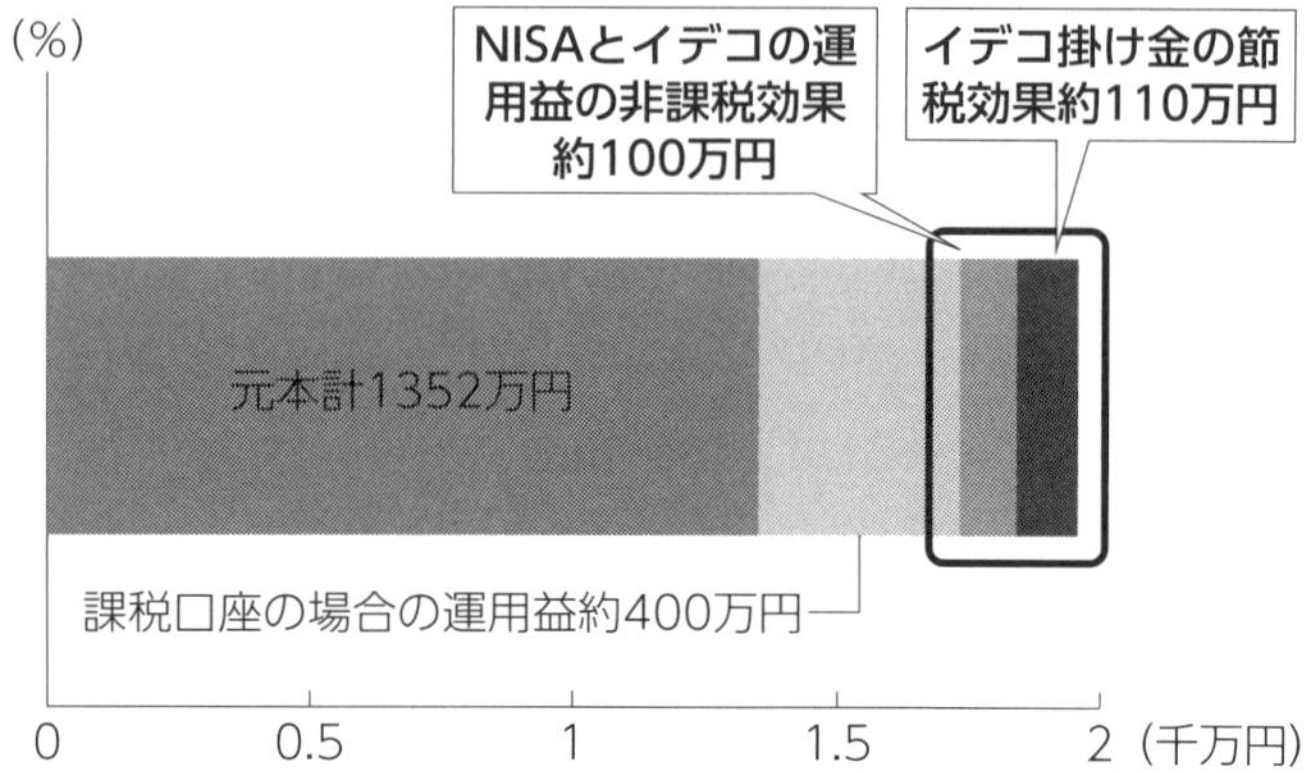

注：運用利回りは年3%と想定、イデコは企業年金のない会社員の上限額年27.6万円、合計税率20%のケース、つみたてNISAは年40万円、計算は概算

運用益は500万円。このうち非課税による効果は約100万円、さらにイデコへの拠出による所得税・住民税の効果が110万円に上ります。運用の成果と税優遇の恩恵で、投資元本1352万円は最終的に1960万円に増えるわけです。2000万円弱の資金があれば、老齢年金を増額するための受給開始の繰り下げにも大きな力になるでしょう。

夫婦共働きでこれを2人がやれば、4000万円弱です。お互いに年金を繰り下げ受給するために、60代後半を年金なしで乗り切る原資としても使えます。

数年以内に大きな下落局面も

長期分散投資であればいつも利益が出るものではありません。時期によっては一時的に大きな評価損も抱えます。そういう時期は、おそらく数年以内に訪れるかもしれません。

戦後のアメリカ景気の拡大期間は平均でおよそ5年。今回は2018年の9月現在ですでに10年目に突入していて、循環的にはいつ景気後退が来てもおかしくありません。アメリカの短期金利の利上げ継続で、景気後退の予兆とされる長短金利の逆転も早ければ2019年にも訪れそうです。

また中国企業の民間債務のGDP（国内総生産）比は、すでに日本のバブル期を大きく上回っています。新興国からの資金流出も起き始めました。きな臭いにおいはあちこちで感じます。

しかし、過去も積立投資を続けていれば、相場の下落局面はむしろ安く買える絶好の機会でした。2008年のリーマン・ショックで負けたのは「バスから降りた人＝投資をやめた人」だったのです。

「自分の場合、一時的な評価損がこれくらい出ても耐えられる」というような資産配分を最初から作っておき、下落局面でも淡々と定時定額での投資を続けることがとても大切です。

おわりに

本来なら喜ぶべきことであるはずの長寿化。ところが老後資金のことを考えると、残念ながら長生きリスクというネガティブな文脈で語られてしまいます。長い老後を余裕をもって心豊かに生きるために、やはり資金面での十分な備えが必要です。

長寿化時代の最大の支えが、必ず死ぬまでもらい続けることができ、インフレにもある程度ついていってくれる公的年金です。それが（冒頭に示した「年金破たん営業」のように）あたかも頼りにならないものであるかのように思われているのは残念なことです。

この本は、①年金額は決まったものではなく自分の選択や働き方しだいでかなり大きく変わること、②実質的な金額は所得代替率の低下ほどは大きく減らないし、加入者が予想を上回っていることなどで年金財政は一般的なイメージより好転しつつあること、③障害年金、遺族年金などの仕組みを知ってフル活用しないともったいないこと――などを知っていただきたいと思って執筆しました。

もちろん楽観は危険です。マクロ経済スライドという年金財政を支える仕組みをきちんとチェックし、強化する方向で国民全体が努力することが不可欠です。

そのうえで、公的年金と、ＤＣなどの税制優遇措置を使った自助努力を総合的に組み合わせれば、多くの人の老後の安心感は高まると思います。逆にいえば、早くからこうした総合的な対策をとらないと、これだけの高齢化時代はなかなか乗り切れません。

本書の内容は、すべて筆者の個人的な考え方に基づいており、文責も筆者自身にあります。執筆が遅れがちな筆者に適切なアドバイスをいただいた編集者の網野一憲さんと小谷雅俊さんに、心から感謝します。

田村正之

人生100年時代は公的年金フル活用と老後の雇用継続、投資優遇税制を使った長期分散投資を総合的に

59歳まで

- 自分も配偶者もできるだけ高収入で長期間厚生年金に加入
- 自営業者など第1号被保険者は年金未納は絶対に避け、せめて免除申請を
- 第1号被保険者は国民年金基金・小規模企業共済・付加年金も積極活用
- 企業型DC・イデコ・NISAで株式投信中心に長期分散投資

60歳以降

- できれば厚生年金加入で仕事継続
- 基礎年金が満額に足りない自営業者は任意加入
- 65歳以降の公的年金をできるだけ繰り下げ
- NISAなどでリスクを抑えて投資継続

高齢期

- 「夫婦で長く働いて増えた厚生年金」＋「満額に近づけた基礎年金」＋「繰り下げで増額した年金」＋「DCやNISAで増やした資産」…などを活用

田村正之（たむら・まさゆき）
日本経済新聞社編集委員兼紙面解説委員、証券アナリスト（CMA®）、ファイナンシャル・プランナー（CFP®）
1986年、早稲田大学政治経済学部卒業。日本経済新聞社に入社し、証券部、「日経マネー」副編集長、生活経済部次長などを経て現職。
著書に『日経文庫　はじめての確定拠出年金』『老後貧乏にならないためのお金の法則』『世界金融危機でわかった！　しぶとい分散投資術』『月光！マネー学』『"税金ゼロ"の資産運用革命』（以上、日本経済新聞出版社）、共著に『日本会社原論5』（岩波書店）など。講師歴に立正大学（パーソナルファイナンス概論、非常勤）、一橋大学（寄付講座、アセットマネジメント論）、早稲田大学エクステンションセンター（老後資金形成）、日本ファイナンシャル・プランナーズ（FP）協会などでFP向け研修など。田村優之の筆名で執筆した小説で開高健賞。経済青春小説、ポプラ文庫『青い約束』は14万部超のベストセラー。

人生100年時代の年金戦略

2018年11月21日　1版1刷
2019年 7 月23日　　　5刷

著　者　田村正之

発行者　金子豊
発行所　日本経済新聞出版社
東京都千代田区大手町1-3-7　〒100-8066
電話　(03)3270-0251(代)
https://www.nikkeibook.com/

ブックデザイン　夏来怜
印刷・製本　中央精版印刷
本文DTP　マーリンクレイン

ISBN978-4-532-35802-0
Printed in Japan